赋能父母
——陪孩子一起向阳生长

崔素贞 著

海燕出版社
·郑州·

图书在版编目（CIP）数据

赋能父母：陪孩子一起向阳生长 / 崔素贞著.
郑州：海燕出版社, 2025.9. --ISBN 978-7-5350-9844-3

Ⅰ.G78

中国国家版本馆CIP数据核字第2025C62914号

赋能父母——陪孩子一起向阳生长
FUNENG FUMU——PEI HAIZI YIQI XIANGYANG SHENGZHANG

出 版 人：李 勇	责任校对：郝 欣
选题策划：张 杨	吴 萌
责任编辑：张 杨	责任发行：陈 琳
美术编辑：韩弘楠	责任印制：邢宏洲

出版发行：海燕出版社
地址：河南自贸试验区郑州片区（郑东）祥盛街27号
网址：www.haiyan.com　邮编：450016
发行部：0371-65734522

经　　销：全国新华书店
印　　刷：河南博之雅印务有限公司
开　　本：720毫米×1020毫米　1/16
印　　张：19
字　　数：200千字
版　　次：2025年9月第1版
印　　次：2025年9月第1次印刷
定　　价：68.00元

如发现印装质量问题，影响阅读，请与我社发行部联系调换。

我们啊像种子一样，一生向阳，在这片土壤，随万物生长！

——歌曲《人世间》

信任——相信家庭的力量

请教——尊重孩子的差异

好奇——打开多元的视野

合作——创造无限的可能

序一

在家庭中实践关系对话

现代孩子的成长环境越趋复杂,许多出现在生活中的挑战前所未有,这是现代父母养育子女所必须付出的过程,更是祖辈父母不曾经验过的艰巨挑战。

后现代对话突破了"只有专家才拥有权威知识来解决问题"的思维,其意图在帮助家庭中每个成员,从日常生活的挑战中发掘出家庭系统蕴含的宝藏,进而强化并且带来改变的可能。

作者带着她多年对后现代对话哲学观及其咨询技巧的钻研投入,陪伴了许多父母与孩子在困难中前行,不断发现父母及孩子许多隐藏的资源与力量,让他们重新看见希望,学会沟通,相互扶持走过一段艰难的路程。

作者将后现代对话的精髓，活灵活现地在亲子关系对话中实践出来，由于本书是从紧贴着亲子关系的真实家庭剧场中酝酿出来的，我认为是一本罕见的、接地气的书，特别地宝贵。

　　想要支持自己成为更能帮助孩子的父母们会发现此书是个宝藏，透过本书展现出来的理念和对话，会带给父母更强的自信与更多的方法，从而亲子共同创造没有遗憾的人生。

吴熙琄

亚洲创意对话中心创始人　人类学家庭访谈创始人

2025年2月5日于台北

序二

与孩子共同成长：在挑战中发现家庭的智慧与力量

这个时代的父母很不容易，不仅要应对工作与生活的双重压力，还要在瞬息万变的社会中，努力为孩子提供一个健康、温暖的成长环境。而这个时代的青少年也面临诸多挑战，在学业、社交、自我认知的多重压力下，努力寻找属于自己的声音和方向。无论是父母还是孩子，都在竭尽全力地应对着这个时代的复杂与不确定性。

我长期关注青少年的心理健康与成长，也深刻理解父母们在育儿过程中所面临的困惑与无助。我们常常希望给孩子最好的教育，却发现自己被各种育儿理念和方法淹没；我们想要与孩子建立深厚的情感联结，却常常在沟通中感到无力与挫败。正是这些真实的困境，让我更加坚定地相信，父母们需要的不只是理论上的指导，更需要切实可行的实践支持,以及情感上的共鸣与理解。

这本书正是为此而生。它不仅仅是一本育儿指南,更是一份陪伴父母成长的温暖礼物。作者结合心理学理论和丰富的临床经验,为父母们绘制了一幅清晰的养育地图。书中围绕六大关键能力——同感力、情绪力、抗挫力、自信力、创造力、对话力,通过真实的家庭案例对话,帮助父母们反思与实践,逐步掌握与孩子共同成长的智慧。每一章的"生活练习场"环节,更是将理论与实践紧密结合,让父母们在日常生活的真实场景中,学会如何与孩子建立更深的情感联结,如何帮助孩子应对成长中的各种挑战。

在上篇中,作者通过系统的理论框架和生动的案例,帮助父母们重新审视自己的养育方式,学会以好奇、倾听和理解的态度与孩子对话。而在下篇中,作者则聚焦于父母普遍感到困扰的育儿难题,提供了切实可行的解决策略。无论是孩子的情绪管理、学业压力,还是亲子沟通中的矛盾与冲突,本书都能为父母们提供清晰的思路与实用的方法,帮助家庭从容应对成长中的挑战,激发每个家庭的独特智慧。

作为一名长期关注青少年心理健康的教育工作者,我深知孩子的心理健康与家庭环境息息相关。一个温暖、支持的家庭氛围,能够为孩子提供足够的情感支持和心理安全感,使他们在面对困难和挑战时能够更加坚强和自信。而这本书,正是帮助父母们构建这种家庭氛围的实用工具。它提醒我们,父母并不是孤军奋战的个体,而是与孩子共同成长的伙伴。当我们能够放下焦虑,以开放的心态去倾听和理解孩子时,家庭的每一个成员都将感受到被关注、被重视,从而激发出内在的力量，共同应对生活中的挑战。

这本书的温暖与真诚，不仅体现在它的内容中，更体现在它对每一个家庭的深切关怀中。它提醒我们，在追求孩子成长的同时，也要记得感谢自己的付出与努力。每一个父母都在为孩子的未来竭尽全力，而这本书将成为你们在育儿道路上的得力助手。

最后，我想对所有的父母说：养育孩子是一场充满惊喜的旅程。愿这本书能够陪伴你们，在未来的日子里，与孩子一起创造更多的美好与可能。让我们一起，尊重每一个孩子的独特性，陪伴他们成长为自我负责的生命主人。

李焰

清华大学学生心理发展指导中心首席专家

2025 年 3 月 22 日于北京

前言

情境一

"我们想跟他说话都没机会,一回来就把自己关在屋里,叫他吃饭还要看他心情。"

"跟你们说什么也听不懂,有什么可说的?"

"那你不说清楚,我们怎么能懂你是什么意思呢?"

"你们天天就知道关心学习,我这个人重要吗?"

"你怎么不重要了?我们为了你……"

"老师,你看看,我妈又来了,她关心的真的是我吗?"

情境二

"这孩子就是不去上学,你说说,还这么小,不上学以后能干什么呢?"

"我就是一天也待不下去了。"

"那以后你没有文凭，靠什么生活？我们也不能养你一辈子啊！"

"以后的事以后再说，反正现在我就是不想去。"

"老师，我们是啥办法都用了，打也打了，骂也骂了，就是不听。你说说咋办？"

情境三

"老师，孩子非说他抑郁了要去医院，你说说，这好好的孩子怎么会抑郁了呢？"

孩子低着头，沉默不说话……

"你希望你的抑郁被谁看见？"我问。

"我爸妈！他们不相信。"

在当今这样纷繁复杂、信息多元、快速发展的社会中，家庭教育的挑战日益凸显，作为一名专业的心理咨询师，我经常置身于一些令人深思的对话情境中。上述提及的三个场景——"不愿和父母沟通""拒绝上学"以及"用生病的方式"来表达内心的声音与渴望，不是简单的行为表现，而是孩子内心世界复杂情感的折射，更是现代家庭教育困境的缩影。

教育孩子是一项艰巨的系统工程，尤其是现代的家庭，孩子和父母都面临很大的挑战。孩子玩的时间越来越少，也越来越不会玩，导致由父母安排孩子的时间越来越多，压力也越来越大。一个爸爸说当他看到孩子的微信签名是"卷不赢，躺不平"的时候，也陷入迷茫。

父母都很想让孩子好，但让父母很受打击的是似乎找不到方法来帮助孩子，而孩子很多时候也不一定能够理解父母的善意，反而会和他们起冲突，这时候父母也会觉得挫败和无力，需要理解和支持。

不愿与父母沟通是亲子关系紧张的一个显著标志。随着我们生活节奏的加快和压力的增大，父母们常常深陷于繁重的工作和琐碎的生活事务之中，这导致父母难以抽出充裕的时间与孩子进行深入的情感互动。这种沟通的缺失，有可能会使孩子感到被忽视、被孤立，还可能在他们心中埋下不满与疏离的种子，甚至寄情于手机或者网络游戏。

此外，对父母来说，在沟通方式和情感回应方面也缺乏有效的经验，这些都会阻碍父母和孩子之间的沟通和情感联结。有时，父母可能因沉浸于应对生活的压力之中，而未能充分关注子女的情感需求；或者，即便父母有沟通的意愿，也可能因缺乏恰当的表达方式，而难以使孩子理解并接受其意图。这种沟通上的困境，使得孩子感受到自己的声音难以被父母所听见与理解，父母也会觉得有心无力，这些都有可能进一步加剧亲子之间的隔阂。

目前，拒绝上学的现象已日益成为学校、教师及家长共同面临的一项重大挑战。自2008年以来，我广泛接触并深入研究了大量青少年厌学及拒学的案例，见证了厌学、拒学现象从单一的诱因引起，逐步演化为一个错综复杂的系统性问题。在此过程中，家长仅凭苦口婆心的劝说与讲道理，难以有效改变这一现状。原因在于，这一现象背后涉及个人心理、家庭环境、学校教育、医学健康，以及社会经济变迁、网络信息化发展等多重因素。这些因素之间相互关联、相互渗透，共同构建了一个影响学生学业态度的复杂网络体系,从而对家庭教育提出了更为严峻的挑战与要求。这时候,父母和家人之间,更需要同心协力,先形成一个团队,互相商量、互相鼓励、互相关心,再一起面对当下的挑战和家庭的困难。

至于用生病的方式来表达自己的声音和渴望,这无疑是孩子心理压力达到极限的一种极端表现。目前,精神科门诊就诊的青少年数量日渐增加,并且呈现低龄化趋势。很多父母可能会对孩子的情绪问题产生误解,认为他们是装出来的,甚至认为孩子是身在福中不知福。当父母缺少对孩子的聆听和理解的时候,常常容易说出一些让孩子反感和绝望的话:你应该想开点……你就是太脆弱了……这时候,孩子会更加绝望,会真的抑郁了。

在探讨这些现象时,我们不能忽视家庭教育的重要性。家庭教育不仅仅是知识的传授和技能的培养,更是情感交流、价值观塑造和人格完善的过程。一个和谐、健康的家庭环境,能够为孩子提供足够的情感支持和心理安全感,使他们在面对困难和挑战时能够更加坚强和自信。

本书立足于后现代心理学之视域,旨在为新时代的父母提供一套专业且系统的养育导航。它首先聚焦于构建一个能够与孩子顺畅沟通的家庭生态环境,引领父母依循本书第一部分各章节的导航路径,循序渐进地营造出一个有利于孩子全面发展的成长环境。在此过程中,本书倡导父母以发展的眼光和多元的视角看见、倾听和理解孩子,从而成为他们成长道路上的坚实后盾,激励并助力孩子最终成为自我负责的孩子。此外，本书亦可视作焦虑时代背景下，父母不可或缺的育儿指南与行动手册。

在当今这个多元化与不确定性交织的时代背景下，孩子们正面临着前所未有的挑战。与此同时，父母在应对新时代下养育子女的复杂任务时，需克服重重困难。无论是孩子还是父母，均在竭尽全力地应对着各种难题与挑战。我们寄望于通过每章精心设计的主题对话、深入的案例反思以及促进家庭互动的实践对话，使每位家庭成员都能深切感受到被看见、被关注，同时激发属于家庭成员内在的力量，有效地利用身边的资源共同应对挑战。

后现代心理学秉持一个至关重要的理念，即人并非等同于问题本身。在此框架下，个体不应被单纯视为问题的载体，而应被视作解决难题、应对挑战的专家。新时代的父母亟须培养一种能力，即将问题与孩子区分开来。当父母选择与孩子站在一起，视孩子为独一无二、自我认知深刻且对问题有着独到见解的专家时，双方在面对挑战时便能够转化为紧密的合作者，携手探索解决方案。

进一步地，父母应扮演起寻宝专家的角色，怀着对孩子的好奇心，聆听孩子，探索和问题故事不同的新故事，发现孩子的闪光点。通过这样的方式，孩子能够深切感受到被关注、被欣赏、被喜爱，进而可以激发其内在的自信与潜能，更加积极地探索与成长。

作为父母，我们共同肩负着培养健康独立、自我负责孩子的重任。在养育孩子的过程中，父母竭尽全力，希望将最优质的教育资源给孩子。此刻，我诚挚地邀请所有阅读本书的父母，在不断学习和实践的过程中，一定要记得先谢谢你自己。感谢您持续不断地为胜任父母这一角色而努力精进。在这一历程中，您展现了无比的坚韧，同时也经历了诸多不易与挑战。

我有幸接触众多家庭，与众多父母及孩子共同工作，深切体会到作为这个时代的父母是特别不容易的。因此，我衷心地希望通过这本书，能够向所有父母传达我内心深处的敬意。愿这份细微的关注和内心的温暖，能够见证您在养育孩子的过程中所面临的种种挑战，以及您与孩子携手共进的成长故事。让我们一起在未来的日子里共同创造更多的惊喜与无限可能！

最后，需特别强调的是：基于心理咨询行业的严格保密原则，本书所引用的案例对话均源自临床实践中较为普遍的青少年家庭议题，且已确保不泄露任何当事人的个人信息。在此，再次向所有勇于踏入咨询室的青少年及其家庭表示由衷的感谢。正是你们的生命历程与真实体验，催生了更多具有深刻意义的见解与探讨！同时，我也深感荣幸地见证了你们为当代父母在子女养育过程中所需智慧与经验所做的宝贵贡献。

让孩子成为自己生命的主人，自我负责！

让父母陪伴孩子成长的过程，充满惊喜！

尊重家庭的脉络，创造家庭成员彼此的对话空间；

独特故事的看见，陪孩子长出属于他自己的力量。

目录

上篇 赋能父母，绘制养育导航图

第一章 同感力：倾听孩子的心声

01 成为孩子期待的父母 / 4

02 唤醒孩子内在的力量 / 10

03 倾听孩子内心的声音 / 17

04 家庭实践剧场：好奇与不知道 / 24

第二章 情绪力：做情绪的主人

05 让孩子重新做回自己 / 32

06 成为情绪的小主人 / 38

07 做值得被爱的自己 / 46

08 家庭实践剧场：玩偶对话 / 53

第三章 抗挫力：在困境中探寻孩子隐藏的潜能

09 从困境中发现新故事 / 62

10 欣赏孩子的独特能力 / 68

11 做勇敢面对的自己 / 76

12 家庭实践剧场：寻宝专家 / 84

第四章　自信力：相信自己的力量

13　让孩子从知道到做到 / 93

14　在挫折中滋生出力量 / 100

15　做值得信任的自己 / 107

16　家庭实践剧场：意外故事 / 114

第五章　创造力：创建属于孩子自己的舞台

17　描绘孩子的成长愿景 / 122

18　欣赏性探询的见证者 / 128

19　启发孩子的创建思维 / 135

20　家庭实践剧场：家庭幸福树 / 142

第六章　对话力：学习好好说话

21　亲子关系中的对话 / 152

22　夫妻关系中的对话 / 158

23　家庭发展的挑战与合作 / 166

24　家庭实践剧场：见证仪式 / 173

下篇　常见问题，探寻解决之道

01 孩子厌学、拒学，父母该怎么做？/ 184

02 家庭教育观念不一致怎么办？/ 194

03 孩子学习总是拖延磨蹭，怎么办？/ 201

04 二胎家庭，父母如何平衡两个孩子的爱和成长？/ 208

05 孩子进入初中后成绩下滑怎么办？/ 215

06 父母如何协助孩子应对考前焦虑？/ 222

07 青春期孩子情绪不稳定，父母该如何与其相处？/ 231

08 父母如何应对孩子对手机的依赖？/ 239

09 孩子到了青春期，父母应该做什么？/ 248

10 家长如何帮助孩子应对校园欺凌？/ 255

11 孩子跟异性交往，父母如何应对？/ 262

12 父母婚姻出现变故，如何跟孩子沟通？/ 269

附：青少年心理问题的 10 个求助信号 / 275

后记 / 277

上篇
赋能父母,绘制养育导航图

第一章
同感力：倾听孩子的心声

01 成为孩子期待的父母

当今社会，养育孩子无疑是一项艰巨且复杂的工程。身为父母，我们怀揣着对子女健康成长与光明未来的殷切期望。然而，在陪伴孩子慢慢长大的过程中，我们又时常需直面各种挑战与考验。特别是在网络与信息高度发达的今天，尽管我们能够轻松获取海量的育儿资讯，但在现实生活与孩子的互动中，却往往感到无所适从。

网络上充斥着关于子女教育的共性议题，从学习动力不足到心理健康问题，再到一些病理性的诊断等，这些话题无一不触动着每位父母的内心。很多父母从最初隐隐的担忧逐渐演变为惶恐不安，但也无法一下子梳理清楚问题到底出在哪里。即便不涉及上述重大困扰，父母也会不自觉地关注自己孩子是否出现问题，诸如拖延、注意力不集中以及对手机或网络游戏的过度依赖等，这些正是我在咨询工作中频繁接触到的青少年家庭所咨询的主要议题。

我在咨询室观察到许多父母会列举出一些实例，用以佐证他们认为自己的孩子存在问题。他们常常会引用自己所阅读的书或听到的某位老师的观点，并反思自己在这些方面的不足。基于这些零散且碎片化的知识与指导，父母的态度和行为往往会出现两种倾向：

一是倾向于证实孩子确实存在问题。

二是倾向于自责，认为自己未能尽到父母的责任。

随之而来的是，父母可能会因过度关注孩子的问题而产生焦虑情绪，进而倾向于给孩子贴上各种各样的标签，如厌学、网瘾、多动等。然而，这些看似精准描述的标签，非但不能助力我们成为更优秀的父母，反而加剧了我们的焦虑与自责感，形成了一个恶性循环。对于许多父母而言，这无疑使他们极具挫败感与无助感。

面对这样的状况，我们应当如何应对呢？

我会邀请父母先停一停，暂时先把问题放一放，先问问自己：我想成为怎样的父母？

有机会也可以去问问孩子：你期待的父母是怎样的？

父母学会去请教孩子，是在孩子成长的过程中，一个非常重要的法宝。因为孩子最知道适合自己的父母是怎样的。答案不在书上，而是在孩子的身上。作为父母，我们可以怎样更好地发挥父母这个角色的价值？在我从事青少年家庭咨询的过程中，有机会聆听了众多孩子分享的与父母之间的故事，会听到父母的教育方式对孩子的影响，也会听到父母在陪伴孩子的过程中有很多属于自己的经验和不容易。

每位家长都想成为称职的父母，然而，在子女成长的过程中遇到挑战或难题时，父母往往很容易将这些问题视为家庭的首要议题。大家可以想想，如果带着这些问题的压力去做父母，父母是很容易焦虑的；同时，戴着这些问题的眼镜去看孩子，孩子则会被视为存在诸多不足与问题。

此时，"问题"仿佛变成了家庭的重要成员。这时候我们看自己家庭的内在空间，很容易是充满问题和担心的，就很难真正关注到孩子的独特或者优势，就更不用说养育出自我负责的孩子了。父母要先试着贴近孩子，再和孩子去面对问题。被问题困住，往往容易忽略人，把人推远。

【案例分享】▶

有一个妈妈带孩子来咨询。孩子快要期末考试了，但因为上课的时候跟后排的同学发生了冲突，下课后均被老师召至办公室进行批评教育，这一事件对孩子造成了较大影响，导致不愿再去上学了。

妈妈说："孩子一直是很听话的孩子，学习成绩也不错，现在就因为这件事不去学校了。两个孩子都被批评了，人家就能正常上学，他怎么就这么脆弱，就不去了。我跟他爸爸用了各种办法都说不动他，甚至让老师给他打电话，他都不愿意去上学，这可怎么办呢？"

我朝向妈妈说："因为快要考试了，孩子不能耽误学业，所以他不去上学会让你觉得这是一个大问题；同时，还有一个声音在你耳边回响，为什么同样的批评，人家的孩子就没事，而自己家孩子就不去上学了，所以也会担心是不是自己孩子的承受能力太差……"

妈妈连连点头说："对啊，对啊……"

我接着说："我在听你说的时候，能感觉到你有一个很大的担心，它在发出信号：出问题了，怎么办？怎么办？不知道当时，你的这个担心会不会影响你去跟孩子说话啊？你自己很担心、着急，还要去安抚劝说孩子，一定很不容易吧……"

妈妈沉默了一下，若有所思地说："好像那个时候，我全是担心和着急，只是去给孩子讲道理，后来没有用，就找爸爸这个救兵，劝孩子要上学……孩子反而大哭了一场，就不跟我们说话了，后面我们怎么说，孩子都是抗拒不想去。"

…………

后来当我问孩子："你不想去上学的背后一定有你自己的想法，有没有你都没来得及说、大人误会你的原因？"

孩子红了眼睛，说："因为我被冤枉了。上课的时候是那个同学先捣乱的，但老师没有听我说原因，说两个人都要罚。我就觉得很冤，回家就跟我妈说我不想去上学了，结果我妈一听我不想上学就炸了……还找来我爸说我,他们说的那些都不是我想听的,所以就更烦了,后来我就真的不想去上学了。"

我说:"其实你是想让妈妈知道你不上学背后有委屈和冤枉,可是都没有机会说出来。"孩子小声说:"是,我也不是真的不想去上学了……"

在这个案例中,我跟妈妈沟通的时候,先尝试放下问题,贴近妈妈。我没有批评父母着急或者跟孩子说话的方式不对,而是先去看见这个妈妈在给孩子讲道理的时候,内心有一个担心,她需要被照顾到。同时我们一起看到当这个担心不被看见和照顾的时候,就会影响接下来的对话方向。

当我跟孩子去沟通的时候,我先尊重和好奇他的想法,而没有太关注他不想上学该怎么办,也没有因为他上课不遵守纪律或者不想上学而说他不好,也不会教导他要善解人意、体谅父母、一定要上学等,因为这些都是看见的问题和要讲的道理。孩子感受到我对他的尊重和好奇,就愿意给我讲他之前没有机会说出来的想法。当孩子的这个委屈和冤枉被老师和家人看见时,他表示愿意去上学。

很多时候我们太在意那个问题,就会被问题所影响,而忽略了我们需要照顾到的是人。只有人被照顾到了,才会有更多智慧和力量去面对和解决问题。

【案例反思】▶

用传统的视角看发生的问题,可能会比较容易指出这个妈妈做得不是很恰当的地方,或者会认同孩子的内心太脆弱,抗挫折能力差。

在后现代心理学的视角里,有两个重要的概念:一个是人不等同于问题，而是人在面对各种各样的问题。试试用这个新的视角去看待家庭遇到的所谓问题，孩子不等于问题，家庭不等于问题，而是我们在面对问题和挑战，这些都是正常的发展规律，是不是会轻松一些呢？

就像我们刚学习走路的时候会摔跤，第一次跟父母分开的时候会害怕，在青春期会对父母抗议，成长的过程中要经历一个个挑战，但是都会从不会做到做不好，再到可以做且做得很好。在孩子成长的过程中，作为父母，需要思考自己要扮演怎样的角色，不是放纵或不理孩子，也不是包办或替代孩子，而是可以在生活的点点滴滴中陪孩子一起经历，和孩子一起思考，发现孩子的闪光特质，进而才有信心和力量去面对各式各样的挑战。

另外一个重要的概念是，孩子才是自己生命的主人和专家。作为父母，我们需要多了解这个时代的孩子，他跟我们有很多不一样，我们可以试着跟孩子去谈谈，他对于某个事情，比如游戏、学习的看法是什么，游戏可以给他带来什么，对于学习他自己的计划是什么，在他能力有限的情况下，父母怎么做才是对他有帮助的。这里有对孩子的信任，同时也需要父母的智慧。

希望在这个时代里，我们不是做像法官一样的父母，来评判孩子对错好坏，可以不用那些标签去定义一个人或者一个问题，而是可以看到每个人的不容易，去看当家庭面临这样成长议题的挑战的时候，是什么在影响着这个问题的解决，我们可以怎么合力去解决。

当我们这么想的时候，家庭的内在空间，就不会觉得孩子是问题孩子，也不会觉得这个问题是不能存在的。我们可以看到问题故事背后被我们忽略的部分，然后可以滋生出力量去一起合作面对困境。

我会问很多父母，当你听到孩子跟你说不去上学或者有其他跟你不一样的想法时，你希望自己是一个怎样的父母？希望孩子是怎样的孩子？很多父母都会说，希望自己是超人父母，孩子遇到问题，自己马上能快速解决；希望孩子是永远没有问题的孩子。但现实情况是父母遇到问题会着急、会慌、会不知所措。

我们可以观察到，成年人往往易于被所谓的问题牵引，尝试各种解决途径。我们努力学习，汲取知识，当自我实践没有达到预期效果时，可能会产生内疚感。面对那些看似智慧却难以付诸实践的方法时，我们甚至可能自责，认为自己作为父母尚不够称职。然而，真正值得我们深入探究与学习的，应是保持对孩子世界的好奇心。

此刻，我想再次邀请各位父母来想一想：我们要做怎样的父母？

孩子在成长的过程中，会出现各种各样的问题，这些都是他必经的过程，透过这些问题和困难，孩子会慢慢发展出属于他的实力。作为父母，我们可以怎样去信任和支持他？我们是不是真的了解孩子的想法？当他遇到困难的时候，希望父母可以怎么帮助自己？这些都是我们可以慢慢思考和跟孩子对话的部分。

很多时候，父母对孩子的爱是需要用心好好看见的。父母自己也要好好来看看，自己这么爱孩子，甚至愿意用一生的付出和努力给孩子提供最好的教育。那么可以怎样表达这份爱而不是担心？这里不是说父母不应该担心，或者担心不好，而是说在我们去爱孩子之前，要先照顾到自己的担心或者着急。如果当父母的担心和着急没有机会被看见或者关照的时候，我们就变成了担心的父母，这对我们去爱孩子，或者对孩子的发展就会有一些影响和困扰。

孩子在成长过程中，需要的是来自父母的深切关怀、持续的好奇以及温暖的陪伴。同时，他亦应被赋予空间，可以有自己的想法，允许他慢慢长大。父母的角色，并非在于成为无所不能的超人，为孩子铺就一切道路；

而在于作为孩子成长旅途中的见证者，以信任为基石，坚定地支持并鼓励孩子去探索与发展。

【生活练习场】▶

1. 在养育孩子的过程中，你对孩子会有哪些担心？对自己又有哪些要求？试着写下来。

2. 这些担心和自我要求平时有没有机会倾诉一下，而非自己一人承担？当这些担心和要求出现的时候，你会怎样调节自己的心情，让自己慢慢放松下来？

3. 找一个机会去问问孩子：你希望爸爸是怎样的爸爸？妈妈是怎样的妈妈？然后根据孩子的回答，慢慢学习及调整。

02 唤醒孩子内在的力量

作为父母，如何协助孩子逐渐发展出属于自己的力量与能力，是一个至关重要且值得深思的议题。每一位父母都希望自己的孩子可以长大成才，独立自主，为自己的人生负责。我常常邀请父母站在孩子的立场，用孩子的视角来感受，体验孩子的力量可以怎样被看见和发展。

陪伴孩子成长的过程，父母应着力培养一项至关重要的能力——同感力（也叫共情，或者同理心）：深刻理解和感受对方内心的能力。这项能力会帮助父母了解孩子真正需要的是什么，穿上对方的"鞋子"，深入体验其内心感受。

在传统的教育模式里，当孩子遇到问题，父母会比较倾向于直接告诉孩子问题的答案或者分享自己的经验。当然，成年人的经验是宝贵的，这个宝贵通常不在于我们所熟知的答案或道理，而在于我们历经艰辛和挑战、克服重重困难后得以领悟的过程。有的大人是小时候吃了很多苦才得到某样东西，知道得来不易，就希望孩子也同样懂得珍惜；有的大人会因为没有做到心中所想而感到遗憾，就希望孩子能避开陷阱，未来不要有这样的遗憾。因此，当我们步入为人父母的阶段，出于对孩子的深切关爱，我们往往会告诉他们应该如何行事，以期望他们能少走弯路。

"你应该这样做！只有这样做才能避免麻烦。"

"你现在要好好学习，否则将来肯定会后悔。"

…………

父母这样说的用意是渴望将自身历经艰辛所得的生活智慧，毫无保留地传授给孩子。可很多时候，孩子根本不买账，这时父母会觉得很挫败、很懊恼："为什么我为你创造了最好的条件，把生活的智慧教给你，你怎么就不听呢？"

实际上这体现了两个时代之间的显著差异，是时代的飞速进步与变化所导致的。具体而言，存在两个方面的显著差异：

一方面，父母在其成长过程中所积累的经验，对于当前的孩子而言，由于未有机会亲身经历那个时代，因此难以深切地理解和体会父母的感受与心境。

另一方面，当今的时代与过去相比，已经发生了翻天覆地的变化。现代社会的孩子无需再像前辈们那样，面对物资匮乏或单一的人生出路，他们所处的环境更加丰富多彩、充满变数，同时也伴随着更为多元的挑战与机遇。而对于这种时代性的变革，父母往往缺乏直接的经验。例如，父母可能难以理解网络游戏为何会如此吸引孩子，也无法预见网络与信息化是如何深刻地影响着生活。父母与孩子一同经历着这些变化，甚至在很多方面还需要反过来请教孩子。这对父母来说也是很有挑战的，父母要在变化中重新学习也是很不容易的。

所以，我经常会邀请父母来想一想，我们要培养独立负责的孩子，我们已经没有给他们答案的优势。我们更希望孩子可以生出属于自己的独特力量，可以在未来充满挑战的社会里，用自己的实力去应对。如果我们为孩子营造的环境仅限于在学校必须绝对地服从教师，考试要有好成绩，回到家中要听父母的教导，做个听话的孩子，这样是不是很可怕？

现在我们有机会思考一下，我到底想要养育出一个怎样的孩子？如果我希望孩子可以独立自主，可以承担责任，该如何透过陪伴孩子，让孩子有机会在面对生活方方面面的时候，去思考、去表达、去探索和发现？所以今天的父母要给到孩子的教育是真正能站在孩子的世界，陪孩子发展出属于自己的力量。

【案例分享】▶

一名大学生因未能在规定时间内修满学分而面临学业中断的困境。他的父亲是当地一所知名高中的校长。他从小就具备很好的教育资源，学习成绩也不错，后来比较顺利地考上了大学。进入大学后，他逐渐感受到与同学融入困难，学习方面也没有太大的优势，觉得很吃力，常常会觉得自己很孤单和无助，但也不知道该怎么做。

他说的一句话令我印象特别深，他说："就好像过去的时候，都是父亲告诉我向左走还是向右走，突然有一天，让我自己去走了，我站在那，不知道该往哪儿走……"我还记得那个男孩说这些话的时候语速很慢，低着头，说完抬起头，也没有看我，眼神很迷茫。

男孩的父亲说："我以为我给了他最好的教育。他中学也有贪玩的时候,那个时候我给他找了我们高中最好的老师帮他补课,后来他的成绩总算上去了,也考上大学了。我总想着,这到了大学,就该独立了,没想到……"

这个案例虽然过去很多年了,但令我印象特别深刻,在咨询中,我看到作为父亲的心意,希望给孩子提供最好的教育资源,也看到孩子的迷茫,希望可以发挥自己的价值和力量。但在成长的过程中,父母可能没有机会慢下来,去真正了解孩子的成长脉络,让孩子有机会增长属于自己的实力。我常常在想,今天的孩子虽然生活在物质很丰盛的时代,但他们更需要多去体验面对困难和挑战,寻找解决问题的方法。在这个过程中,孩子可以带着"我是有能力的""我可以试试做点什么"这样的思维,这些思维就像是种子一样,在孩子的内心慢慢发芽和长大。

父母陪伴孩子并看见孩子的能力和价值,从儿童心理学的角度来看是非常重要的。尤其是在日常生活中,可以陪孩子多去看看他的优势是什么,他最厉害或者最突出的能力是什么。孩子对家庭也是有很大贡献的,他给这个家带来了什么样的意义和价值?当他遇到困难,不知道怎么办的时候,他可以去挣扎,去探索,去锻炼自己的生命力。

父母努力奋斗多年获得的资源,可以在孩子遇到困境时给予支持和帮助。但父母要知道,我们只能加油,不能做太多,因为那些不是孩子的能力,反而有可能让孩子失去看见自己能力的机会。父母对待孩子的态度,将在很大程度上塑造孩子如何看待自身。

我举一个生活中父母对孩子影响的例子,看看通过对话可以带来怎样的改变。

一对父母带着9岁的男孩来咨询。当我邀请孩子用三个词来形容一下自己的时候，他在纸上写了三个字：慢、笨、傻。看到这三个字，我愣了一下，内心很心疼孩子，我调整了一下自己的心情，确保以平和、放松的姿态与孩子谈话。

我问他："这三个字是从哪来的啊？"

男孩说："我写作业很慢，爸爸经常会说我。有时候做错了题，爸爸会说我笨；傻是从妈妈那儿来的，她可能是开玩笑的时候说的，但我觉得我确实有点傻。"

男孩说完，看了父母一眼，也并没有表现出什么不高兴，好像比较习惯这样的说法。父母看起来有一点尴尬，我没有想批评父母的想法，先继续跟孩子对话。

我对他说："这些是爸爸妈妈的理解，你肯定有属于你的想法，跟他们理解的不一样。可不可以让我多了解一些你的想法？比如你写作业慢，这个'慢'的背后一定有你的想法，是什么呢？"

男孩说："因为我觉得慢可以不出错，可是爸爸会觉得我写作业时间太长了。"

"你有一个特别宝贵的经验，慢是可以让自己不容易出错的。"

我转头问父母："你们原来知道孩子写作业慢背后的想法吗？"

爸爸说："之前总是嫌他慢，想要他写得快点，所以会催他，没想过他是这样想的……"

我问爸爸："那今天知道孩子有他自己的经验，你有什么新的感受或者想法？"

爸爸说："现在觉得慢也没有什么不好的……"

接下来的谈话，孩子明显话多了一些，后来调皮地对我说："爸爸说我笨，是因为我把那个聪明的、厉害的自己藏起来了。"

"今天一不小心被我发现了一个你藏起来的这么厉害的能力，你觉得这个厉害的能力可以怎么陪你学习啊？"我充满好奇地问。

男孩笑了笑："其实我自己是可以完成作业的，不用他们说我，我也不傻，只是有时候我不想说。"

然后，我就鼓励他："你可以把你藏起来的这些能力记下来，我猜，如果以后你遇到新挑战的时候，这些能力都会跑出来帮你。"

孩子听我说这些话的时候，狠狠地点头。

这个案例中，我们会看到：在日常生活中，父母往往会比较容易看到孩子身上不足的地方。但这样会削弱孩子的力量，让孩子觉得自己真的不够好。重要的是我们时刻要记得，我们该怎样说、怎样做是能增加孩子实力的！

【案例反思】▶

在传统的视角里，父母和老师都代表权威，权威往往是知道什么是正确的或错误的，什么是好的或不好的，什么是应该的或者不应该的。父母看到孩子写作业慢，会觉得慢是不好的，看到孩子玩游戏，就觉得玩游戏不是学习，太浪费时间，也是不好的。

后现代心理学会强调去权威化，更多去尊重和好奇当事人的想法。相信问题背后总有被我们忽略的故事，相信孩子才是最了解他们自己的专家。当我们愿意放下自己熟悉的"指出问题的模式"，而是去好奇这个所谓的"问题"是怎么来的，孩子就有可能变得不一样。当孩子感受到自己是被欣赏时，他就开始变得有力量，有力量去谈论那个所谓的"问题"。

所以父母在跟孩子对话前，可以先问问自己：我说的话对孩子来说是可以为他增长力量的，还是削减力量的？

以前的家庭没有这么复杂，所以父母的挑战也没有这么多样。但现在的家庭要面对社会的变迁，长辈们的经验也不再适用，所以家庭里每一个人都是探险家，要一点点去探索和实践，看看怎样的发展是这个家想要的。家庭中的成员都需要被尊重和看见，都需要发挥各自的实力来配合。

发展出属于孩子的力量，父母可以从以下几点试着做做看：

1. 不同的视角会带来不一样的孩子。父母需要意识到在孩子成长的过程中，父母看待孩子的方式会影响孩子怎么去看自己。如果父母是孩子的观众，观众看到的是什么？如果看到的都是孩子的问题，可能孩子就变成了一个问题孩子。我们看到在这个问题背后孩子的闪光点，比如他的努力和独特的想法，那么孩子就会对自己认可，会觉得自己是被欣赏的。

2. 父母愿意放下权威和什么都懂、都知道的身份，愿意用同理心好好陪伴孩子的成长。不是溺爱和有求必应，也不是完全不理任由其发展，而是透过陪伴和好奇，让孩子意识到自己有独特的地方、努力的地方、有信心的地方，这些都是值得父母多去思考和发现的。

3. 父母慢慢留意怎样的对话可以带给孩子力量，怎样的对话会削弱孩子成长的力量，协助孩子在竞争的社会中长出属于自己的独特样子。父母愿意让孩子用自己的经验和特点来为生活和学习努力，这些经验和特点不一定与父母相同。重要的是让孩子看见在自己的成长中，透过大人的信任和陪伴，可以逐步面对不同的挑战，同时累积更多的信心。

【生活练习场】▶

孩子在成长中遇到的困难，可能是考试没考好。如果父母想要帮忙，可以选择怎样跟孩子说？

A. 你看你的成绩，是不是太马虎了？

B. 你应该再努力一些，只有现在认真对待，你以后才能有出息。

C. 爸爸妈妈都很不容易，给你创造了很好的条件，你把学习这一件事做好就行了。

D. 爸爸妈妈发现你这次考试成绩不太好，我们想了解一下你在学习上遇到了什么困难。你觉得自己在学习中不容易的地方是什么？你需要什么样的协助吗？

补充一点，好的问题也要跟着孩子的节奏来问，父母的语言是鼓励孩子的力量。孩子被父母认可，尤其是在表现不好的时候被父母认可，对孩子来说是一份非常宝贵的礼物，这份礼物会鼓励孩子勇敢地面对挑战。孩子也不断在透过不同的经验、不同的挑战去发现和发展自己。

做父母是一件非常不容易的事，我们在陪孩子慢慢长大的过程中应学习怎样做适合孩子的父母。

03 倾听孩子内心的声音

任何职业都是需要不断学习的，而父母这一角色更是充满了无限挑战。鉴于每个孩子都是独一无二的个体，我们无法采用统一的标准来衡量不同的孩子。同样地，也不能期望所有父母采用同一套方法来养育自己的孩子，因为每位父母也都拥有独特的经历和经验。因此，作为父母，我们只有多请教和理解孩子，才能用贴近孩子的脉络去养育孩子。

当父母愿意不断地反思和学习，逐渐深入孩子的内心世界，倾听他们内心真实的诉求与想法，透过听见和看见孩子，可以带给父母不一样的学习体验，这个学习体验是独一无二的。父母不是照着书上或者唯一的理论标准去做，而是找到属于自己家庭的独特资源，属于你和孩子的对话和经验，这些是最宝贵的。虽然我非常鼓励家长看书学习，但是透过这些学习最终要学会的不是与书上的理论合作，而是透过理论学会真正与孩子合作。

我在有孩子之前，就已经开始讲心理学了。其中发展心理学就是讲一个人从出生到衰亡的特点和规律，但当我有孩子之后才深切体会到，真正养孩子的过程与那些理论的差距有多大，每个孩子都是独特的，仅仅知道知识是不够的，一定是做出来才有用。我会问我的孩子，你希望爸爸妈妈是怎样的爸爸妈妈？你遇到的这个问题，希望妈妈怎么做？把孩子当作我们的老师，去请教他，你就有机会听见孩子内心真实的声音，这个声音反过来会教我们如何去做孩子的父母，也会教我们如何去面对生活中的问题，至少可以知道怎样做比较贴近孩子的方向。

后现代心理学的思维里有一个最简单好用的思维，就是跟你身边的这个人合作，与他同在，共同在问题的空间探寻，就可以发展出各种可能性。

这个思维用在养育孩子的过程中，就是父母与孩子合作，与孩子同在，带着信任和欣赏的眼光去探寻，不是解决问题，而是发展出一种新的视角和理解，就会发现问题不再是问题，问题没有被解决，而是从你跟孩子的对话中溶解了。

我举一个生活中的例子说明一下，让问题溶解在对话里，是一个很神奇的现象。生活中有的孩子不愿意刷牙，这是很多父母常常反馈给我养育孩子的困扰。

我先说说小问题是如何引发亲子大战的。父母通常会觉得孩子早上不刷牙就是一个问题。当然，也许确实是一个问题，因为父母知道不刷牙会产生的一系列危害，然后会把这些不好的后果告诉孩子，而孩子会觉得你说的那些是在危言耸听，然后置若罔闻。这个时候父母看到孩子的敷衍态度会很生气，有可能会继续加强自己说话的声音："你这个孩子不讲卫生，会不被人喜欢！"

通常这个时候，有的孩子会迫于父母的压力而极不情愿地去做了，也有的孩子宁愿忍着难受也要抗争到底。初看之下，刷牙似乎只是日常生活中的一件小事，然而，其后续发展却有可能导致亲子关系的紧张化。值得注意的是，这一现象并不仅限于刷牙这一具体行为，而是延伸至众多其他事务中，孩子均表现出不愿听从父母指导的倾向。这无疑是父母所不愿见到的局面。

例如，某日清晨，孩子说："妈妈，我今天不想刷牙。"

稍作思考后，妈妈以平和而询问的口吻回应："嗯，这个问题，你希望妈妈如何回答呢？"

孩子："我希望妈妈说'写完作业再刷'。"

妈妈："好，那就写完作业再刷。"

然后孩子走开了，写完作业，他自己主动刷牙了。当然不同家庭发生的情境可能会有不同，重点是父母愿意询问孩子："你希望我怎么回答你？"这句话很简单，但做起来不容易，因为我们要放下头脑中出现的很多念头，不要想批评或者说服他，而是愿意先放下问题，贴近孩子，与孩子同在，愿意听听他是怎么想的。听见孩子内心真实的声音，原来以为是问题的问题就消失了。当父母愿意换一个视角去看待问题的时候，问题就不再是问题，因为问题已经在你和孩子的对话中溶解了。

有的父母会说，那这个是太小的问题，如果是比较大的问题，也可以这样吗？

我想说，愿意好好倾听孩子的声音是我们养育孩子的态度，这个态度需要我们在日常生活中持续不断地积累与践行。通过这样的方式，孩子能够深切地感受到自己是被父母所尊重与接纳的。在这种积极、正面的养育环境下，孩子将更积极主动地展示自己。尤为关键的是，孩子将逐渐建立起对自己的信任感与自信心，相信自己拥有被信任的能力，并勇于成为自己。这一过程中，孩子的内在力量将得以稳步增强。作为父母，我们真正见证孩子的成长，不仅仅是身体上的茁壮成长，更是内心的日益丰盈与成熟。

【案例分享】▶

一个妈妈带初二的女儿来咨询。妈妈说，孩子平时住校，每周五去接孩子回家，周日下午再把孩子送回到学校。因为孩子周末回家安排事情比较多，有学校布置的作业，还有几个课外班，每个周末过得都特别紧张。妈妈也希望孩子可以放松一些，所以会想一些办法，比如接孩子放学的路上，就跟孩子商量安排周末的时间。可是感觉孩子会很烦躁，对于要做的事情也会很拖延。妈妈觉得自己已经很有耐心了，也知道不能逼孩子太紧，但好像也找不到办法影响或带动孩子。现在，每到周五，妈妈就开始心慌，面对周末如临大敌。

我对这个妈妈说："你很想帮孩子的忙，甚至想要自己多做一些替孩子减轻负担。"

妈妈:"是啊,我也知道孩子很不容易,就想着如果她可以提高效率,不就可以节省出来时间放松一下了?"

"这是你可以想到的办法,提高效率可以节约时间。所以你就用接孩子放学的时间来帮助孩子制订计划。"

妈妈:"对啊,谁知道她不听……"

我就问这个女儿:"你离开家五天在学校上学,每天有很多功课,肯定也很辛苦吧。你希望妈妈来接你的时候,你们怎么度过在车上的时间啊?"

女孩:"我知道妈妈是为我好,但是我在学校已经学够了,周末就想放松一下,所以每周见到妈妈,听见她又开始重复那些话,我就觉得不想听,更不想做了。"

"所以你希望在车上妈妈可以说一些跟学习无关的,可以让你觉得放松的话对吗?"

女孩:"是的。"

这时候妈妈会有一些着急,说:"如果你按照计划做的话,我不是就不用重复叮嘱你了。"

女儿听了妈妈的话没有说话,低着头。

我问她:"你对于妈妈说的关于周末学习计划的事情,你自己的看法是什么?"

女孩:"我肯定知道是要做的,安排的课要上,作业要写,但是越有人说,就越想拖延,但是最后我不都还是做了。"

"哦,其实妈妈说的话你都知道的。那可不可以让我了解一下,周末如果有属于你自己的时间的话,你希望可以用来干什么?"

女孩:"我想看一个综艺节目,如果有时间的话,我还想画画,不过画画需要的时间会比较长一些。"

后来我又了解了女孩需要看的这个节目是90分钟，画画可能会需要2～3个小时。而周末的作业和课外班的时间基本上每周都是固定的。所以我就邀请妈妈和女儿一起合作分工，每次周末接女儿，尤其是在车上的相处时间，妈妈只需要营造一个轻松的氛围，妈妈放松，女儿也放松，然后有机会去聊聊：这周末女儿最想在属于自己的时间去做什么？需要妈妈协助什么？然后根据女儿的反馈来判断接下来要不要帮忙。而女儿就自己去安排自己该做的事情，如果可以比较早完成，就可以安排画画或者其他的事。妈妈觉得这样的安排，终于可以让她松一口气了。女儿也觉得可以做自己的事，还可以通过自己的计划和努力争取到更多属于自己的时间。

在这个案例中，我们看到妈妈和女儿两个人都很不容易，也很辛苦。

我们深刻体会到母亲与女儿双方均面临诸多挑战与艰辛。通过对话，我们有机会听见孩子内心的真实声音，孩子会告诉我们如何跟她合作是比较轻松和愉快的。妈妈也发现当与孩子同在，合作探索的时候，孩子更能懂得怎样更好地完成任务。

值得注意的是，母亲将原本属于孩子的责任归还给了孩子，也减轻了自己的负担。这样双方都能以更加轻松自如的态度，专注于各自的角色与职责。

【案例反思】▶

听见孩子内在的真实声音非常重要，这是一个亲子联结的机会，也是合作解决问题的前提。

在传统的视角里，父母往往有比孩子更多的经验，也懂得更多的理论。父母会容易承担更多的角色，在养育孩子的过程中，就会想要做那个主角，很辛苦地计划安排，很辛苦地去监督孩子完成，当自己的付出不能见效的时候，也会觉得受挫和无力。

父母怎样才能做到听见孩子内心的声音？

首先，后现代心理学有一个放下权力的思维，可以用在养育孩子的过程里，让孩子更好地成长。作为父母要去请教孩子，你的想法是什么？你遇到的困难是什么？你希望父母可以协助的是什么？在这个过程里，孩子是主角，父母只是合作者。父母只需让孩子知道：当你需要的时候，我是在的。

其次，每一个人都值得被尊重和照顾。父母也是人，也有自己的需要，有自己的情绪。所以父母不是只做父母，还要做好自己，照顾好自己的需要和情绪，这样才能更轻松地做父母。当父母与孩子合作的时候，我们是一个健康的状态去进入合作的关系，这样才可以有能力贴近孩子的需要，与孩子有比较好的合作，做父母可以做的那部分。

最后，贴近孩子的想法和需要。孩子是在不断成长变化的，作为父母也要用发展的视角去贴近孩子。

孩子还小的时候，他们会需要父母承担比较多的养育责任，不仅仅是生活的照顾，更是精神的成长。父母透过跟孩子的互动和对话，给孩子示范如何去认识自己，接纳自己，欣赏自己。而随着孩子年龄的增长，孩子慢慢开始发展出自我意识和自我管理的能力，在越来越多的人际环境中适应，最终成为独立负责的自己。

这个过程中，每个年龄段的孩子的内在声音都是宝贵的，都需要父母好好地去听见，然后有机会去跟这些声音对话，以增长孩子成长的实力。

【生活练习场】▶

用孩子可以听得懂的语言,去好奇地请教孩子。

1. 最近在生活或者学习中你遇到了什么样的挑战/难题?

2. 你对这个难题的看法是什么?

3. 你觉得可以怎样面对这个难题?你有哪些宝贵的特长可以陪你面对这个难题?

4. 你在面对这个难题的过程中,有哪些地方需要我们的协助?

5. 你会怎样看待这个愿意面对难题的自己?

6. 你猜长大的你,比如5年或者10年后的你,会如何感谢现在愿意尝试去面对困难的你?替那个长大的你写给现在的自己一句话,或者说出来。

这些问话的方式是后现代心理学中常常用到的好奇的问话方式,可以帮助父母有机会去听见孩子内心的声音,同时可以帮助孩子看到自己不断生长出力量,欣赏自己,并可以为自己负责更多。当然,你不一定一次要把这些问题问完,而是愿意带着好奇的态度、合作的想法,慢慢贴近孩子,这样的父母就是很了不起的父母。

04 家庭实践剧场:好奇与不知道

希望本章前面的内容,能够如同一颗蕴含着无限可能的新力量的种子,深深地扎根在每一位父母的心中。在养育孩子的过程中,我们要透过跟孩子的对话，不断滋养这颗种子。在日常生活中，我们有机会看到这颗种子在慢慢地发芽和成长，孩子总是会给我们带来惊喜。

本章聚焦于同感力的培养，即深入倾听并理解孩子的内心世界。父母要做到同感孩子，首先，尝试放下自己的预设，愿意先去聆听孩子的感受和想法，才能真正做到同感。我诚挚地期望每位家长能够在各自的家庭中切实付诸实践。其次，从知道到做到，是一个过程，更是我们持续学习、不断进步的核心所在。为此，我们特设"家庭实践剧场"，本章实践的核心为"好奇与不知道"，这是一个态度，是我们做到倾听孩子、与孩子合作的非常重要的态度。

很多时候，我们头脑中因为知道了太多，反而成为沟通的阻碍。我们以为自己听懂的，以为自己知道的部分和孩子真正要表达的通常也会有很大的差异。当我们理所当然地下结论的时候，往往是忽略了当事人，比如我们的家人，他们真正的感受和需要。

下面是我和女儿的一段对话，可以帮助我们更好地理解这个主题实践。

女儿上小学低年级的时候，放学回家对我说："妈妈，我班有个男生总是爱碰我，还捏我，烦死了。怎么办呀？"

画外音：作为父母，当你听到孩子回家跟你说学校发生的事情的时候，你通常会怎么回应呢？父母可以留意一下，通常先关心的是孩子这个人还是发生的事情？

"这个男同学总是爱碰你，还捏你，你肯定会又生气又着急吧？"

"对，气死我了。说他还不听。"

画外音：关心孩子这个人，有几个重要的意义：首先，能使孩子深切感受到父母的深切理解与支持，从而增强其在面对难题时向父母求助的意愿，确保亲子间沟通的畅通无阻。其次，让孩子有机会把自己的情绪和感受说出来，这对于问题解决前的情绪调控而言，是至关重要的。最后，孩子将更乐于与父母携手共谋解决方案，探索出适合孩子的策略。在此过程中，同理心与好奇心发挥着举足轻重的作用。

"确实挺让人窝火的。那你希望妈妈做点什么？"

"我也不知道。就是你教教我咋办。"

画外音：通常情况下，成年人在面对问题和寻求解决方案时，会基于自身的经验和方法行事，倾向于优先解决问题本身，而可能忽视孩子的情感需求。过往一代的父母，在其成长历程中，往往也未能充分体验到被关注情感的重要性，因此，他们可能更习惯于采取自己最擅长的直接行动方式，比如直接建议孩子："你可以尝试告诉老师。"然而，在孩子的心目中，向老师求助或许并非唯一的解决方案，也并非每个孩子都能轻松做到这一点。因此，我们应当摒弃内心的预设，转而与孩子一同学习，共同探索问题的多种可能性。正所谓"授人以鱼，不如授人以渔"，我们应当致力于培养孩子解决问题的能力，而非仅仅提供单一的答案。

我顿了一下，想了想，说："你想想如果是你的朋友夏夏遇到了这个问题，她会怎么做？"

"她那暴脾气，肯定会打回去的。"

"那如果是小文遇到了这个情况呢？"

"她有点胆小，估计会哭，说不定会告诉老师。"

"哦，那你跟她俩的性格好像都不太一样，你觉得适合你的方式是什么？"

女儿想了想说："那我知道了。明天要是他再捏我，我会大声地警告他！如果他不听，我就告诉老师。"

"嗯嗯，我就知道，你最了解自己，知道什么办法最适合你。"

画外音：在处理人际问题时，鉴于孩子性格的差异性，他们对问题的反应自然也会有所不同。因此，我们应陪伴并鼓励他们在"问题空间"中进行深入的探索，以找到真正适合他们自身的应对策略。通过这样的过程，孩子将学会如何根据具体情境来有效地保护自己并妥善处理人际关系。

女儿很开心，最终我们达成一个共识：每个人都是自己的专家。生活中发生的不愉快的事，也是我们的老师，它是来教会我们学习本领的。比如今天孩子学会了遇到问题可以找信任的人来分享自己的情绪，她意识到解决问题的方法多样，而关键在于寻找最适合自己的途径。因此，遭遇问题不仅不应视为困扰，反而应视为一个绝佳的契机，让我们亲身体验并学会如何有效应对，从而不断成长与进步。孩子在这个过程中，一点点增加属于自己的实力。

对父母来说，最不容易的是愿意慢下来，在问题空间里陪孩子多待一会儿，给予孩子充分的表达机会。在此过程中，我们会发现，好奇心与不预设立场能够激发孩子内在的智慧与策略，从而展现出他们独特的思维与能力。

我在咨询室里听到很多孩子讲他们的故事时，也会问他们："你的这些想法和感受有跟你爸爸或者妈妈说吗？"他们几乎都会摇头说："没有，说了他们也不懂。"有些会说："肯定说过啊，但说了，他们总是说我的不好，指责我，那我就不说了。"

在过往的经验里，孩子们或许曾多次尝试与父母建立沟通。然而，当父母未能以开放的心态去深入了解孩子的内心世界，而是仅凭自身的经验和文化背景去解读孩子的行为时，往往会逐渐关闭与孩子之间沟通的通道。这一现象不仅令人担忧，而且其后果也极为严重。

当前，众多父母面临的一大困扰便是难以洞悉孩子的真实想法，孩子往往选择沉默，不愿向父母敞开心扉，这使得父母在如何有效帮助孩子的问题上感到束手无策。与此同时，孩子也深感苦恼，因为他们觉得自己的感受和需求并未得到真正的理解和尊重。这一结果，实则是我们在不经意间共同造成的。

当我们认识到自身的观念仅代表个人经验和想法，并非必然符合孩子的需求时，我们就可以放下那些源自过往、僵化且带有偏见的想法。唯有如此，我们方能真正摒弃评判，与孩子展开平等对话。当孩子感受到被尊重与接纳的氛围时，将乐于分享其珍贵的见解与思考，这一过程犹如踏上了一场寻宝之旅。所以我们跟孩子的对话一开始，就像是一场探险，不小心就会容易掉进评判和贴标签的陷阱。而一旦我们避开雷区，接下来就是捡彩蛋了，孩子会给我们带来很多意想不到的惊喜。

后现代心理学有两个非常重要的态度是：好奇和不知道，不知道就是不预设立场。这两个态度有助于我们更深入地理解孩子的内心世界，亦蕴含了陪伴孩子成长、培养其内在力量的教育理念。

好奇心根植于对孩子及其生命的深刻信任。我们衷心认同，在孩子丰富多彩的世界里，必然存在着我们尚未精通、未曾洞悉的多元故事。这份信任驱使我们自内心深处，乐于去发掘并尊重他们独特而丰富的内心世界。

这些故事与表面所见的问题故事大相径庭，唯有我们秉持着好奇的态度，方能发现这些深藏不露的宝藏故事。

好奇的问话会让孩子感觉到，你没有因为他说的话而轻易地批评或者否定，而是愿意多去尊重和了解他。这种感觉会让孩子放松下来，愿意更多地表达自己的想法。

具体我们怎么用呢？

当孩子和你分享一件学校老师或同学发生的事情的时候，试着多去好奇：哦，这样啊，你怎么看这件事啊？你是怎么想的呢？如果你是老师，你会怎么处理这件事啊？如果你是这个学生，你会怎么做啊？

当孩子和你分享自己的感受和想法的时候，试着多去好奇：你的这个感受可以多跟我说说吗？这个想法是从哪来的？你希望我可以做些什么能让你好过一些？我们会发现孩子有机会表达很多他自己的故事。

父母有机会引导孩子走向自己的舞台，鼓励他们充分表达自我，同时，也为父母提供了宝贵的契机，以更深入地了解孩子的独特见解与思维。针对孩子不同年龄段的特点，我们应当灵活调整沟通的语气与方式，以更好地贴近孩子的需要。

所谓不预设立场，就是在孩子还没有说出他的故事以前，父母没有预先准备好标准答案，没有评判，也没有标签，也就是父母没有戴着有色眼镜，对接下来发生的事持不知道的态度，这样我们的内心就会有足够大的空间——来听孩子分享自己的想法和宝贵的故事。

当我们可以好奇地去问孩子，并在不预设立场的状态里用心倾听，往往就可以让孩子的故事打开更大的空间。

当我们放下预设的立场，孩子的想法和主动性才可能出现。我们要培养自我负责的孩子，很重要的一点也是让孩子能站在属于自己的舞台上，而不是父母直接给他答案。

用好奇的眼光去看孩子，把眼光落在孩子重视、期待、想要谈的部分，而不是聚焦在标签和问题上。当我们用这样的眼光对孩子产生好奇，孩子就会开始站在小主人的位置上，开始他的探索和发现，成为他自己。就这样，好奇成为引出一段新故事的开场白，不预设立场地聆听，会让孩子过去"没说出、没被听见"的想法或者故事有机会——展现。

在接下来的生活里，试着去带上好奇和不预设立场的态度，来开始你和孩子的对话吧，相信你一定会有新的发现和惊喜！

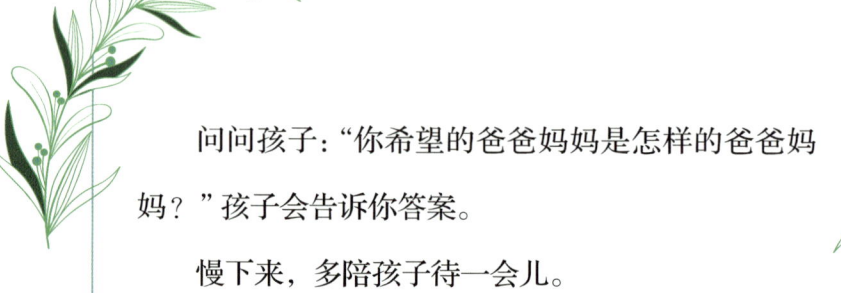

问问孩子:"你希望的爸爸妈妈是怎样的爸爸妈妈?"孩子会告诉你答案。

慢下来,多陪孩子待一会儿。

第二章

情绪力：做情绪的主人

05 让孩子重新做回自己

在孩子的成长过程中，难免会伴随各种挑战与难题，这些常成为父母关注的焦点。我时常接收到父母的咨询，比如：孩子写作业总是拖延怎么办？孩子总是抱着手机不撒手，怎样引导孩子减少手机使用，增强学习兴趣？父母竭尽所能，但似乎并未产生预期的效果。

在父母的视角中，孩子往往与问题和困扰紧密相连，成为家庭生活中的一大烦恼源。然而，当家长以问题导向审视孩子时，无形中已将其标签化为"问题儿童"，进而将育儿过程简化为对孩子行为的纠正与改造。这一过程可能导致孩子在成长过程中不断被外界贴上各类标签，而真正自我成长与探索的机会则被大大减少。

很多父母会发现，生活中充斥着诸多不可预测的因素，这些挑战与不确定性时常令我们感到措手不及，尤其对于孩子来说，当没有足够经验应对问题的时候，很容易情绪失控，认为自己无法应对，从而削弱了解决问题的动力，并难以展现出自我担当与责任感。在此之际，父母对于孩子的态度以及他们如何审视孩子所面临的挑战与问题，显得尤为重要。

当我们把孩子和问题分开的时候，孩子是孩子，问题是问题。这一转变恢复了孩子的自主能动性，家长亦能转变视角，不再将孩子标签化为"问题儿童"，而是携手孩子共同审视并应对所面临的挑战。当面对问题或挑战时，我们希望孩子展现出一种不被问题所困、情绪不轻易被激惹的稳定心态。在此过程中，孩子将展现出丰富的创造力，与家长一同探索解决问题的路径。孩子也能逐渐建立起对自己的信心与对问题的驾驭能力。

作为父母，为了培养出具备独立自主与自我负责能力的孩子，有两个关键策略：

一是视角转变：把孩子和问题分开，恢复孩子的主观能动性。

二是合作态度：愿意和孩子一起合作面对问题。

【案例分享】▶

有一位妈妈带着孩子前来咨询，她的孩子目前就读于小学一年级。据老师反馈，孩子在课堂上坐不住，常有多余的小动作，不仅自己难以保持专注，还时常干扰到前后的同学，老师和家长屡次提醒也不管用。

妈妈反馈：孩子在上小学之前主要由奶奶抚养，奶奶认为男孩子天性活泼好动，因此并未过分约束。当孩子即将步入小学时，父母将其接回身边抚养，发现孩子身上存在诸多不良习惯。尽管妈妈时常对其进行劝导，但效果并不显著。家长曾寄希望于学校的教育能够纠正孩子的行为，但遗憾的是，即便是在老师的监管下，孩子的行为也未见明显改观。每当老师反馈孩子的问题时，妈妈都会与孩子进行深入的沟通，然而这些谈话似乎并未对孩子的行为产生实质性的影响。

我邀请这个男孩跟妈妈一起来到咨询室。我观察到男孩一开始有一些害羞，自己坐在沙发上，时不时会看看妈妈。趁我跟妈妈说话的时候，他离开沙发，在咨询室里四处走动和观看，好像在找他感兴趣的东西。

妈妈歉意地看我一眼说："你看他就坐不住。"

孩子顿了一下，但没有停下来，继续翻找。他在角落里找到一个长条形的塑料泡沫，然后他坐下来，开始用泡沫敲击桌子。妈妈很不安，我安慰妈妈，转向孩子试着跟他说话。

"妈妈说的这个'坐不住',好像是一个很有自己想法的小精灵,你可不可以给我介绍一下它,让我了解一下它啊?"

男孩看了我一眼,应该是有一些意外,但没有说话。

我接着说:"你也可以把这个'有想法的小精灵'画下来,让我认识一下它。"

他犹豫了一下,真的拿起笔在纸上画了一个有一只眼睛、很多触手的"小精灵"。

我说:"真的很特别啊,你能给我讲讲它这只眼睛和这些触手的故事吗?"

接下来,他开始给我讲了很多让人意外的故事。比如,这些触手会对周围的事情好奇,眼睛可以看见别人看不到的东西,在这个过程中,他坐了30分钟都没有动……

一直到后来我们谈到在学校上课的时候,他说:"我妈和老师一样,总说让我不要动,可是不是我想动啊,是这个小精灵的触手要动啊,我只是跟着它。"

"哦,这样啊,那老师说你是有点冤枉你哟。老师好像也不知道这个小精灵的存在。"

接下来我跟他一起商量怎么让这个小精灵不给他惹麻烦,他想了想说:"那我确实需要管住它。"后来我们一起商量了一个办法,就是用一个橡皮代表这个小精灵,然后把这个小精灵装到文具盒里,等下课的时候再把它放出来……

在这个案例中,我在跟孩子谈话前,把妈妈和老师说的"坐不住"这个问题跟这个孩子分开,并赋予其一个更为积极、富有想象力的命名——有想法的小精灵。此举旨在将孩子的身份从"坐不住"的标签中解放出来，转而鼓励他学会与这个"有想法的小精灵"进行协商与合作。

通过此方式，孩子得以摆脱"问题孩子"的标签，重新获得了自主性。在与我进行对话时，孩子仿佛化身为引领者，带领我深入其内心世界进行探索。这一过程中，我们得以充分了解和认识这个小精灵的独特之处，包括如何与之和谐共处及协作。同时，我也会适时地向孩子寻求解决办法，共同应对成人视角中所谓的"问题"。

【案例反思】▶

这跟过去我们习惯的做法有什么不同呢？我们来做一个比较。

当父母说"我的孩子学习坐不住"的时候，父母往往会用一个这样的眼光去看孩子：他是一个"坐不住""不专心"的孩子。这样"坐不住""不专心"的标签就跟孩子贴在了一起。当父母带着这样的视角去跟孩子说话时，往往是想要去纠正孩子的问题：你不要老是动来动去的！你能不能坐好？

当父母发现自行解决孩子问题的方法失效时，他们往往会寻求专业咨询师的协助，希望借助专业力量来纠正孩子存在的问题。事实上，当我们把孩子当作问题来看的时候，改变的难度是非常大的。

这时候的孩子会不知不觉认同父母或老师对他的评价：我就是坐不住的小孩。当孩子尚处于力量较弱的阶段，面对父母或者老师的生气情绪时，他们会尽力遵从父母或老师的要求，但发现又很难做到，也很容易灰心，因为他自己和这个问题是一体的。孩子看到父母因为自己的行为很生气，也会害怕这样自己是不是就不被喜欢了。当孩子的力量逐渐增强时，他们可能会选择性地忽视父母的言语，甚至有可能采取与父母相悖的行为。

我通常将此情境比喻为孩子被问题编织的绳索紧紧束缚，导致他们无法自主应对挑战。然而，当父母试图为孩子解开这些绳索时，却惊讶地发现并不了解绳索的结扣所在，最终只能徒劳无功。

现在，让孩子重新做回自己，是将孩子与所谓的"问题束缚"解绑。诚然，该问题依旧存在，但它已转变为孩子手中的可控因素。作为成年人，我们拥有足够的智慧与洞察力，而孩子则对其所面临的"问题特性"有着最深刻的了解。我们双方的紧密合作，便有机会发展出更多解决问题的可能性。

这是后现代心理学里非常重要的态度，"问题是问题，人不等于问题""人是自己问题的专家"。当我们用这样的态度去跟孩子对话时，孩子就变成了自己的小主人，有力量感和掌控感，这时候就有机会好好看看这个问题对自己的影响，以及该如何处理自己和问题之间的关系。这个对话过程也非常有趣。

尤其重要的是，当我们用这样的语言时，孩子会觉得我们是把他当作一个自主的、有能力的人来看待，而不是被指责有问题。孩子会觉得自己被尊重，更愿意跟我们配合一起去讨论问题。这个时候，孩子才是自己生命真正的主人，看看自己的生活里发生了什么，孩子可以学习发展出自己期待的解决之道。

把人和问题分开也是后现代心理学中的一个技术，叫外化技术。

外化有三个正面影响：

1. 人和问题可以有距离。这个问题不是贴在人身上的，可以来，也可以走，可以很有弹性。

2. 人可以在自己和问题之间产生面对问题的创意和想法，我们可以一起去看看怎么安顿这个问题。

3. 人一旦脱离问题，就变得自由，开始发挥主动性对问题进行好奇。

当我们学会用外化的方式来看问题的时候，我们看问题的视角就会不同，就会有空间、有机会去探索和创造。尤其是当我们用这个方式去看孩子的时候，孩子会体验到被尊重、不被问题绑住、不被否定或者病理化，这对孩子的影响是巨大的。

在日常生活中，有很多时候都可以用外化方式——把人和问题分开，开始展开对话。

比如，当孩子发脾气的时候，我们可以直接说："我发现有一个红色的小魔怪控制了你，它指挥着你摔坏了东西……"

当孩子拖延的时候，我们可以邀请孩子给这个"拖延"起个名字，比如"毛毛虫"，或者找到一个玩偶来代表这个拖延，我们可以提醒孩子说："这个毛毛虫拖慢了你的速度。我们要怎么安放它会比较好？"

当孩子有厌学情绪的时候，我们同样可以用这个方式把孩子跟厌学这个问题分开，跟孩子一起去探索厌学的来龙去脉，重要的是让孩子不会觉得自己是被否定和攻击的。

无论是孩子的某种情绪(伤心、愤怒)，还是当下的某样特质(磨蹭、爱动)或者遇到的其他挑战(游戏、学习)，我们都可以用外化的方式打开对话空间。通常我们可以把要谈论的问题用拟人化的方式表达出来，这样跟孩子互动，孩子会觉得很生动形象，会在积极的情绪状态下参与对话。反之，若我们错误地将儿童视为问题本身，并围绕其不良后果和影响展开讨论，往往会削弱儿童的对话意愿。

更为关键的是，让孩子从问题标签里解放出来，重新做回自己，也可以创造出父母和孩子合作的空间。鉴于父母与孩子各自拥有独特的智慧与经验，家庭成员可以坐下来好好说话，不被问题捆绑，就可以共同探索并创造出属于自己家庭独有的解决方案。作为当今时代的父母，确实面临着诸多挑战，需要不断学习与进步，以掌握与这个时代孩子相处的有效方法与策略。谢谢作为父母的你，愿意成为孩子的榜样和领路人，并为此付诸实践。

【生活练习场】▶

> 1. 找到你在生活中比较常遇到的一个困难，比如拖延或者发脾气，你可以试着给这个"困难"起一个名字，也可以把这个"困难"画下来，或者找到一个玩偶来代替。
>
> 2. 体会一下，当自己被形容是一个拖延的人或者爱发脾气的人的时候，是怎样的感觉？
>
> 3. 试着把自己和拖延或者发脾气这个问题分开来看，比如，拖延通常什么时候会比较容易找到我？拖延如果会说话的话，会想要给我说些什么？我希望跟拖延有一个怎样的关系？这个时候感觉一下自己有何不同。
>
> 4. 当你把自己和问题分开的时候，看看可以创造出什么新的策略和方法。

06 成为情绪的小主人

很多人可能都听过这样一个故事：一个丈夫在单位里挨了领导的骂，憋着一肚子气回到家。吃饭时，妻子夹菜给丈夫，丈夫说："我自己没长手吗？不是我说你，这菜是越做越难吃！"这时候，平时总让妈妈夹菜的儿子撒娇地说："妈，我要吃鱼，帮我夹。"妻子转头就是一句："你自己没长手？自己夹！"这时，平时和儿子玩得最好的小猫正朝他摇尾巴，儿子心里窝着火，朝它狠狠踢了一脚。那猫冲到街上，正遇上迎面开来的一辆车，司机为了避让猫，撞伤了路边的一个孩子……

当你听到这个故事时，会想到什么呢？

请留意此刻你头脑中的念头或者情境，这些或许是你接下来要面对的挑战。作为成年人，当你有情绪的时候，通常会怎么照顾自己的情绪呢？或者，你会如何表达你的情绪？你的表达会得到怎样的回应？

父母先要思考自己的情绪调节能力，才能潜移默化地塑造孩子此项能力的发展，因为儿童主要是通过同父母的交流互动来学习调节情绪的。

在孩子面临困境时，有些父母可能因急于纠正其行为上的偏差，而忽略了对孩子内心情感的关注与理解，甚至直接否定其情感体验，比如会说："多大点事，有什么可哭的！"这样做会让孩子失去认识与理解自身情绪的机会，进而可能削弱其应对负面情绪的能力，使其在面临压力与挑战时，难以展现出灵活应对与适应的能力。

【案例分享】▶

一个初中的学生，有一次上物理课，老师发刚考完的卷子，看她错了一道比较简单的题，顺口说了一句："你看这道题咱全班其他同学都做对了，只有你做错了。"

这个学生性格比较内向，她的物理成绩一直很好，这次考试也是班里的第二名，只是在一道本不应出错的题目上丢分了。我们可能比较容易理解，物理老师也是出于善意。但对于这个学生来说，步入初中阶段，正值青春期，自尊心较为敏感，她觉得老师当着全班同学的面说这句话让她很没面子，所以她就很郁闷，回家之后就给妈妈说了这件事情。

身为父母，我们可以想一下：如果是你的孩子回家给你说这件事，你会怎么回应孩子？

　　一般情况下，当孩子说他遇到困难时，很多家长都习惯性地去解决问题，所以这个妈妈听了就说："那老师也是为你好，就是想让你细心一点，你别想那么多了。"妈妈说完之后孩子没有说话。可是接下来就出现了一连串的问题：她的学习成绩开始下降，不仅仅是物理课听不进去，其他学科也受到影响。再到后来这个学生的人际关系也受到了影响……妈妈看到孩子的学习受影响后，就想各种办法来关注孩子的学习，发现并不管用。直到孩子在学校也待不下去了，妈妈才意识到问题变得严重了。在咨询室里，孩子说得最多的就是没有人理解她的感受。当我们不去关注孩子的情绪感受，只是习惯一味地去解决问题，孩子会感觉自己不重要，不被理解。人始终被情绪困扰，结果导致需要面对的问题更多。

【案例反思】▶

　　根据对孩子情绪的不恰当回应，我们将父母分成三个群体。这里并非指责父母的意思，而是我们一起看看，哪些是需要我们避开的陷阱：

陷阱一：忽视型

在日常生活中，当孩子因生气或难过而哭泣时，部分父母并不会对这些负面情绪给予特别的关注或重视，而是认为这些情绪并无大碍，随后便引导孩子继续从事其他活动，或转移话题以使此事得以平息。此类父母的行为模式，我们通常将其定义为忽视型教养方式。

忽视型父母对孩子消极的情绪经常视而不见，或者看到了也认为这个情绪是不理智的，没必要把它当回事。这种观念促使众多父母将情绪看得无足轻重，仅聚焦于问题的解决。他们倾向于将全部注意力集中于解决问题之上。然而，父母频繁地忽视孩子的负面情绪，将对孩子产生一系列消极影响。

孩子往往会产生一种误解，即认为拥有负面情绪是不应被接纳的，而持续保持开心才是常态。因此，他们常常陷入与自身负面情绪的对抗之中，并逐渐倾向于更强烈地抑制这些情绪。在我接触到的许多初中生中，存在抑郁情绪或厌学现象的孩子经常说的一句话是：既然没有人在意，说出来又有什么用呢？

我们不难发现，当父母习惯性地忽略孩子的负面情绪，孩子往往也会逐渐关闭和父母沟通的大门，这也并非我们想看到的。

陷阱二：压抑型

压抑型的父母经常会批评指责孩子的负面情绪，这会导致孩子在成长的过程中逐渐认为，之所以产生这样的情绪，都是因为自己不够好。如果自己足够优秀，就不应该出现难过、生气这些负面情绪。另外，如果父母经常压制孩子正常地表达负面情绪，孩子就会逐渐学会隐藏自己的情绪。因为只有不表达才能让自己获得安全，不会被批评和责骂。这样长大的孩子就很难懂得如何调节自己的负面情绪，他们更多地会选择隐忍。

有一个成年的来访者在咨询室里说："我不会哭，因为从小的时候妈妈给我说得最多的一句话就是：'不许哭，哭是没出息的。'"对于一些有男孩子的家长来说，孩子哭了，父母也可能会说："有什么好哭的？不要忘了你是男子汉。"或者当孩子发脾气时，父母就会吓唬孩子说："别哭了，再哭我就揍你。"这样孩子就会习惯性地把情绪隐藏起来，这些情绪并不是不见了，而是会在未来借助某个机会爆发。

陷阱三：放任型

放任型的父母对孩子的情绪会表现出无条件地认同。比如孩子因为想买玩具发脾气，躺在地上大哭大闹或者踢人，父母会接纳孩子的情绪并妥协：好好，给你买。但是父母不会告诉孩子他表达情绪的方式错了，更不会指导孩子怎么正确表达。放任型的父母可以很好地共情孩子，但并没有指导孩子怎样正确表达自己的情绪，也不懂得帮助孩子从情绪体验中学习和成长。在放任型家庭中长大的孩子容易以自我为中心，不会调整自己的情绪。当生气或者难过的时候，他们缺乏让自己恢复平静的能力。因为父母的过度放纵，还会让孩子在人际交往中很容易情绪失控，导致人际关系出现问题。

在这三种养育方式中长大的孩子都很难学会正确地管理情绪，成年人也需要慢慢学习了解情绪，接纳不同情绪的出现，陪孩子一起学习做情绪的主人。

对于小学低年级学生而言，其核心任务是学习识别和准确表达自身情绪，并深入理解情绪如何驱动行为。而对于小学高年级的学生，则需掌握同理心技能，以便能够理解和感知他人的情绪状态。

在应对情绪的过程中，我们可以采用上一章提及的外化这一方式。为了帮助孩子成为情绪的主人，我们可遵循以下三个步骤：

第一，为情绪命名。让孩子意识到：现在我有情绪了。

第二，用同理心的方式，帮孩子把情绪表达出来。让孩子感受到：我的情绪是被允许有的。

第三，用外化的方式跟孩子一起讨论跟情绪相处的方法。情绪本身是没有对错的，所有的情绪都很重要，但处理情绪的方式有的是破坏性的，我们可以发展出更多的调节策略。

具体操作这三个步骤，可以根据年龄不同而有所调整。

针对较小年龄段的儿童，可以先试着跟孩子一起用颜色为情绪命名，比如伤心是蓝色、开心是红色等。当儿童表达情绪时，可以通过询问"你现在的感受是什么颜色的？"来引导他们进行自我识别。这样，儿童能够较为准确地表述自己的情绪状态，如"伤心，是蓝色的"。

在遭遇负面情绪且该情绪可能对周围环境造成影响时，可以采取讨论与协商的方式，引入"情绪按钮"的概念，即告诉儿童通过按下按钮就可以把"小魔怪"暂时关起来。这一方法往往能够有效地引导儿童进行情绪调节，或在讨论过程中自然而然地使儿童从负面情绪中解脱出来。

对于年龄稍大的儿童而言，他们通常已能够较好地辨别自身当前的情绪状态，如愤怒或伤心。例如，六七岁的孩子在看到他的好朋友与另一人表现出亲密举动时，可能会觉得很生气。此时，擅长情绪管理的母亲会与孩子一起确认感受，让孩子知道这很正常，我们会体验到嫉妒这个情绪。通过这种方式，当孩子再次经历类似的情感时，他们便能更加准确地识别并恰当地表达出来。

同时，父母需要让孩子知道，虽然情绪没有好坏之分，可以被无条件接纳，但是行为却有对错之分。

【案例分享】▶

小学四年级学生小军因在学校与同学发生肢体冲突，并且由小军率先动手，同学家长来学校要求处理这件事。鉴于此情况，学校方面对小军提出了必须接受心理辅导的要求。

小军的父母先给我介绍了小军跟同学发生矛盾的起因：由于某同学把讲台上准备交给老师的作业本碰掉了，小军上前制止。在表达过程中，小军的语气可能比较生硬或不当，这导致了对方产生了抵触情绪，并最终升级为了肢体冲突。父母也表示：小军的初衷是出于好意，但他说话方式确实是有问题的。

我问小军:"当你看到同学把作业本弄乱的时候,你有什么想法啊?"

小军说:"他经常闯祸,手特别欠。我看到他把大家的作业弄乱的时候,我就想揍他。"

"哦,那个时候,你看到他又闯祸了,肯定很生气吧。"

"对,很愤怒,他总是搞破坏,所以我就上去制止他了。"

"那个生气和愤怒来到你身体的时候,好像力量很强大,它会让你冲到讲台上,要去制止他。"

小军想了想说:"对,当时我很愤怒,想冒火,就动手了。"

"你可以选择一支彩色的笔把这个愤怒画下来,让我看看它。"

小军挑了一支红色的笔,画了一个愤怒的简单脸谱。

我接着说:"是哦,这个愤怒其实还是很有正义感的,它不想让同学闯祸。"

小军这时候低头小声说:"后来是我闯祸了,我没控制住,先动了手……"

听到小军这样说,我内心为他点了赞,这是一个很善于反思的孩子,接下来我跟他讨论了当这个红色的愤怒来到的时候,我们可以怎么更好地谢谢这个愤怒并提醒自己,如何更好地跟这个情绪合作。

【案例反思】▶

让孩子成为情绪的主人,对父母来说,要坚守一条重要的原则:先贴近和理解孩子,再解决问题。就是先去了解孩子的情绪,引导孩子表达出情绪,理解孩子出现情绪是正常的、被允许的。用外化的方式把情绪和孩子分开,让孩子恢复成一个可以自由思考的孩子,这样我们便有机会跟他一起去看看这个情绪，认识和了解情绪背后的意图，进而找到更贴近孩子的实用策略。

【生活练习场】▶

在日常生活中，当观察到孩子出现情绪波动的一个具体场景时，尝试与孩子进行对话，理解孩子的情绪状态，并提供适当的支持与引导，以促进孩子贴近、理解自己的情绪，并学会与之相处。

1. "妈妈看到你有些不太开心，可以告诉我你现在的心情是怎样的吗？"对于年龄小的孩子，可以用颜色来引导孩子表达。

2. 用外化的方式把情绪和孩子分开，对孩子的情绪表达好奇，听一听孩子是如何描述这个情绪的。

3. 表示对孩子情绪的理解和接纳，并谢谢孩子跟你分享他的情绪。

4. 尝试跟孩子一起讨论，当这个情绪到来的时候，会给自己和家人带来怎样的影响？我们可以怎样跟它相处？

当然，以上可以根据孩子的年龄，用适合孩子的语言，跟孩子进行对话。对话也不是必须一次聊很长时间，而是渗透在日常生活中，我们的目的是让孩子成为自己情绪的主人，去认识、接纳自己的情绪，并协助孩子找到情绪表达的策略。

如果我们可以引导而不是强求他们，鼓励而不是给他们施压，为他们做出榜样而不是单纯地说教，我们就能够以平和的心态养育孩子，并且也让孩子的内心安宁平和。

07 做值得被爱的自己

身为父母，毫无疑问都是非常爱自己孩子的。然而，如何把这份爱传递给孩子，让孩子真切感受到自己是被爱的，却是一件不简单的事。

在咨询过程中，我观察过一些因厌学问题而被家长带来咨询的孩子，他们在谈及自身时，常表现出一种习惯性的自我贬低态度，会说："我就是我家里的累赘，什么都干不好，上学没意思，活着也没意思。"其中，部分有严重抑郁情绪的孩子还会有反复发作的轻生、自伤意念和行为。尤其是当孩子表现出不想上学的时候，父母通常会从一开始的震惊和软硬兼施慢慢发展到迷茫和不知所措。父母想不通孩子为什么会发展到心理抑郁甚至不想上学。

随着咨询工作的开展，我们愈发清晰地认识到，这些孩子的内心世界长期以来一直未能得到应有的重视与关注。他们的内心感受与思想深处，鲜少有人真正倾听与理解。进一步探索发现，这些孩子内心深处普遍存在着一种深层次的信念，即自我价值的低估与爱的缺失感——"我是不重要的，我是不值得被爱的"。尽管许多父母可能会对此表示否认，但这恰恰是值得我们反思的。

在进行家庭关系咨询的过程中，我还注意到，在探讨夫妻关系的情境中，特别是妻子这一角色，常会流露出一种相似的心理信念，即自我怀疑与自我价值感的缺失。她们可能会认为"我不值得被爱""我不够好"，进而将这种认知作为解释伴侣行为或婚姻状态的一种内在逻辑。这种信念模式，也会深刻影响着婚姻关系的质量与稳定性。

此核心信念"我值得被爱"不仅对孩子的学业进步、个性发展具有促进作用，更对其未来的幸福感、人际网络的构建以及亲密关系的深化起着决定性作用。该信念的稳固确立，是孩子全面、健康、幸福成长的基石。

父母致力于培育出独立自主和自我负责的孩子，希望孩子能够接纳自我，并勇于承担起个人的责任，坚信自己是值得被爱的。当孩子们能真切感受到自己值得被爱时，这种认知将从内心深处激发出强大的力量与幸福感，进而促使他们更加积极主动地发挥个人潜能，探索并实现更多的可能性。

父母对孩子的看法是孩子认识自己的一个最重要的途径。父母对孩子的看法，决定了孩子如何看待自己。这种看待自己的方式来源于父母跟孩子的互动。可能有的父母会说："我们很爱自己的孩子啊。"但是对孩子来说，他是不是真的体验到了父母对他的爱呢？

如果你还不是很确定，也没有关系，从现在开始，我们先来强化一下两个重要的信念：

我愿意接纳我自己！无论我表现如何，我都愿意先爱我自己！

我愿意接纳我的孩子，无论孩子表现如何，他都是值得被爱的！

【案例分享】▶

有一次，我接待了一个初中女生的咨询，她的母亲陪同前来。在我与该女生交流的过程中，这位母亲表现出了对孩子的贴心和关心，她把水杯递给女儿，并温柔地安抚道："你有啥问题都可以跟老师说，妈妈就在外面等着你。"

我问她："当妈妈关心你的时候，你有什么感受？"

她笑了一下说："我妈是怕我不上学吧。她是对我很好，但是当我考试不好的时候，她就会发脾气，上学期我从第三名退步到第十名，她就大发脾气。所以，我也不知道我妈妈是爱我还是爱成绩……"

听了女孩子的话，我沉默了很久才说了一句："妈妈发脾气时，你心里一定是很难过的吧。"女孩就开始流泪，接下来她给我讲了她如何爱妈妈的故事。

在女孩的描述里，他的爸爸是冷冰冰的，像个大冰雕。而妈妈是暴躁的，像个喷火龙。女孩从小学习成绩都非常好，用女孩的话说，上小学的时候，她随便考考都是第一名。每次成绩出来后，妈妈都会开心好几天，也不发脾气了，所以女孩就用好成绩来讨好妈妈。可是到了初中之后，她发现科目增多了，很难保证成绩一直是前几名，每次成绩只要不是前五名，妈妈就会大发雷霆。所以她开始怀疑，自己好像是没有能力让妈妈开心的，妈妈只喜欢成绩好的自己，而自己又不能保证每次成绩都好。后来，女孩就干脆不愿意学习了，这时候妈妈的情绪就变得更加不稳定了。

听了女孩讲了她努力爱妈妈的故事，我试着去陪伴这个女孩，问她："你那么小的时候，是怎么想到要照顾妈妈的感受的？"

女孩说："我理解我妈妈，因为爸爸不爱说话，很少回应妈妈，所以我就想让妈妈开心一些。"

我接着问她："这个善解人意的你，这么小就要去照顾妈妈，妈妈知道吗？"

女孩沉默了一会儿说："她应该不知道吧。"

"如果你看到一个还不到十岁的小女孩，就想到要照顾妈妈，想要努力学习，考出好成绩，你会对这个小女孩说点什么呢？"

她低头小声说："其实这个小女孩也挺可怜的，她也需要被照顾。"

"对啊，好像更需要照顾的是这个懂事的小女孩，她也是值得被爱的人，如果让你去照顾她，你一定会做得很好吧。"

女孩听了眼睛亮了一下，又低下头说："其实我有很多爱好，我自己学画画，只要我想学，我都能学好，只是现在觉得没有意思了。"

我说："之前你努力做很多是为了妈妈，但妈妈是大人，她有她的人生，她也需要学习和慢慢改变。如果你开始为自己负责，会怎么照顾那个善解人意的、努力的小女孩？会如何带着她增长更多的实力，做自己想做的事情……"

女孩的眼睛里开始变得有光，她点头说可以试试看。

后来，我又跟妈妈进行了沟通。当妈妈知道原来女儿一直在照顾自己的感受的时候，妈妈哭了。然后我了解到原来这个妈妈有一个很辛苦的童年，她的妈妈是在她一岁多时去世的，后妈不喜欢她，她小时候就拼命学习，一路到研究生毕业。当初丈夫是主动追求她的，虽然两个人学历有差异，但看丈夫很实在就同意了。由于对爱的渴望，结婚之后她也期待丈夫是自己的依靠，可是丈夫性格是不爱说话的，很少主动表达关心，有时候她主动说也很少有情感的回应。对这个妈妈来说，会非常焦虑，因为得不到爱，她更渴望丈夫给到自己爱。当得不到回应的时候，她也会觉得自己是不值得被爱的，想到自己童年也没有得到爱，就会觉得委屈，会哭，压抑久了就会大发脾气，而丈夫看到大发脾气的她就更不爱回应了。

当我陪伴妈妈的时候，也发现了妈妈背后的生命故事。这个妈妈学习非常好，她还说女儿遗传了自己的智商，非常聪明，什么东西一学就会，其实自己很省心。她还带女儿做了智商测评，说一百个人中，女儿就在前五名。妈妈谈到女儿是很骄傲的，也很放心女儿，妈妈也知道自己需要做的是爱自己，把婚姻中的情绪放在夫妻之间去处理，而不是把注意力全部转移到盯着孩子。

这个妈妈也开始反思，过去的时候，自己确实会忽略掉女儿的感受和想法，而是沉浸在感觉自己不被爱的焦虑里，然后拼命地去盯着女儿的学习，以为那就是爱了，却从来没想过问问孩子的感受，还反而觉得是孩子不懂事，不知道自己的良苦用心。现在妈妈听到女儿的表达，才发现是自己把爱都藏起来了。

每个人的生命都承载着属于自己的独特故事，这个故事的主题一定是关于爱的：我们渴望自己被爱，自己是重要的，并期待自己是值得爱的。所以在这个案例中，女儿是值得被爱的，妈妈也是值得被爱的。重要的是，作为成年人，我们更容易忽略掉自己，并不是我们长大了就不需要爱了，我们要看到自己的需要，然后学会去爱自己。只有这样，你才能真正地去爱孩子，用爱孩子的方式去爱孩子，而非将自己的不足与遗憾投射于他们身上，要求他们为我们的情感缺口负责。

【案例反思】▶

用传统的视角我们比较容易看到这个孩子是不想上学的孩子，妈妈是一个不会爱孩子的妈妈。但在后现代家庭治疗的思维里，不会停留在我们习惯看见的"问题故事"，会更关注家庭成员每个人生命故事的宝贵之处，以及在家庭关系中，如何让爱流动起来，当爱被看见，关系中便有了情感联结，进而滋养着关系中的人。

就像这个女孩，她对妈妈的爱是很深的，很小的时候，就去理解妈妈，通过自己的努力想要去照顾妈妈的感受，这就是女孩生命故事的宝贵之处。而这个妈妈的童年是辛苦的，婚姻中也有很多挑战。但这个妈妈在很不容易的生命历程中，一直很努力地学习，想培养出有好成绩的女儿，这是她过去生命中的成功经验，我们看到的都是她们在用各自的方式去爱。

在后续的咨询过程中，我邀请了孩子爸爸参与其中。这位爸爸虽然性格内向，不善言辞，但他对家庭也有很多"爱的故事"，只是过去没有太多经验去表达，所以选择了逃避。看到孩子的懂事和辛苦，爸爸也表达愿意改变。实际上，无论是爸爸还是妈妈，在过去都未曾找到合适的方式来传达他们之间的感情。

在后现代的对话里，不是我们给予个案或者家庭什么高明的指导和方法，而是希望透过咨询对话，可以陪伴家庭成员看到自己生命故事中的宝贵之处，去看到过去没有被好好看见的自己或关系。当女儿看到自己那么小就很懂事，也会开始欣赏自己，也会开始为自己负责，而不是去讨好妈妈。当妈妈看到自己其实一直都有在努力，也更愿意信任孩子，为自己负责。

当我第二周再邀请妈妈和女儿重新去看原来的困难故事的时候，女儿已经很轻松了。她说："我现在就只管好好学习，这是我的事。我妈也有变化，她应该对我比较放心吧。"妈妈说："我自己也在学习如何爱自己，如何照顾自己，因为这是自己的责任。"妈妈还说："孩子比自己想象得要厉害很多，所以该放手，让她自己负责自己的事情。"

这时候，两个人的智慧都被启动了，她们开始以不一样的视角去看生活中的挑战，好像没有那么费劲了，会感受到轻松和释然。换言之，当我们自身的闪光点被看见的时候，我们会意识到自己是有价值的，自己是值得被爱的。照顾好自己，也是对家人表达爱的最好的方式；若我们忽略了自己，爱就匮乏了。如果我们不为自己负责，而去为别人负责，反而容易因自身的缺失和局限限制对方，制造出问题。

当我发现家庭成员深藏不露的力量开始流动起来，内心也是雀跃不已的。随着自信心的增强与思维模式的积极转变，他们不仅能够更好地关照自我，也更有力量去为自己的事情负责了。

"做值得被爱的自己。"对孩子来说，是要透过父母来传递给孩子这种信念的！

在过去很长一段时间，随着"不能让孩子输在起跑线上"这句话的盛行，我们把注意力从孩子身上转移到了根本不存在的"输赢"上，我们给爱附加了太多的条件。以爱之名，我们开始要求孩子学习知识，练习技能，父母不断给孩子一个误导：如果你不按爸妈的要求来做，爸妈就不爱你了。以至于孩子开始对自己产生怀疑：我不重要，我不好，我不配得，只有聪明的、听话的孩子才会得到爱。

有一次我给家长讲课的时候，一个妈妈说，她5岁的儿子问她："妈妈，你是不是喜欢小时候的我，不喜欢现在的我了？"这个妈妈说："不会啊，现在的你我也喜欢啊。"可是这个5岁的小孩说："妈妈现在会发脾气，因为我字写不好。小时候的我很可爱，妈妈肯定更喜欢吧。妈妈，我不想长大了……"

这个妈妈给我说的时候，眼睛里含着泪，妈妈该怎么做，我想孩子已经告诉我们答案了。

心理学家卡尔·罗杰斯曾说："爱是深深地理解和接受。"

当然，我特别理解作为父母，我们不可能完美，因为父母是人，不是神，但我们做了父母，也是要学习的，学习什么呢？

首先，父母要学会自爱，每一个生命都是值得被爱的。只有我们学会了爱自己，别人才会尊重你，学着你爱自己的方式去爱你，而不是远离你。

其次，父母的婚姻也是需要学习如何经营的，现代的婚姻有非常多的挑战，但在养育孩子的过程中，父母也不要忘记学习如何做夫妻，两个人相互扶持去学习如何做父母。

最后，会爱人的父母去陪伴孩子成长，才会对孩子表达出无条件的爱。无条件的爱不是溺爱，而是赋予孩子以安全感，孩子可以感受到自己在父母心中是重要的，无论外界有什么变化，父母的爱是不变的。觉得自己值得被爱的孩子，做事情会更有底气，也会愿意去尝试。他们不害怕失败，因为即便失败了，父母依然会爱自己，这份爱会成为孩子向外探索的安全基地和坚实后盾。

做值得被爱的自己，也是为自己人生负责的开始。

【生活练习场】▶

> 1. 邀请父母先做一些思考：
> 要做值得被爱的自己，你会开始怎样去照顾自己？
> 在爱自己的基础上，如何对你的爱人合理地表达出你的需求，告诉他你希望他怎样回应你？
> 2. 试着在接下来的时光里，对孩子多次表达：我爱你，仅仅因为你是我的孩子。无论你成为怎样的你，我都爱你。不管你遇到什么挑战，我都会跟你在一起，陪着你一起面对挑战，支持你成为你想成为的自己。你是我的孩子，我会永远爱你！

08 家庭实践剧场：玩偶对话

本章聚焦于情绪力的培养，父母尝试把孩子和问题分开。这里用到后现代心理学的一个非常好用的技术：外化——看到人与问题的距离。

首先，我们用外化的理念"问题是问题，人不等同于问题"，把孩子和问题分开，这个观念旨在恢复孩子的自主性和能动性。这样孩子有机会展示真实的自己，家长也能转变心态，不再将孩子视为问题的源头。相反，家长会倾向于与孩子建立合作关系，共同应对生活中的挑战。这样的互动方式不仅有助于孩子激发创新思维，还能让他们学会如何有效地应对问题，促进个人成长与发展。

学习成为情绪的小主人，即把情绪外化拟人化，使孩子作为主人的身份看见自己的情绪，陪伴并有效管理自己的情绪。做值得被爱的自己，是邀请每个人先要学会爱自己，才能被爱和爱人。这也是父母和孩子一起用新的眼光看待自己原来忽略的"爱的故事"，来替代原来的"问题故事"。

当我们用外化的视角去看待孩子的"问题故事"的时候，发现孩子和问题是可以分开的，这时候孩子就是有主动性的、有力量的，可以有很多的创造。当我们和孩子重新去看待问题的时候，就会有更多的智慧。

这是一个非常神奇的革命性的思考方式，这种作为自己生命主人的思考方式是跟过去陷阱问题很不一样的，所以在日常生活中，是需要不断地练习的。

父母先来学习使用这个外化技术，慢慢也可以去陪伴孩子。生活中，有很多父母会容易焦虑和担心。当然不管你有什么样的情绪都可以，我们先以担心为例。

第一步，找一个玩偶放在你面前的椅子或者桌子上，如果没有玩偶也可以用杯子或者其他物体替代。

第二步，作为主人，你去看着这个玩偶，它代表着你的某一个担心。这个玩偶也有它想要对你说的话，就是需要你来想象它也是有生命的，如果你的担心经常出现，你还可以给这个担心起个你叫起来方便的名字。

第三步，开始试着跟这个玩偶对话："你是总来找我的那个'担心'，如果我要方便称呼你的话，你希望我怎么称呼你啊？"

画外音：我们知道，这个担心其实是我们的一部分，当我们总被担心或者焦虑困扰，我们就容易变成焦虑的人、爱担心的人。现在，用玩偶来代表担心，就是把这个担心从自己身上拿下来了，让我们有机会去看一看，去了解这个担心真正想表达的是什么，需要主人做的是什么；如果一个人频频被担心或者焦虑找上，你就给它起一个名字，就像跟一个老朋友聊天一样。

然后这个担心有可能就会表达说："随便你怎么叫我吧，反正我现在就是各种担心，想东想西的。"

画外音：作为担心的主人，其实是最了解担心的，只是之前和担心捆绑在一起，不太有机会分开来看，所以主人是很容易替这个玩偶表达的。

"那我就叫你东东吧，因为你爱想东想西的，你一来找我，我的心也开始'咚咚'跳得更快了。你觉得东东这个名字可以吗？"

如果没有反对，你可以问这个玩偶："东东，你每次来找我的时候，最想对我说的是什么啊？你最不舒服的地方是什么？"

画外音：作为主人，你可以给这个担心起一个你觉得合适的名字，然后像关心朋友一样去关心东东的想法和感受。

"每次我来找你的时候，就想让你想一个办法，可以解决问题。可是每次我都会很着急，心跳也会加快，甚至想很多不好的结果。"

画外音：其实每个人的担心背后都是有一个愿望的，只是往往在现实中我们会被情绪干扰，让自己更烦躁，什么也做不了。但这样的对话的方式可以让我们有机会去看到这个情绪背后的愿望。

"哦，原来你是想让我想办法解决问题的。东东，之前我误会了你，我以为你是来给我添麻烦的，因为每次你来的时候，我都变得跟你一样着急，所以根本就解决不了问题。"

画外音：作为主人，开始意识到过去会把情绪当作烦恼和敌人，看到背后的需求会让主人开始想办法做好主人该做的事情。

主人可以接着问问东东："那你希望我可以怎么陪着你？做点什么可以照顾到你呢？"

画外音：我们所有的情绪或者念头其实都来自我们内在，就像我们内在有一个小孩需要照顾一样，只有我们跟东东合作，才能内外一致，和谐统一。

东东就像一个小孩一样要求："我希望当我担心的时候，你是可以依靠的；当我胡思乱想的时候，你可以陪着我，不要批评我做得不好，然后你可以告诉我该怎么做。我想要你是有力量和有底气的。"

画外音：当我们痛苦的时候，内心一般都是有冲突的，一个是有力量和理性的，一个是容易情绪化的。当东东来的时候，它其实也是希望跟另外一个声音合作的，而不是被批判的，因为东东也是我们内在的一部分。当我们批判它的时候，它会更痛苦。反抗它，反而容易反过来干扰那个理性的声音。

作为主人，当听到这个担心表达的需求时，其实就知道了答案。改变过去的看法，会更容易接纳这个情绪，合作就出现了。

然后再看看眼前的玩偶，就会觉得比较亲切，就像看着自己的内在小孩一样。

最后，你可以抱抱这个玩偶，这个时候，我们对自己的这个情绪就有了更多的了解和理解，不会被随便干扰，也不会总想对抗，而是学会如何跟这个情绪共处，这样我们就与自己和解了。当然，这个玩偶可以代表任何你想要了解和对话的部分，比如害怕、伤心等等。当然，这是一个不一样的思维和练习，非常重要的是要试着去做做看。

很多时候,作为父母的我们在生活里会觉得比较辛苦,但我们不太知道如何照顾自己,那这个和玩偶对话的方式也可以很轻松地帮到我们。如果我们不知道怎么说话,不想说话,我们也可以用一个简化版的练习。

第一步,试着把近来困扰你内心的一个状态(象征物)拿出来摆在桌上,比如辛苦。

第二步,可以用一个杯子、一朵花,或是其他物品来代表这个内心状态。我在上课的时候,通常会准备一些柔软的抱枕来用。

第三步,你好好看着这个象征物,摸摸它,用你的方式去关心它。

当我们把这个困扰拿出来,你跟它有了距离,它不是黏在你的身体里,你试着用手去摸摸它,用你的方式去关心它,或是你也可以用眼神去看看它,去感受它。

第四步,你现在是它的好朋友,你看着它,先不用说很多,就陪着它。

最后,大家可以感受一下,这个内心的状态被你这个好朋友陪伴的感觉是什么?即便你没有跟它多说什么,你就是看着它,摸摸它,关心它,它也会有变化。

在我们的生活里,要面对很多未知的挑战,要做很多的事情,学会照顾好自己也是一个非常重要的事情。过去,我们累了,会比较习惯期待别人照顾自己,但好像周围的人也不太容易读懂我们的情绪。但有了这样的一个方法,我们可以试着做这个状态的主人,去照顾自己的不容易,去陪伴自己的辛苦。当这个累被看见和被照顾到的时候,你这个主人也会感觉到轻松。当然,你也可以把这个状态拿出来,让孩子了解:妈妈也是不容易的,你可不可以帮我照顾一下这个"辛苦"。孩子也会觉得自己是有价值的,是可以帮到妈妈的。这样妈妈和孩子的关系也会变得不一样。

外化是把一个对我们有一些挑战的情况,拉出一些距离来进行的一种对话方式。我们用玩偶来代表这个挑战，是让这个情绪或者状态变成一种拟人化的状态，拟人化的意思就是把这些状态变得有生命，变得可以做一些表达，这个情绪或者状态就会变得不一样。从过去的困扰，变成了帮助我们了解和思考的生命，而作为主人的你，在没有被干扰的情况下，也可以心平气和地听它说说话，心态就会有新的转变。

另外一个非常重要的部分，透过这种外化拟人化的思维方式和对话，可以打开作为主人与你的某个状态或者事情之间的对话空间。这个担心或者焦虑不再黏在主人的内心，而是可以跟主人有距离地去思考和对话。

如果父母学了外化拟人化的思维，就可以把它变成生活的一部分，觉得合适的时候就用。比如孩子生气了，我们可以拿一个玩偶放在他面前，然后对孩子说，来让妈妈听听这个"生气"想说的是什么。孩子就会替这个"生气"去表达自己的情绪。这样妈妈就有机会跟这个"生气"对话。这个"生气"会想让妈妈怎么照顾它呢？孩子可能会说想让妈妈抱抱。这样孩子就会扮演这个情绪教会我们如何跟这个情绪相处。

当孩子的情绪放松下来的时候，我们也可以用这样的思维跟孩子沟通。比如，你可以说：下一次当这个"生气"找上你的时候，你可以怎么跟它相处？这个"生气"希望你这个小主人怎么照顾它？孩子就会慢慢学会如何跟自己的情绪相处。当然有的时候，这个"生气"比较厉害，我们也可以跟孩子讨论：如果爸爸妈妈帮忙的话，这个"生气"会希望爸爸妈妈怎么跟它待在一起？怎么照顾它才能让它平静下来？

这也是我在生活或者咨询中经常用的方法，孩子很喜欢这样的对话方式。有一个女孩在咨询结束的时候，告诉我："老师你这样跟我说话很好玩，像变了一个魔法，我来的时候心情很不好，现在就很不一样了。"

当然，这个方式也不一定是万能灵药，但对我们来说是多了一个好用的工具。就算有的时候，孩子不会说什么，或者说"我什么也不想说"，没有关系；我们也可以说，那我们就让这个"不想说话"坐在沙发上待一会儿，等到它想好的时候,再看看希望我们怎么去照顾它。这种问话就算没有答案，也会温暖人心，会让孩子觉得父母没有指责他。

这是一种可以改善关系的对话方式，包括你和你的情绪对话，你和孩子以及面对挑战的对话。这样的对话可以让接纳和允许在关系中流动，透过对话我们也会变得更理解自己和理解对方。

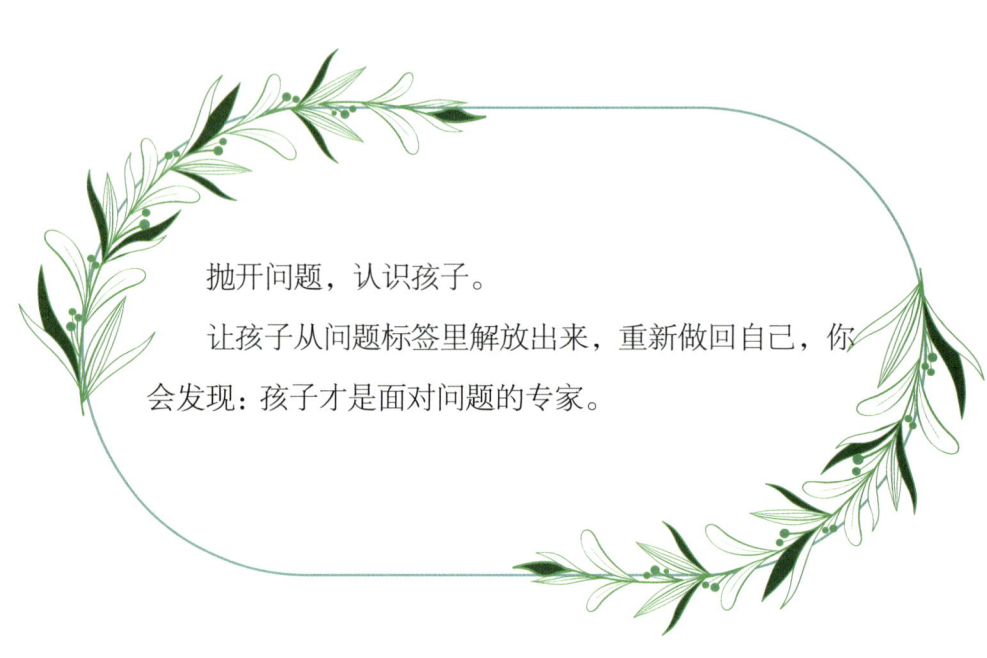

抛开问题，认识孩子。

让孩子从问题标签里解放出来，重新做回自己，你会发现：孩子才是面对问题的专家。

第三章
抗挫力：在困境中探寻孩子隐藏的潜能

09 从困境中发现新故事

我们时常听到很多成年人感慨：现在的孩子太脆弱了，不能吃苦，遇到一点点困难就退缩。当我们这样去评价孩子的同时也需要开始思考：该如何培养孩子应对困境的能力呢？我们知道，孩子经历适当的挫折是有利于其身心健康发展的。我们希望孩子在面对问题的时候可以发展出相应的应对能力，所以当孩子遭遇困境与挑战时，如果父母能够陪伴其左右，恰是帮助他们提升这些能力的宝贵契机。

在临床咨询工作中，我时常会接触到诸多存在厌学情绪的儿童。厌学现象的根源往往错综复杂，可能源自多方面的因素，包括但不限于个体功能的受损、家庭功能的紊乱以及社会功能的缺失等。当这些不利因素叠加到自信心较为薄弱的儿童身上时，厌学情绪及其相应的行为表现便更易于显现。

这些厌学儿童往往展现出共同的特征：当遭遇挑战、困境或生活的不确定性时，他们往往感到迷茫无措，甚至本能地认为自身无力应对。因此，他们的常见初始反应可分为两类：一是逃避，即选择逃到手机视频或游戏之中，以此寻求一种麻痹性的心理慰藉；二是情绪失控，进而陷入抑郁或焦虑的困境，视自己为病患。因此，培养孩子在困境中应对挑战的能力显得尤为重要。

如何有效培养儿童的抗挫力？关键在于发掘并认可孩子内在未被察觉的潜力。这个议题涵盖了两个至关重要的维度：

1. 重构家庭功能，展开新对话，以协同孩子共同应对挑战与困境。
2. 恢复孩子自身潜能，以确保孩子具备自信与勇气，自主面对生活中的困难。

作为父母，我们的目标是帮助孩子成长为勇敢、自信、能够积极面对自我的个体。我们应当陪伴孩子，引导他们超越既有的"问题故事"框架，探索并发现新的故事线索——不同的视角与潜在的解决方案。在困境中发现新的故事，其核心目的是透过新故事增加孩子的自我认同。这样，当面对困境与挑战时，孩子能够相信自己已有的能力和资源。当孩子在家庭环境中感受到被欣赏与信任时，他们将更有勇气直面困难与挑战。

【案例分享】▶

在一个周四的下午，一位妈妈带着10岁的男孩来咨询。原因是从周一开始，孩子不愿意去上学。学校老师多次打电话来问孩子的情况，妈妈不得不以孩子不舒服为理由给孩子请假，在此期间，家长用各种办法劝导孩子重返学校，可是到了周四，孩子依然不愿意去学校。妈妈无奈之下带孩子来咨询。

这个孩子体形比较瘦小，坐在咨询室内一张相对宽敞的椅子上时，双脚尚不能触及地面。但他看起来很自在，放松地晃动着双腿。

我好奇地问他："你是怎么同意跟着妈妈来见我的啊？"

孩子轻松地说："我妈妈说你是她的老师，让我来陪她见见你，我就来了呗！"

我说："那你肯定知道妈妈是因为什么要来见我的吧？"

男孩语气轻松地说："还不是因为我厌学呗。"

我好奇地问："厌学？我听过很多小朋友给我讲他们不想上学的故事。但每个人的都不一样。你可以多给我说说你的故事吗？"

这个男孩打量了我一下，我很真诚地看着他，他发现我真的没有把这个事当作一个问题，有想要说服他上学的意思时，反而坐得端正了一些，停止了晃腿，然后开始给我讲他的故事：

他说他不喜欢他的语文、数学、英语老师，但他其实很喜欢看书。他还发表了他的观点，说教学就应该寓教于乐，而老师现在讲的东西大都是讲义上的，很多都是他会的，就觉得很枯燥、没意思。男孩说到这的时候，妈妈打断他说："你会，怎么不写作业？"然后开始对我控诉孩子放学不写作业的行为。

令我印象非常深的是，这个孩子说了句非常经典的话："如果我今天心情好了，布置一堆作业我俩小时就写完了。如果我今天心情不好了，就算布置俩作业，我写到十二点也写不完。"

我禁不住去肯定这个孩子，我说："你说得特别有道理啊！原来能不能写作业跟老师布置的作业多少没有关系，而是跟你的心情有关！我也特别同意这个说法呢！那怎么可以管理好自己的情绪呢？"

接下来，孩子更是滔滔不绝开始给我讲他对学习的想法，我都一一地肯定他，并且虚心请教他表达的我不理解的部分，他都很耐心地给我解释，让我恍然大悟，更理解他的想法和感受。因为对话很轻松，他也愿意跟我一起讨论管理情绪的方法。我对孩子说："你真的是一个好的老师，如果你做老师的话，你会做一个怎样的老师啊？"他说他要做学生的朋友，还说他曾经写作文告诉老师他的想法，但并没有被回应和采纳，所以他就更不想去学校了。

我就问他是怎么想到用写作文的方式告诉老师他的想法的，这个10岁的孩子竟然说："因为大人都很爱面子，我如果直接说了，老师该没有面子了，所以我想用这样的方式去让老师知道。"

听到孩子这样说的时候，我内心是非常震惊的。孩子是有很多智慧的，他比大人想象的要懂得更多。我禁不住好奇，想要请教他厌学之外的故事，然后肯定他的那些宝贵的想法和行动，还有对老师和父母善意的体谅。当我给到他很多认同的时候，孩子眼睛也越来越亮。

在咨询快要结束的时候，妈妈不放心她关心的问题，就问孩子："那上学的事怎么办？"这个孩子说："那就明天去呗。"妈妈松了一口气，又说："老师都打了很多次电话关心你。"孩子说："那我们下午给老师打个电话说我身体好了，谢谢老师。"

对于他接下来去上学的情况，我也会问他："听起来其实你什么都知道的，也很有自己的想法，你可以成为自己的小主人。那如果再上学，不喜欢老师的课堂怎么办呢？"

他想了想说："那我就把老师当作字典好了。字典就是我需要的时候才需要的，但学习是我自己的事情。"

妈妈听到孩子这样说，也笑了。妈妈也感慨地对我说："其实孩子确实什么都知道，有的时候是我们不知道该怎么跟他沟通。"

【案例反思】▶

在这个案例的一开始，我先对孩子愿意陪妈妈来咨询表示肯定，跟孩子建立关系，当他说到厌学的时候，我并没有被这个所谓厌学的"问题故事"所困住，而是好奇和听他讲厌学的故事背后的新故事——他喜欢看书，对老师的教学方法有自己的见解。他知道自己的情绪影响了写作业。他有尝试告诉老师，要和老师做朋友。咨询中他还讲到很多次当他上课不想听课的时候，他会在心里默念：老师是我的朋友，老师是我的朋友……他自己已经尝试了很多办法，这些都是这个孩子让我特别感动和钦佩的地方。当我把我看到的他这些做得厉害的地方反馈给他的时候，也增加了他的自我认同。他不仅感受到被看见和理解，更重要的是确信自己也是努力的，也有想很多办法，因此他也会更加有力量。

通常在"问题故事"里，当孩子已经尝试了很多办法却没有用的时候，他也会迷茫，不知道该找谁帮忙。妈妈尝试讲道理之所以没有用，是因为那些道理孩子都知道，孩子缺乏的是被肯定、被信任和新的视角。

在长时间的陪伴家长与孩子的交流过程中，我多次深刻体会到，当我秉持尊重孩子内心真实想法的原则时，孩子展现出了极高的开放性和大方态度。他们非常乐于在对话的互动中探索出新的故事，这一过程往往带来诸多意外之喜。

可以说，当孩子可以作为自己的主人来发声，便成了探索新故事的起点。通过这一入口，我们深入孩子的内心世界，会有一个又一个惊喜等着我们去发现，这些通常被我们所忽视的"问题故事"之外的情节，被后现代的叙事治疗称作是支线故事或者新故事。在新故事里，孩子是一个有想法、有主意、不断尝试的孩子；这个新故事，也是被一个个闪亮时刻穿起来的支线故事。

很多孩子在生活中不断地被问题所打扰，所以周遭的人会习惯用问题来定义孩子，于是"问题"就成为孩子的代名词。在这种状态下，很多孩子想要表达"自己"声音的时候容易被忽略，因为我们消除"问题"的心情往往比听孩子表达什么更为急切。而且有问题的孩子一旦犯了错，更会被认定没有表达自己的权利，如此一来，孩子主体的声音就没有叙说的通道。

而支线故事也就是新故事往往是藏在那些生活的细节里。许多时候我们脱掉专家或者权威的外衣，用谦卑的姿态去贴近孩子的生命，孩子就会带着我们一一探访许多故事，就像这个案例中的男孩，说出来很多惊人的言语。

在普遍的社会认知中，不上学是不好的，不写作业也是不好的。如果很长时间不去上学，更是有很大的问题。这一系列以问题为核心构建的观念框架，倾向于引导我们用以问题为导向的视角去审视和评价相关情况。

然而，当我们具备洞察孩子支线故事的视角，并以一种好奇且尊重的态度与孩子进行交流时，我们往往会发现，孩子在叙述这些故事的过程中，也悄然构建了自己全新的自我认同。

其实这些支线故事一直都在，但由于缺乏倾听者和理解者，孩子便错失了一个认识并珍视自己独特故事的机会。

因此，我诚挚地建议父母进行一次尝试。当我们在日常生活中面临各种大小的困境时，尝试放下固有的、熟悉的主流观念对此类困境或问题的看法，转而以好奇的心态去倾听孩子的见解。我们试着给予孩子充分的机会，让他们表达自己的想法，并分享困境背后的故事。或许，孩子会为我们提供意想不到的答案。

【生活练习场】▶

> 生活中每天都有可能发生或大或小的冲突，当这些困境出现的时候，让自己尝试去聆听孩子内心的声音，听听孩子讲一讲属于自己的故事，带着好奇去发现孩子的新故事。
>
> 比如，孩子说不想写作业……
>
> 我们不要把不写作业当作是一个大问题，而是好奇孩子的想法，去问问孩子：你说不想写作业，那我们停下来，让我听听这个不想写作业背后有你怎样的想法。
>
> 然后你就去听他讲这个新故事，去肯定孩子在这个过程中的想法是可以被接受的；父母不需要解决问题，只需要去聆听，

当孩子有机会说出来的时候，之前的不想写作业的问题就会变得不一样。因为很多孩子当被理解和允许的时候，他们会主动地去做自己可以做的事情。

当然，孩子也可能会说"我不想说"，那么你就肯定他：不想说也很好，你能表达出来不想说也很好，因为人不想说话的时候不要勉强，妈妈等你想说的时候再听。当我们告诉他不想说也是被允许和接纳的时候，孩子能体会到被尊重和理解。

你会发现，改变的重要元素不是一定要去解决那个问题，而是在于构建一个基于尊重与理解的互动关系，在这样的背景下，原先所谓的问题往往会自然消解。我们在聆听和对话的过程中，有机会发现属于家庭成员之间的宝藏故事。

10 欣赏孩子的独特能力

在日常生活中，我们通常基于主流的价值观来审视自身及子女的行为表现。我们倾向于运用既有的概念框架去解释遇到的问题，但往往忽视了这些观点的核心价值——并非仅用于评判是非对错，而是旨在激发我们的深入反思。

比如，在家庭教育领域中，有这样一个观点常被提及：孩子的问题往往源于父母。我们先不评价这句话是不是正确，而去体会一下作为父母听到这句话的时候，会是什么感受。会不会每当孩子遇到问题，内心都会自责和内疚，觉得自己为人父母做得不称职。然后你会发现确实能找到很多生活中的例子来证明自己做得不够好。而事实上，我相信每个家庭都有其独特的资源和能力。

我想说的是：若某观点导致你产生自责与无力感，进而削弱了你作为父母的力量与效能，则该观点便丧失了其应有的价值。孩子所面临的问题，也并非全然源自父母，在当今这个多元化且复杂的成长环境中，外界因素同样对孩子产生深远影响。然而，不可否认的是，父母对孩子确实拥有重大的影响力。若该观点能够促使你进行反思，思考如何有效发挥父母的影响力，以支持孩子、培养其解决问题的能力，那么这样的观点便是具有积极意义的。

因此，所有关于家庭教育的观念，均属于众多视角中的一种表述，关键在于这个观念是削减了你的力量，还是增加了你的力量。

当父母以特定观念去看待孩子时，同样也需要自我反思。比如有一天，听到一个教育专家说，孩子的专注力决定了孩子的学习效率和学习成绩。随后，面对自家孩子学习成绩不尽如人意的状况，我们或许会迅速将问题归咎于孩子的专注力上，认为其存在不足。

基于这一初步判断，我们开始密切关注孩子在专注力方面的表现。在观察中，我们或许会发现孩子在阅读时难以持久，频繁起身活动；又或是在完成作业时，不自觉地触碰桌上的玩具。这些观察结果，无疑进一步强化了我们最初的观念，即孩子的专注力确实存在问题，进而失去了看到孩子独特一面的机会。

随后，我们会一再叙说这个"问题故事"。我们看到孩子表现不好会说他专注力差，跟周围的父母交流时也会这样说。然而，这一做法带来的最大影响是：孩子也以此标签来审视自己，从而塑造出有问题的自我认同。同时，作为父母，我们也可能在不知不觉中认同了自己是一个束手无策、失败的父母形象。这就是"问题故事"一再被描述所带来的影响。

后现代心理学，特别是叙事治疗，之所以特别强调支线故事的重要性，是因为这些故事为我们揭示了那些问题并不占据主导地位的瞬间，这些瞬间蕴含着期待、善意、不懈的努力以及内心的挣扎等多重元素，它们共同构成了通向新故事的起点。通过这一入口深入探索孩子的内心世界，我们能够发掘出孩子所独有的宝贵资源与潜在能力。

这些属于孩子的独特能力将极大地促进孩子的自我认同，并能在面对问题时，将这些能力灵活应用于具体情境中，使问题得以顺利解决。

【案例分享】▶

一个9岁女孩被妈妈带来咨询。妈妈说女儿有一个学习上的困难，就是老师要求背的课文或诗词总是背不会。家长每周总是有两天被老师要求陪孩子背诵并单独发背诵视频，这时候家长和孩子容易发生冲突。妈妈觉得孩子挺聪明的，对自己听过的很多故事都记得很好，还滔滔不绝地分享。一首诗或者几段课文背不会，肯定是没有用心。所以妈妈就盯着孩子让她一定要用心背。可是让妈妈感到意外的是，她盯着孩子背书，孩子也乖乖地拿着书坐在书桌前背了半个小时，结果还是背了上句忘下句。看着孩子眼睛含泪很委屈的样子，妈妈也不知道问题出在哪了。妈妈大声吵孩子，也没有用，妈妈最后得出结论还是孩子不用心。妈妈认为如果用心了，三分钟就背会了。

我在跟孩子对话的时候，先从孩子感兴趣的话题谈起，我就问孩子："你妈妈说你很爱听故事，你最近在听什么故事啊？"

女孩说："对啊，我每天都听故事，最近在听历史故事。"

"哇，你很喜欢历史故事，这个很厉害啊！之前大家会误认为女生都不喜欢听历史故事，你可以跟我多说说，你最喜欢的故事或者人物吗？"

接下来，这个女孩给我讲了很多三国的人物和故事，她记得每个人物的特点和她认为很有意思的地方。我问她是怎么记得这么多的人物和故事的，这个女孩突然说："我喜欢拼乐高，我就边拼乐高边听故事，感觉很好玩，我也不知道怎么记住的，反正我就知道很多故事了。还有，我背歌词也很快啊。"

当我谈到老师让背诗的时候，女孩马上安静了，刚才眼睛里的光都暗了下去。我说："那我猜猜看，你是不是不喜欢坐在书桌旁，被妈妈盯着背啊？"女孩很快抬头看了我一眼说："我学习的时候，妈妈不让我离开书桌。"我恍然大悟，然后对她说："我明白了，你有一个特别的记忆方式，当你在放松的时候，或者在做一些动作的时候，你最放松，记忆力也最厉害。"女孩说："可是妈妈总说我不专心，我觉得我就是做不到她说的专心。"

我对她说："你不是不专心，而是你有一个很特别的能力，当你放松的时候，你的记忆通道就是畅通无阻的。只是之前不知道这个秘密。以后，需要背书的时候，你可以试试不要把背书当作任务，可以读一遍，然后把你读的录音，你就可以边拼乐高边听你自己读书的声音。"

女孩眼睛又重新亮了起来，我们又聊了她其他的兴趣和爱好，她给我说她非常喜欢唱歌，还喜欢做手工。当咨询结束的时候，女孩说："我的记忆通道的秘密你也要告诉我妈妈。"

后来妈妈反馈说，她们回到家里，女孩就试了试让妈妈先给她放了一首诗的音频，然后她没有专门去背诵，而是在客厅里坐在瑜伽球上玩，结果不到5分钟，她就对妈妈说她会背了。妈妈也大吃一惊。

【案例反思】▶

在做青少年的咨询工作中,对孩子的兴趣和爱好感到好奇,是我最常用来建立关系以及看见新故事入口的通道。因为兴趣和爱好,往往可以让人充满热情,从兴趣、爱好里去寻找孩子的故事,往往可以让孩子有一个新的自我认同,也会发现孩子的一些特殊能力。

在此案例中,孩子难以通过静坐阅读的方式背诵记忆,这与其个人学习路径紧密相关。教育子女时,我们必须遵循因材施教的原则,因为每个孩子都是独一无二的,他们各自的优势学习路径也不相同。

上面这个案例是跟学习有关的,顺便跟大家分享一个概念:学习风格。学习风格,是指个体在吸纳、记忆与留存信息过程中,所展现出的独特且偏好的学习方式。具体而言,不同学习者在学习时呈现出多样化的偏好,譬如某些孩子在阅读时要求环境绝对安静,而另一些则能自如地在音乐背景下阅读;有的偏好视觉学习,通过眼睛捕捉信息,有的则依赖听觉,借助听来理解吸收,还有的人是通过身体动作来深化理解。因此,深入认识并把握自身的学习优势渠道,将显著促进学习成效的提升。

有个理论叫 VAK 理论,是一种将学习风格划分为三大类的理论,具体包括视觉型(Visual)、听觉型(Auditory)和动觉型(Kinesthetic)。

视觉型学习者的特征在于他们善于通过视觉途径进行学习,依赖图像记忆,并倾向于通过观察来理解事物。他们往往具备出色的专注力,偏好观察,并因此常受到老师的青睐。

听觉型学习者的特征则体现在其较强的听觉能力上,他们擅长通过声音的感受来学习和理解事物。在判断事物时,他们更倾向于依据听起来如何,并在阅读时习惯于大声反复诵读。

动觉型学习者的特征则在于他们倾向于通过身体动作和实际操作来理解事物。他们往往难以保持静止，性格较为活泼，喜欢触摸周围的物体并进行涂鸦等活动。

人们普遍拥有以上三种学习通道，通常会有 1~2 种占据主导地位。

在此案例中，该女孩显然展现出较强的听觉与动觉学习能力优势。当老师或母亲强制要求她保持静坐姿态进行阅读学习时，此方式并不契合其独特的学习路径，从而导致其难以有效记忆所学内容。

发现孩子的独特之处，需要我们以积极、欣赏和充满好奇的心态去观察他们。这种欣赏性的探寻方法，不仅适用于案例中所提及的学习方式，更可广泛应用于发掘孩子的各种特质与才能。

【案例分享】▶

有一个初中的男生，由于性格较为内向，家人经常鼓励他要多参与社交活动，多交朋友，希望他能够向开朗外向的同学学习。可是孩子越来越封闭，因为他对于周围人热衷讨论的话题，如明星八卦、游戏娱乐等，缺乏兴趣与共鸣，只能选择保持沉默，不参与讨论。

在咨询中我问他交朋友的标准是什么，他说他找朋友一定要互相理解，可以不多说话，但是能理解人。一定不能是一说话就破坏现场氛围的那种人。我肯定他对朋友的角色是有自己的想法和期待的，并且强调了理解和被理解真的是非常重要的。在听到我这样的回应后，他便更愿意分享他的想法，他提到他的朋友虽然不多，但其中的两三个都是极其相互理解的。

随后，他给我讲了他与其中一个朋友的故事，我从中深刻感受到了这个男孩极强的同理心。他能够很好地理解并感受他人的情绪与处境。我把我的观察与感受分享给了他,他很高兴。

在后面的一次咨询中,他告诉我他竞选了他们班的心理委员!我好奇地问他:"你是怎么做到可以去参加公开竞选的?"他嘿嘿一笑,说:"因为我对这个很感兴趣啊,而且听说还要排个心理剧,我觉得很有意思!"

【案例反思】▶

在这个案例中,父母一开始对孩子的评价是性格内向、封闭且不太热衷于社交活动,这一评价逐渐在孩子的自我认知中得到了固化,孩子也开始认同自己是一个内向、不善交际的人。

但当我们打开新故事的空间,把他独特的能力——同感力放大的时候,他开始有了新的自我认同,也就发展出了不一样的能力和不一样的自己。

后现代心理学强调去标签化,摒弃单一真理的偏见来审视个体。它认为,学习并非仅限于静坐不动的专注,内向亦非必然劣势。相反,它倡导采用多元的视角,打开不一样的对话空间,去探索我们之前忽略的元素。

尤其是在生活中,我们每个人都在自己的成长历程中发展了属于自己的真理。然而,后现代的视角促使我们进行深刻的自我反思:我们是否可能在不自觉间,以偏见的滤镜审视孩子及其行为?这样的审视方式是否可能无形中束缚了孩子自我认知与探索的自由?

举例来说,对于成年人而言,我们和祖辈所处的时代相对较为艰难,因此普遍认为努力是至关重要的,因为缺乏努力就意味着失去了机会,没有希望。然而,当今的孩子并未经历过那样的时代,他们或许更需要的是学习如何丰富和充实自己的生活,以及如何展现自己独特的个性和创造想要的人生体验。

正如自然界中每一粒种子都蕴含着独特的生命力，每个孩子亦拥有属于自己的成长节奏与发展方向。在陪伴孩子逐步成长的过程中，我们需要以好奇的心态，去观察、询问孩子重视的是什么。我们需要明确，在哪些方面我们应该欣赏孩子，以及在欣赏的过程中，哪些是我们未曾预料到的惊喜。在这些意外的惊喜中，我们发现孩子有怎样的特征，然后给予其反馈，使他们有机会重新审视自我。这一过程，宛如陪伴孩子一同发掘他们内在的宝藏。孩子会感受到被重视与被欣赏，进而认识到自己在父母眼中具有不可替代的价值，这一点至关重要。孩子特别需要父母愿意去理解他们，去欣赏他们，这也是我在咨询室里听到最多的孩子的心声。

作为父母，我们有责任为孩子构建一个宽松、自由的成长空间。在这个空间里，孩子可以尝试各种兴趣爱好，不必因失败而心生畏惧；在这个空间里，孩子可以自由地表达自己的想法，不必担心受到评判或指责；在这个空间里，孩子能够独立、自信、勇敢地面对生活的挑战。

尤为重要的是，当孩子面临困境时，我们应给予他们充分的关爱与支持，使他们能够感受到来自家庭的温暖与力量。通过营造这样一个宽松、有益的成长空间，旨在让每个孩子都能在符合自身特性的节奏中茁壮成长，绽放其独特的光彩。

【生活练习场】▶

1. 提议家庭成员共同进行一项活动，每个成员需细致观察并记录其他成员的 5～10 个独特之处。之后，将各自的记录汇总，并集体讨论，以探索是否存在某些本人未曾自我察觉的特质或特点。

2. 父母去请教孩子，有哪些是孩子在生活中重视的，但父

> 母没有看见的部分。
>
> 通过这一互动过程，我们能够更深入地理解孩子的独特视角与内心需求，进而增强亲子间的理解与共鸣，为孩子的全面发展营造更加和谐与支持的成长环境。

11 做勇敢面对的自己

你是否还记得自己孩子刚学走路的场景？

那时，孩子的小脚丫还没有掌握平衡，他会抓紧你的手指。虽然步履蹒跚，每迈出一步都可能踉跄跌倒，但孩子的眼睛里闪烁着对未知的好奇和渴望。初为父母的我们，心中充满了耐心，目光紧紧跟随着孩子的每一个动作，双手不自觉地伸展开来，随时准备在孩子需要时给予最坚实的支撑。我们不断鼓励孩子："你可以的，再试试！"每一个字都饱含着对孩子的爱与信任。孩子从最初的迈出一步，到能够连续行走两步、三步……他的步伐逐渐变得稳健而有力。孩子"咯咯"地笑着扑到你的怀里，好像在炫耀："看，我做到了！"这一刻，父母也感到欣慰和自豪。

上述情境无疑是父母与孩子共同经历的一次意义深远的陪伴与成长之旅。在此过程之中，父母目睹了孩子由依赖逐渐迈向独立，由胆怯不断转变为勇敢的蜕变。这一转变不仅对孩子意义重大，对父母而言，也是一次宝贵的成功经验。

如果我们把这次的经验迁移到孩子成长的其他情境，我们会得到什么启示？譬如，当孩子首次尝试手捧水杯饮水时，不慎把水杯掉落在地；又或在其初次书写作业时，不慎损坏作业本。面对此情此景，你会采取何种态度？是否会如同激励其学习行走时那般，既赋予其信任，又鼓励其勇于再试一次？

我们深知，在父母对子女的期许中，无不蕴含着希望他们能够展现出坚强与勇敢的愿望。然而，在实际的养育过程中，父母往往会因本能地想要保护孩子，而倾向于为他们排除一切障碍与风险。这种保护欲有时会驱使他们过分夸大某些任务的难度，以至于对孩子说出诸如"这个千万不能去触碰！"或"那个太危险了，还是让我来吧……"之类的话语。虽然这些行为背后蕴含着深厚的关爱之情，但我们也需要意识到，适度地让孩子面对挑战与困难，对于培养他们的坚韧与勇敢品质而言，是不可或缺的。而当我们展现出对孩子有能力应付的信心时，会惊喜地发现，孩子有接收到我们传递出来的信任，并表现出更勇敢的一面。我们需要告诉孩子："这虽然很难，但我相信你能做到，先来试一试。"

此外，在孩子蹒跚学步的年纪，跌倒是常态，父母并不会过分忧虑于跌倒的瞬间，因为我们知道这是成长必经之路。我们心中有个信念：这是正常的，可以理解的。因此，我们更注重的是如何帮助孩子学会稳步行走。然而，随着时间的推移，我们开始对孩子成长过程中很多正常的行为产生怀疑，认为它们成为"问题"，进而开始密切关注并纠正孩子的这些行为。

我们不难发现，家长与孩子之间往往陷入一种循环模式，即过度关注孩子的问题——家长产生负面情绪——这些情绪无形中传递给孩子——导致孩子行为进一步退缩。若此循环持续不断，原本微不足道的问题将被逐渐放大，最终演变为难以摆脱的恶性循环。

心理学中有一个基本的规律，即你的注意力焦点在哪里，能量就流向哪里，从而形成不同的心态，引发不同的行为，获得不同的结果。如果你关注的焦点是消极面，如"我可千万不能出错"或"我要小心这些问题"等内心提示，你的大脑会聚焦于错误与问题，这种聚焦方式易引发紧张、失落乃至挫败与困扰的情绪体验，促使注意力更加聚焦于个体试图回避的负面因素上。就像面对挑战时感到畏惧的孩子，即便家长有心提供支持与帮助，但若其注意力始终聚焦于孩子的畏惧情绪及挑战本身，并致力于消除这些不利因素，其思维往往难以摆脱当前的困境束缚。

相反，如果你把自己注意力的焦点引导到关注如何塑造期望的未来方向，洞察现有资源及潜在的机遇与可能性，则能激发内心深处的积极情绪与正向核心，进而达成正面结果。诚然，过程中难免遭遇挑战，但对自己拥有的资源也充满信心，愿意向前试一步，这会进一步验证或增强我们的正向心理预期，从而引发积极的变化，启动迈向成功的良性循环。

【案例分享】▶

小小已经两个月没去学校了。他其实心里明白，得勇敢点去上学。所以，每次爸妈跟他聊，让他明天去上学，他都会说好。但到了第二天，他就又不愿去了。爸妈会跟他讲，不上学会有啥后果，他也觉得爸妈说得在理，想着明天一定要去。可到了学校门口，他就是迈不开腿，进不去。

就这样，每一周都是这样的循环，到了一周快结束的时候，他会勉强去半天，然后如此循环。后来，上学这件事就越来越困难，变成家里的禁忌话题。

在前两次咨询里，小小很少主动说话，基本上就是我问他答，有时候会用点头和摇头来回应我。我也不会主动跟他提起学习的事情。慢慢地他开始愿意多说话，在咨询室里也更自然了，还会故意做些事来试探我，看我会有啥反应。

第三次咨询，我对他说："今天我们要做一个游戏，我们自己设计一个游戏，比较难的游戏，我们一起去闯关好不好？"看他来了兴致，我说："这个游戏就叫'小小的秘密基地'，你来给你的基地设置关卡，你想想可以设置几个关卡。"他想了想："那就设置六关吧。"我们一起画了一个基地图，然后我说："现在我们就要在这个基地行动了，闯过最后一关，就可以获得一个大宝藏，只有勇敢的人才能获得这个宝藏。你有没有遇到一个觉得很难的事情，我们就以这个事情为例设置每一关的特效或者助力道具。"他想了想说："那就是去上学这个事。"

"那我们把去上学的过程分成六关的话，第一关是比较简单的，你比较容易闯过去，你觉得是在什么时候？"

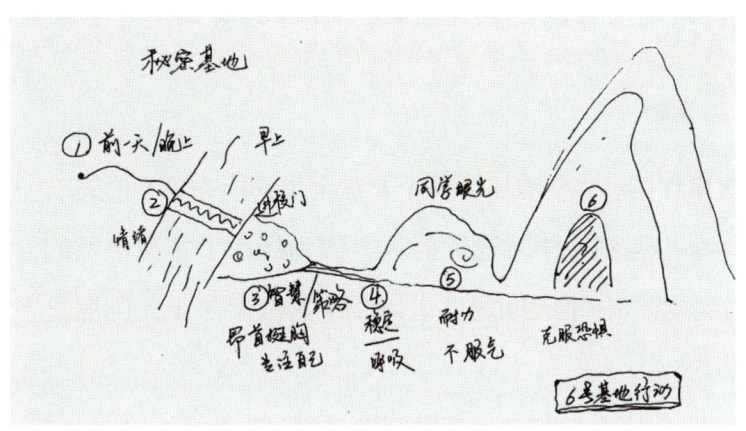

他说："是前一天晚上。基本不需要什么道具就可以过去的。"后来我们就依次讨论了接下来的关卡，第二关是一座独木桥，就是第二天的早上，需要的助力道具是可以平复情绪的，我们一起分享和讨论了他过去做到的经验。比较难的是第三关，就是进校门，这个需要一定的智慧和策略，他要做到昂首挺胸，专注自己。闯过第三关，就会好一点，因为从校门到班里有一条路，这个只要稳定呼吸就可以通过了。第五关是见到同学,这个时候,需要更大的耐力。最后的第六关才是坐下来听课。这样,我们每一关都讨论需要怎样的道具,他也在认真地思考和探索。

我说:"我们设置的这个游戏是比较难的游戏,如果闯关失败也没关系,那我们就把成功的经验记下来,约定好到这里来商量如何增加我们的实力,争取下一次闯关成功。"

就这样,当我和小小把这个基地计划设置得比较周全的时候,小小就付诸行动了。第二天,他闯到了第三关,在校园里转了一圈,但还是没有进教室,我肯定了他做到的部分,小小开始有了一些掌控感。再后来,他成功地坐在教室。但他说,一开始他没有听老师讲课,只是想着他拿到了大宝藏。我笑着说:"你确实拿到了一个大宝藏。"

【案例反思】▶

从这次事件中,小小增加了一个非常宝贵的能力:不怕失败,勇敢面对。

起初,小小遇到上学难题的时候,因为经历了多次挫败的尝试,父母开始把不上学当作一个大问题,进而整个家庭聚焦于此问题之上,所有的人都变得焦虑。

当我们换个角度来把这个问题看作是我们要闯关的游戏基地的时候,就是带着不一样的心情去面对,依循难度递增的层次划分,每一关卡配备相应的策略指引与正向激励,就容易达成目标。当然跟小小合作最难的部分,也是平时家长跟孩子最重要的部分,就是和孩子先建立信任关系,只有孩子相信你是站在他的立场陪他一起面对的,你和他才能成为战友一起合作。

在这个案例中,引入了叙事心理学中"搭脚手架"的理念。从小小不上学开始,逐步靠近小小隐藏的资源,一层层地搭建出上学的房子。在"搭脚手架"

的对话中，我们慢慢看到一个从无到有、从失望到希望的过程。人在面对问题的时候，容易无视潜藏的力量和资源。而"搭脚手架"就是从无力感到一点点搭建出新的希望。同时，也是在坚定"孩子存在改变的潜力"的信念。

当孩子碰到难题难事时，最喜欢说这三句话："我不会。""我不行。""我做不到。"这三句话里边有个核心的概念就是无助感，孩子面对这件事，他觉得无助，没有能力去做到。

这里普及一个心理学概念，叫习得性无助，是一个人经历了失败和挫折后，面对问题时产生的无能为力的心理状态和行为。一般孩子会有以下几个特点：自我评价低，产生无助感，依赖心增强，不肯动脑筋。

"习得性无助"是美国心理学家马丁·塞利格曼1967年在研究动物时提出的，他用狗做了一项经典实验，起初把狗关在笼子里，只要蜂鸣器一响，就给以难受的电击，狗被关在笼子里逃避不了电击。多次实验后，在给电击前，他先把笼门打开，蜂鸣器一响，狗不但不逃，反而还没等电击出现就先倒地开始呻吟和颤抖。本来可以主动地逃避却绝望地等待痛苦的来临，这就是习得性无助。

在对人类的观察实验中，心理学家也得到了与习得性无助类似的结果。

细心观察，我们会发现：正如实验中那条绝望的狗一样，如果一个人总是在一项活动上失败，他就会在这项活动上放弃努力，甚至还会因此对自身产生怀疑，觉得自己这也不行，那也不行，无可救药。

而事实上，此时此刻的我们并不是真的不行。而是陷入了习得性无助的心理状态中，习得性无助，不是真的无助，只是因为前边挑战了好多次，都过不去，认为自己达不到。

孩子出现习得性无助现象，通常源于以下几个主要原因：

第一，父母的示范作用。以上述案例为例，妈妈在咨询室里是这样评价自己的:"我就不会教育孩子,很多道理我知道了也做不好。"这位妈妈惊讶地发现,她与孩子之间的对话模式,竟与我们在咨询室中的交流模式高度相似。在咨询室里,她展现出了与孩子相似的习得性无助状态。孩子常常会关注父母的态度,用父母的态度来回答自己心中关于"我应该害怕吗?"的疑问,心理学家将这种状态称之为"社会参照"。

第二,父母的不恰当评价。具体而言,如"你看你做什么都做不好。"或"这么简单的事情你都不会,你看人家比你小的都……"等口头禅,在日常生活中频繁出现,仿佛是对孩子的持续性催眠。这种评价让孩子无时无刻不感受到对自我能力的质疑,认为自己无法胜任任务,而他人总是比自己更为优秀。随着时间的推移,孩子可能会逐渐认同这种负面评价,长期处于低自尊的心理状态之中。

第三,父母给孩子设定的任务超出了他们当前的能力范围。当父母多次提出这样的任务,而孩子无法完成时,他们会频繁地感受到自己无法胜任,进而产生无力感。

我们尝试用"搭脚手架"的理念来协助孩子重建信心,有勇气一点点搭建出属于自己的生命房子。

"搭脚手架"的比喻最早是由苏联儿童心理学家维果茨基提出来的,他用这个概念来描述儿童的发展阶段。他认为不同年龄段的孩子在认知、情感和社会技能上有着不同的"脚手架"需求。所以成年人要逐步带领孩子,从其所在年纪熟悉的层次入手,慢慢陪孩子发展出他们独特的力量。维果茨基特别指出,每个孩子都有其独特的潜在发展区有待开发。这些"脚手架"不仅仅是物质上的帮助,更重要的是情感上的支持和认知上的引导。

"搭脚手架"的比喻为我们理解儿童发展提供了一个生动而形象的视角。我们在养育孩子的过程中,会遇到孩子不理解、做不到的时刻,这时候我们就需要放慢脚步，让孩子多靠近自己比较熟悉的经验，然后再慢慢增添、丰富新的事物，这样就会发展出属于他的潜在发展区域。

潜在发展区域有很大的空间，在叙事心理学的思维里，在这个空间里有很多隐而不现的故事。每个人的困境和现状，都是我们比较熟悉的区域。而我们不会停留在目前熟悉的问题状态，而是相信有潜在的发展区域。先贴近孩子熟悉的状态，比如他喜欢的游戏、他爱读的书、他身上的某样特质，我们用好奇的对话去邀请，就像盖房子一样，一砖一瓦地"盖"，这时候不能着急，等着孩子的节奏，可能一开始只有一点点的变化，然后不断发现新的支线故事，这样就从原来熟悉的区域慢慢拓展出更多的可能性，一步步接近我们期待的方向。

【生活练习场】▶

1. 请留意一下自己的思维方式，是倾向于问题视角还是积极视角？

2. 观察你在生活中为孩子设定的目标或者要求，识别出哪些是当前孩子难以达成的。在此阶段，先不要考虑你的要求是否合理，重点评估孩子的实际执行能力。

若发现孩子无法达成既定目标，则需进行相应调整。

3. 用"搭脚手架"的思维，先去贴近并深入了解孩子当前的能力水平，并基于这一现状，为其设定一个既具挑战性又切实可行的新目标。

4. 为达成既定目标，每天观察并记录孩子所达成的各项表现，反馈给孩子。鼓励孩子一点点"搭建"自己的目标，孩子开始有勇气不断尝试和面对挑战。

12 家庭实践剧场：寻宝专家

在我们周围，不难发现一种现象：当家长们有机会相聚交流时，他们的话题往往自然地围绕孩子展开。在这样的交流中，家长们倾向于以一种欣赏的眼光发现并赞扬其他孩子的长处，同时，也会毫不吝啬地指出自己孩子存在的不足之处。例如，当有人称赞某个孩子非常懂事："看你家的孩子多懂事啊，知道给你端水。"这个妈妈立刻会说："这孩子是贴心，但学习不行。你只要不让他学习，干什么都愿意……"随后，她可能会继续列举孩子的一些不足之处。

我们会观察到，作为父母，我们往往习惯于发现并指出问题所在。与此同时，我们不太习惯于接受来自他人的赞美与肯定。我们似乎天生具备较强的问题发现能力，擅长洞察并指出问题所在，如同使用透视镜一般。同时，我们也倾向于只要问题被明确指出，就能够得到有效的改正。这可能与我们过去的成长经历息息相关，因为在那个过程中，我们经常被指出问题并致力于解决它们。

当前，我们所处的环境已经历了显著的变迁，不再是昔日那个相对简单、信息匮乏的时代。在过去，我们的父母依赖其深厚的生活与实践经验，为子女们提供宝贵的指导与方向。然而，在当今这个信息飞速增长、日新月异的时代，即便是身为父母的我们，也需持续不断地学习新知识，以适应时代的变化。在网络世界里，新的信息和事物层出不穷，很多时候，我们与孩子是同步接触并学习的。因此，我们可能无法再像过去那样，拥有丰富的经验可以传授给孩子，反而在某些方面，我们需要向孩子请教。

面对这样一个快速变化的时代，我们能做的是什么？作为父母，我们该如何帮助孩子提升自我，让他们拥有足够的实力和信心，去面对未来可能遇到的各种挑战？这是我们需要共同思考和努力的方向。

首先，作为父母，应当具备发掘孩子生命中闪亮事件的能力，学习做生活中的寻宝专家。

其次，我们应当更多地关注并肯定孩子所展现出的积极面，同时深入探索并发现孩子内在的潜能与天赋，这些都是他们生命旅程中不可或缺的闪光点。

总之，孩子最需要的是能够给予他们信任、陪伴与支持，并协助他们增强面对问题能力的父母。

2010年前后，我参与了一档由电视台制作的关于青少年危机事件的《少年心事》栏目。其中，有一个印象比较深的案例，父母因孩子要跳楼而求助。起因是13岁女孩因连续数日未去学校上学，被父母找回后受到了训斥。随后，她将自己反锁在房间内，拒绝与父母交流，并扬言要跳楼，家庭氛围紧张至极。当我和随行记者赶赴现场时，发现女孩的房间门被反锁，她的父母在外焦急万分、连声叹息。我先安抚了女孩的父母，并安排记者陪同他们在另一房间等候。随后，我返回至女孩门前，向她表明我的来意与立场："我知道你一个人在房间内，一定也需要帮助，请相信，我只是希望能尽我所能为你提供帮助。如果你愿意，就开开门，我们一起看看如何解决问题。"经过简单沟通，女孩便打开了房门，允许我进入。

画外音：其实很多时候，孩子是很愿意有人可以倾听自己的，只是当她没有办法相信有人愿意听她说话的时候，她就会退缩到自认为安全的空间，不愿意被人打扰。我经常说，其实孩子是很大方的主人，会邀请客人进入他的世界。但孩子也是很敏锐的，他通常会很快判断出你是不是跟他站在同一个立场。

我说:"谢谢你愿意让我进来,我相信你肯定有很多话没有来得及说出来,跟父母也没有机会说……"

女孩低着头说:"跟他们说他们也不懂,就会说我,也帮不了我。"

我肯定了她的感受,并继续聆听她没有机会讲出来的故事:她在学校受到几个同学的欺凌,诱因是女孩刘某对班上的某男生倾慕,而该男生对她有好感,这导致了她频繁遭受刘某带另一同伴来围堵她。她觉得老师管不住,能想到的办法就是不惹她们,但发现在学校里难以摆脱。同时,出于不愿让父母担忧的考虑,她选择每日假装按时上下学,而实际上并未踏入校门,连续数日未出勤才最终暴露。

画外音:当我们愿意用非问题视角,不把孩子看作是逃学的孩子,而是好奇在问题背后是否有被忽略的故事时,新的故事就会出现。当你听到孩子讲这个故事的时候,头脑中会跳出什么想法呢?也许很多父母听了会想对孩子说:遇到这样的情况你可以找老师啊,你跟父母说,总不能不去上学啊!你不上学是不对的……当我们急于想评判孩子的对错和想要解决问题的时候,就会发现孩子沉默不说话了,孩子感觉没有被理解,父母离孩子的心远了,就没有机会发现孩子身上的闪光点了。

我看着这个女孩,对她说:"你想保护自己,但又不想给父母添麻烦。对吗?"

这个女孩看看我,点点头。

画外音:一个不同的视野,就是愿意去贴近孩子,去看孩子行为背后的心意。在不上学的故事之外,原来女孩是一个想要保护自己的孩子,是一个心疼父母,不想给父母添麻烦的孩子;如果我们仅仅从问题的视角去看孩子,就失去了一个重要的视野——可以让孩子勇敢并相信自己的视野。

然后我接着好奇地问她:"那这几天你都是怎么过来的?一个人不能去

学校，也不能回家，在外面是怎么照顾自己的？"

女孩听我这样问她，慢慢放松下来，开始给我讲她是如何规划自己的时间，如何在同学的帮助下每天交作业……

画外音：当我们愿意先去认同孩子的感受和珍贵的心意，往往会发现孩子在叙说故事的同时，也建构了她对自己崭新的认同。其实，这些支线故事一直都在，只因为没有人听、没有人懂，孩子也因此失去了一个看见自己珍贵故事的机会。

作为父母，愿意好奇并倾听孩子，就找到了新故事的入口。问题发生的时候，恰恰是走进孩子世界、发现其闪光点的机会，去做孩子生命的寻宝专家。

此外，生活中还有诸多挑战。当我们仔细聆听人们在困难中的故事时，总会发现逆向行驶的故事，也就是和困难故事相矛盾的故事。就像这个不上学的女孩也会自己想办法写作业。这些和不上学相互矛盾的故事虽不常为人所知，却也是被忽视的闪亮事件，急需我们的看见。

以父母经常吵孩子，期望让孩子专心学习为例。针对此情境，我们常能观察到两种主流观点：

其一，认为父母采取责骂方式教育子女是不恰当的。因为你越吵，孩子越不想学习。如果我们把这个想法讲给父母听，父母会觉得你说得有道理，然而在实际操作中，却往往难以克制自身情绪，因为很多时候从知道到做到需要一个很长的过程。

其二，父母吵孩子也是为孩子好。因为大部分父母确实是这个意图，但我们把"为孩子好"的心意讲给孩子听时，孩子可能并未能感受到父母的关爱。即便父母的行为是出于好意，频繁的责备也可能导致孩子产生抵触情绪，进而影响其积极性和心情，使其难以专注于学习。

父母吵孩子，这个"吵"的背后很大程度上蕴含着对孩子的爱，但道理不等于体验。我会问妈妈们：我相信你一定是爱孩子的！在爱中去吵孩子，这个爱是什么？当这个隐藏在"吵"背后的爱被看见的时候，妈妈瞬间就温柔下来，会自我反思：除了用"吵"的方法，我可以怎样好好地表达爱？这时候，父母会有很多思考，当父母的好意被看到的时候，父母也会变得有力量。因此，我们所追求的，并非简单地评判对错，而是鼓励双方之间的相互理解、认可与看见，共同探索彼此身上的宝藏。

多年之前，一位母亲前来咨询，讲述她的生命故事：从小失去父母，自己小学没上完就辍学了，算是吃百家饭长大。婚后婆婆看不起自己，丈夫比较简单粗暴，脾气上来会对自己和孩子动手。我们乍一听，这无疑是一个充满了苦难与不幸的生命故事，这位母亲自幼便遭遇不幸，随后又受到婆婆与丈夫的如此对待。

然而，在当时，我深受触动的是她为了孩子的成长而主动选择心理咨询的举动。在那个时代，多数人尚未意识到心理咨询可以作为辅助教育子女的有效手段。尽管她小学没有毕业且身处农村，信息和交通都不便利，虽然十几年前心理咨询的费用相对低廉，但对于一位没有经济来源的农村母亲而言，这仍是一笔不小的负担。她能来咨询是一件很了不起的事。我很好奇地问她："你是怎么想到来做咨询的？"

她说："因为我上学少，有很多认识是不对的，但我有两个孩子，我希望他们能有好的教育，所以就想听听老师的意见。"这是一个特别伟大和虚心的妈妈。

我问她："作为妈妈，过去的生命历程中有很多不容易，如果那个过去受苦的自己看到现在的自己坚持学习，用智慧的方式去给孩子更多的爱，会对今天的自己说些什么？"这个妈妈比较害羞地说："我还是比较积极的吧。遇到问题，我总是不服输，想着总是有办法解决的。我也不想让我的孩子受苦，如果我能多做一些，对他们也好吧。"

这个妈妈过去的经历是独特的，我们传统上倾向于将其视为充满不幸与苦难的历程。然而，深藏于这段独特经历之中的，是诸多宝贵的财富：她积极应对问题，不轻易向生活妥协，坚信总有办法解决，并尽力用更智慧的方式去爱护她的孩子。

我问她："看到今天这么用心做妈妈的自己，会怎么感谢过去吃了很多苦的那个自己？"她说："虽然从小没有父母，但是我很早就学会了照顾和保护自己。别人都说我嘴巴很甜，人也很勤快，所以也会帮我很多。"接下来，这个妈妈回忆她童年发生的故事，会意识到那些经历其实教会了她很多生存的技能，现在再去看，也是自己的宝藏。这样原来那个艰难的生命故事就变成了有力量的故事。很多时候我们没有办法改变过去，但生命的意义却因此得到了重写。

我们每个人都有能力成为自己人生旅程中的探险家，会发现生命中的宝藏；同样也能成为家庭中的寻宝专家，特别是在与孩子的相处中。

比如，父母看到孩子步入高年级阶段，面临学业上的较大压力与挑战时，也可以去问问孩子：妈妈看到你随着年级的提高，功课越来越困难和有挑战，你是如何在这样的困难中勇敢面对的？

当父母将关注点从孩子的功课与成绩上移开，转而关注孩子面对挑战时所展现出的不易与坚韧，便能够更容易发现孩子在逆境中展现出的力量与勇气。

发现闪光点——在被忽视的故事细节中，在独特的生命历程里，蕴藏着丰富的宝藏等待我们去发现。在日常生活中,我们可以练习多去看看自己、家人、同事以及其他人身上的闪光点，而这些闪光点都存在于生活不起眼的细节里。让它成为一个生活里自然的东西，当生活里有很多闪光点的时候，我们的生活也会变得不一样。

作为父母，学习成为寻宝专家，可以遵循以下原则：

首先，需在日常生活中摘下固有的有色眼镜，以更开放的心态去审视问题，不轻易被表面问题所迷惑。

其次，培养并保持一颗好奇心，这是从日常琐碎的细节中挖掘出宝贵瞬间的关键。唯有好奇，方能洞察那些常被忽视的美好与价值，进而透过家人身上的闪亮事件看到家人在面对问题时的努力和能力。

最后，当我们以更加丰富的资源和更强的能力重新面对问题时，往往会发现原本看似棘手的问题变得不再那么难以解决，甚至可能在我们的努力下逐渐缩小乃至消失。带着更大的视野去看自己、家人，会发现生活也变得不同。

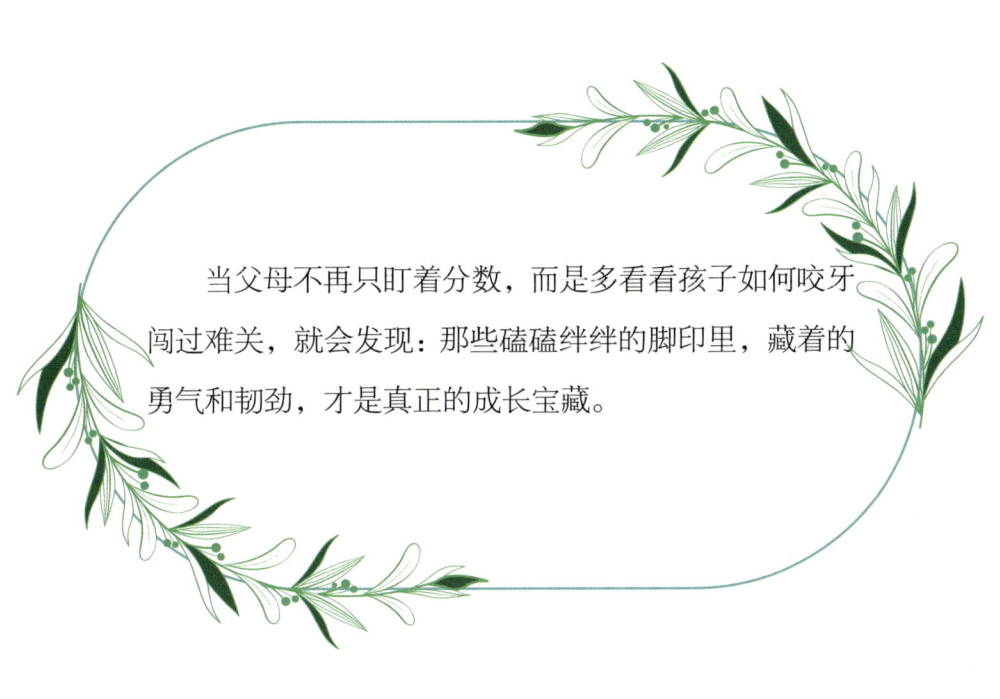

当父母不再只盯着分数,而是多看看孩子如何咬牙闯过难关,就会发现:那些磕磕绊绊的脚印里,藏着的勇气和韧劲,才是真正的成长宝藏。

第四章
自信力：相信自己的力量

13 让孩子从知道到做到

我听到过很多父母感叹：现在的孩子太聪明了！他们在很小的年龄就展现出了超乎寻常的知识储备与理解能力。同时，我也听到很多父母反馈：我这孩子什么道理都知道，就是做不到，也不去做……如果他能把心思用在学习上，绝对是很厉害的……

的确，随着互联网技术的飞速发展，孩子们接触信息的渠道变得前所未有的广泛与便捷。从智能手机、平板电脑到各类教育APP，海量的知识资源触手可及，为孩子们的学习提供了无穷的可能性。在这样的背景下，孩子们的知识面得到了极大的拓展。他们通过自主搜索和学习，了解到许多家长可能未曾触及的领域。我在咨询室里，也会看到当父母试图给孩子讲道理的时候，孩子对这些道理已经倒背如流了，他们不愿意再多听一遍。

比如，有些孩子不愿意上学，父母会不厌其烦地给孩子讲上学的重要性并分析其利弊。但对孩子来说，这些道理他们都明白。正是因为明白，他们内心才会很挣扎，理智上知道上学是明智之选，但现实呢，他们会找各种理由支持自己不去上学。这种内心的矛盾与挣扎很难被真正看见和理解。因此，他们很容易会对自己产生自责与失望的情绪，认为自己在这件事情上显得无能且无助。

更为严重的是，部分青少年在自我无法达成目标时，甚至会选择极端行为伤害自己，因为他们难以接受自身的局限性。同样地，父母在育儿过程中，也常感即使深谙诸多教育理念与方法，却依然做不到，面临和孩子相似的困境。

通常父母会陷入两难困境：不说孩子吧，发现孩子总做不好，做不到；

批评他们吧，感觉他们又好像根本听不进去任何道理。这种情况常常会导致两种典型的结果出现：

一是父母难以遏制继续教育的冲动，继续讲道理，往往导致亲子关系更加紧张，失去孩子的信任和亲近。

二是父母选择压抑内心的担心，忍着不说，但压抑的情绪就像定时炸弹，随时可能引爆。

在这样的家庭氛围中，孩子普遍表现出缺乏行动意愿，对学习任务也显得缺乏兴趣和动力。很多家长也会迷茫，到底该怎样激发出属于孩子自己的生命力，让他们可以找到属于自己的目标和方向。

在咨询室内，我常常把孩子当作老师，去好奇他们的想法，去请教他们。因为现在的孩子有很多属于他们的语言，属于他们成长的脉络。他们更希望我们这些大人主动去了解他们、尊重他们，对他们感兴趣，这样他们才会愿意多说说自己的想法。我们需要花一些时间去了解、去理解，才有可能走进孩子的世界，跟孩子更好地合作，协助孩子从知道到做到。

父母养育孩子，就是希望孩子：

1. 可以有自己的目标和方向，坚持不放弃。
2. 对自己的未来有能力承担责任，从知道到做到。
3. 在遭遇困难的时候，可以比较有弹性地调整，在学中做，在做中学。

如果我们把这些作为我们养育的目标，我们就需要协助孩子找到属于自己的梦想和目标，去支持他们前行。这个目标不是作为父母或者老师给他们的，而是他们自己渴望达成的，成为自己想成为的样子。

有一次，我去一个中学里给学生做心理健康的活动。我问这些学生："你们的人生目标和梦想是什么？"当时只有很少学生回答，其中有一个学生说要当主播，大家就开始笑他。后来我又问他们学习的目标是什么，他们比较快地回答："当然是考一个好学校啊。"再接着问："那考一个什么样的学校是可以支持你实现自己的人生目标呢？"几乎所有的学生都笑笑说，还没想过或者不知道。

这是一个目前很普遍又很可怕的现象，是值得我们深思的。学生们每天规律地起床、去学校上课、完成作业，看起来很忙碌也很充实，但他们心中却不知道自己为什么要做这件事，自己究竟想要的是什么。有的家长会说："他们上学当然是有目标的，目标就是好好学习，不然连高中都上不了。只有好好学习，将来才能上好的大学，找到一份好工作。"但当家长把这些话说给孩子听的时候，发现孩子的反应可以基本分为两类：一类是不假思考地按照父母说的去做，但当遇到挫折的时候，就会失去继续的动力，因为这个目标不是他们自己选的；另一类，基本对父母说的这些话是无感的。

我也咨询过很多大学毕业的学生，他们对自己未来也是迷茫的。等他们开始接触社会的时候，才发现自己学的专业不是自己想做的，但自己已经为之付出了许多时间，所以不得不一边投入社会去工作，一边抱怨生活。

心理学上有一个规律：兴趣产生动机，动机产生行为。如果兴趣和动机是社会、学校和父母给的，我们却要求孩子去行动、去做到，这是不太可能的。

那如果重新给父母一个机会去思考一下：我们希望孩子懂的道理，是社会、学校、父母给孩子的，还是孩子真的知道自己想要追求的人生目标是什么？

有一位爸爸带孩子来咨询，爸爸说孩子特别聪明，学习成绩也很好，在学校老师和同学也非常喜欢他。他们来咨询的原因是有一天这个孩子对爸爸说："上学没意思，就算我不上学，以后也不会缺吃缺穿的，我也不想像你那样让自己那么辛苦，挣了很多钱，但依然很累，我要求不高，还不如轻松点呢！"这位爸爸不知道该怎么回应孩子了。他不理解孩子为什么会有这样的想法，当然能想到来咨询已经是非常有觉察能力的爸爸了。

为什么孩子不像我们想的那样乖乖读书，用知识改变命运呢？

这里有几个需要家长透过孩子的反馈进行反思的要点：

1. 现在的孩子跟父母和老师的经历完全不同，他们生活在信息爆炸的网络时代，物质富足优越，不需要用学习改变命运。

2. 很多孩子从小按照父母的要求和安排去参加各类培训班，但孩子自己却不知道这些培训的意义何在，有的也不那么喜欢。孩子在小的时候可能不会反抗父母，但当力量变得强的时候，就会变本加厉地反抗。

3. 最重要的是，很多家长比较容易去关注孩子的成绩，或者只关注孩子将来可以考上什么学校，却并不注意帮助孩子寻找和树立属于他们自己的、发自内心的人生目标。

就像这位爸爸，其实已经意识到孩子除了被教育要努力学习，还要找到他努力的意义和自己追求的价值。

所以要让孩子从知道到做到，必须唤醒的是孩子自己的目标和理想，这个目标和理想是他们感兴趣的，他们才有动力去学习，去实现这个目标。

那要让孩子找到自己的目标和理想，父母该怎么做呢？我们要帮助孩子去理解：他们不一定要成为学霸，不一定要考上985、211这类的院校，但他们需要知道自己将来真正想做的事是什么。如果要达成自己的目标，应该花费多少精力，拿到多高的文凭。在这个过程中，让孩子慢慢找到自己的力量，看到自己的价值。

【案例分享】▶

我曾经遇到一个初中的孩子，他玩某个游戏水平很高，看到游戏主播也能挣到钱，他对爸爸说他想当游戏主播。爸爸肯定是骂他了，他就干脆说不上学了。然后爸爸没办法，只好带他来咨询。

在咨询中，我很耐心地听了他的想法，然后说："你想当游戏主播，可以啊，那你想当什么样的游戏主播？"他看到我是真的很好奇，就给我说他正在玩的这款游戏，现在打败了多少对手，已经是什么水平了。我就问他花了多长时间可以达到这个水平，他说有一年多了。我真诚地邀请他思考："现在你要把一个游戏玩精通，需要将近两年的时间，那这款游戏更新了，或者新游戏出来了，是不是还要花很长的时间才能精通，才能挣到钱啊？"他低头想想觉得是这样的。我看他开始思考，就接着说："你喜欢游戏很好啊，有没有想过你将来可以设计游戏啊？"他很快抬起头，眼睛里闪着光说："当然想啊。""你喜欢打游戏，你可以设计游戏，让玩家玩，你有兴趣可以设计出更多的游戏。"他也开始感兴趣了，然后我们就讨论了，如果要设计游戏，要读一个什么专业，现在就要先好好学习，考上那个专业。

【案例反思】▶

当然，或许未来他的目标还可能有变化，但在这个过程中，他知道他要做的事情都是为了实现自己的目标，而非机械地去做事情。这个过程中非常重要的是先尊重和允许孩子有自己的想法，然后借机去引导他感兴趣的目标，再让这个目标带动他当下需要做的行动。

在这个过程中，孩子体验到的是自己的想法是被重视的，自己的经验是可以借鉴的，自己的努力也是有方向的。孩子就会多一些掌控感、自我认同和接纳。

当然，当孩子还比较小的时候，他自己还不太可能有这么清晰的思考和规划，这个时候就需要家长和孩子一起做几件事：

1. 家人在一起互相分享自己感兴趣的生活方式或人生体验。这个分享可以重新唤醒成年人内心深处自己渴望的生命状态，也可以带给孩子不一样的视野和启发。在分享的过程中，父母也有机会透过自己对人生的反思，多欣赏彼此取得的成绩，也会更愿意陪孩子去探索他的人生方向。

2. 邀请孩子来分享他感兴趣的点。对于年龄较小的孩子，父母在生活的细节中应多注意观察孩子比较愿意花费大量时间去关注的事情，平时聊得比较多的话题。比如，有一个妈妈就发现孩子平时非常喜欢兵器，他让爸爸带他买了关于兵器的书，每天睡觉前，他不仅去看这本书，还要把自己喜欢的兵器画下来。这个细节就会提供一个线索：孩子的兴趣点。沿着这个线索可以跟孩子多聊聊，就会有一个比较清晰的目标——孩子长大了想当军事家，爸爸就引导他更多地了解这方面的信息，包括要考军事院校。这样我们就可以知道，当孩子要学习的时候，他懂的就不是一个简单的道理：我要好好学习，而是愿意为实现自己的梦想而好好学习。这两者的重大区别是，没有目标的学习和努力，一旦碰到挫折，就会容易放弃；而有目标的学习，即便遇到困难，也会想办法克服和创造其他的可能性。

3. 为孩子创造机会和条件，鼓励孩子多接触自己感兴趣的点。比如，有一个妈妈在孩子上幼儿园的时候就发现孩子非常喜欢画画，听故事就会把里面的人物和情节用自己的方式画下来。妈妈就鼓励孩子去讲她画的内容，然后妈妈就肯定孩子画的画很有意思，不仅画得好，还有故事情节呢！后来妈妈就给这个孩子报了画画班，这个兴趣班就是真正意义上的兴趣班，是非功利性的方式。后来等孩子上小学，孩子做的手抄报也是备受老师赞扬，孩子就对这个更感兴趣了。

4. 及时肯定孩子取得的成绩也是很重要的坚持动力。就像刚才说的那个妈妈一样,她会很用心地去观察孩子在画画的过程中表现出来的优势和天赋,当然,这里的肯定不是夸赞孩子:你真棒,你就像是一个大画家。这些都很空洞,对孩子的行为是无益的,而是有理有据地去肯定孩子的表现。比如,孩子很小的时候,画的人物都比较夸张一些,但妈妈注意到细节会说:哇,你看你画的这个小人还有表情呢,让我一下子就知道了他的心情。你看你画的这两幅图是连起来的故事,能看出来故事在发展呢!这些具体的肯定会让孩子印象深刻,并且更加有成就感。

这个过程就符合我们前面说的规律:兴趣——动力——行为。孩子从知道自己的目标和兴趣点,在父母的鼓励和支持下,再去做到就变得容易了。而在做的过程中,孩子也会慢慢发现自己的能力在增加,也会感受到自己的价值。

【生活练习场】▶

邀请你的家庭成员坐在一起,父母先谈谈自己生活或者工作中最满意的地方:

1. 你们在生活或工作中做了什么样的努力可以达到今天的成绩?

2. 在这个过程中,有哪些挑战和不容易?你们又是怎样克服的?

然后邀请孩子分享:

1. 孩子对父母的哪些故事比较感兴趣?请他说说自己的想法。

2. 孩子有哪些天赋或感兴趣的点?

家庭成员在一起分享,不仅可以增进家人之间的情感,也是见证彼此的过程。

14 在挫折中滋生出力量

很多家长过去习惯只关注孩子的学习，但现在越来越多的父母意识到，不管是孩子学习还是未来的健康幸福，都是跟孩子的内在力量有关。也有人会用内核稳定来形容这样的内在力量。随着时代的变迁，我们越来越感受到这个世界充满了变数和不确定性。作为父母，我们希望孩子未来无论遇到什么境遇，都可以保持内心的稳定和关系的和谐。

在孩子整个成长阶段，父母尽己所能为孩子提供最好的条件，但发现遇到挫折的时候，孩子却无法应对。在发展心理学中有一个重要的研究结果：恰当的挫折是有利于孩子身心发展的。恰当的挫折能激发孩子潜在的能力，让孩子开始滋生出信心和勇气。对父母来说，通常在孩子遇到挫折的时候，会想要帮忙，当父母觉得挫折是麻烦，是孩子成长的绊脚石的时候，就会想把挫折清理掉，或者期待孩子可以跨越过去。在孩子还没有太多经验的时候，他们也需要透过面对挫折的过程来慢慢增加自己的实力，让自己有自信、有勇气可以再面对更多的挑战。所以挫折更像是给父母陪孩子增加应对能力的机会。

几乎每个孩子都要经历一个这样的内在成长导航：培养自信——勇于进取——克服挫折——迎接挑战——成就自我。每一步的成长都需要有父母的见证和陪伴，有父母做榜样和示范。

【案例分享】▶

有一个妈妈说她女儿最近出现了厌学情绪，不愿意去上学了，了解到的具体原因是女儿在学校没有特别要好的朋友，成绩也不突出。

在一次体育课上，被老师批评体育项目不达标的时候，她觉得同学都在旁边看她的笑话。从那天开始，女儿就不愿意去上学了。妈妈介绍说，孩子体形稍微有点胖，在幼儿园的时候，大家会觉得胖乎乎的很可爱。上二年级的时候，被班上的男生开玩笑说胖妞，回来跟妈妈哭闹了一番。后来女儿成绩一直是中等，看到班上其他同学都有好朋友，就会有很多自我怀疑，觉得同学不喜欢自己，开始变得敏感、思虑多，在意别人对自己的评价，这样就更不容易交到好朋友，学习也受到了影响。妈妈说这种情况一直都在，但也不知道该怎么引导孩子，每次只是安慰孩子一下，觉得就没事了。这次因为被老师批评，竟然直接不去学校了。

【案例反思】▶

类似这个案例中的情况，其实还是比较常见的。有的是在小学，有的是在中学，孩子会因为不自信，更容易在人际关系和学业方面变得退缩，进而进入一个恶性循环。

自信的形成贯穿在孩子的整个成长阶段，尤其是学生时代，学生的自我价值来自四个方面：

1. 学业方面，包括文化课和才艺。

2. 社交能力，主要体现在与同伴相处。

3. 生理特点，包括长相和身材。

4. 身体运动，拥有一项擅长和习惯的体育运动。

以上几个方面的特质都可以增加一个人的自信。学生会在意别人是怎样看待自己的，从某种程度上也决定了自己是怎样看待自己的。

案例中的女孩，她的体形、学习成绩、人际关系、体育课上被老师批评这些问题正好是在这几个方面中都无法找到对自己认可的点。重要的是，当我们习惯用一种负向的视角去看待自己的时候，会发现即便有一些资源，也会被掩盖在这些缺点中。

尤其是随着年龄的增加，比如，到了中学，孩子的生理发育迅速走向成熟，而心理的发展却相对落后于生理的发展，在理智、情感、道德和社会交往方面还没有完全成熟，生理发展和心理发展是不同步的，这个时候一旦遇到外界的一些压力或者刺激源，孩子就没有足够的信心去面对。这也是为什么很多孩子会因为看似比较小的一件事而选择退缩，甚至是放弃自己的生命。

作为父母，我们该怎么引导孩子借助挫折事件增加自信和面对问题的勇气呢？

首先，在孩子感受到压力的时候，父母应当成为孩子情绪压力的"转换器"，把孩子遇到的压力转换成孩子可接受的程度。

很多父母会有一个疑问，同样是一个班级的同学，同样是一个老师，为什么人家的孩子就没有问题，我的孩子会有问题？我们确实也会发现，并不是所有的孩子在面对压力的时候都会出现问题。原因就在于，作为父母，当孩子遇到压力和挑战给你说的时候，你是怎么回应的。比如前面讲的案例，当孩子回家跟父母说同学给自己起外号的时候，妈妈说"那你不要跟他玩了"，或者"他说你什么又长不到你身上"。这样的回答不仅帮不到孩子，反而让孩子变得无助，情绪也被压抑下去了。

那好的回应是什么呢？"同学给你起外号，你一定很生气，你也希望跟同学有一个好的关系对不对啊？""想要跟同学建立关系的方式有很多，但他这样起外号来吸引你注意是不合适的，他一定是还没发现你的其他优点呢！"这样一方面让孩子感觉到自己的感受是被父母理解的，另一方面也会把注意力转移到自己的优点上，同时也对同学的行为有了一个新的赋义。

这样，父母就成功地把原来的压力情境转换成孩子可以承受的程度，并带来思考和新的理解。

其次，当孩子的成长环境有太多压力的时候，父母还要做压力信息的"净化器"，让孩子可以按照他的方式朝着他期待的方向转变。

比如，有一个妈妈非常关注孩子的学习，也会跟老师保持一个很好的联系。有一天，老师对这个妈妈说，孩子听写单词的时候不会，还跟同学窃窃私语。老师让妈妈平时多关注一下孩子。这个妈妈很谢谢老师的反馈，然后老师也热心地说了一些注意事项。

如果你是这个妈妈，会有什么反应呢？在你回家找孩子前，先来觉察一下自己有什么样的情绪，你感受到老师传递给你的是什么情绪，想想这个情绪会给你带来什么影响，如果你感觉自己很着急或者很生气，那就要先来照顾自己的情绪。如果孩子本身就非常在意外界的评价，那就要考虑你希望传递给孩子的信息是什么，哪些情绪是可以在自己这里过滤掉没必要传递给孩子的，哪些是可以支持孩子能够做得更好的，最后把净化后的信息传递给孩子。

我们养孩子，不是为了让孩子变成听话的机器人，有时候调皮的孩子也是需要被珍视和保护的。作为发展中的孩子，偶尔违反一下纪律，或者惹点小麻烦都是正常的。虽然听话的孩子比较好管教，但我们不能忘记我们最终目的是希望孩子可以是他自己。在目前的教育环境下，难免会有不同程度的焦虑从学校甚至是其他家长那里传递过来。这时候我们更需要成为信息的净化器。孩子在这个过程中，会感受到被周围人信任，开始愿意尝试自己去调整，在成长中慢慢滋生出自己的能力。

还有一个值得关注的现象，就是很多孩子在遭遇挫折和面对不确定的生活情境时，往往感到无所适从，或本能地认为自己无法妥善应对。他们可能会选择逃避，通过沉迷于游戏来寻求一种暂时的安宁，或者情绪失控，导致自己陷入抑郁或焦虑的状态。

在孩子面对挫折时，培养其内在力量是很重要的。父母在这个过程中扮演着至关重要的角色，那么具体应该怎么做呢？

首先，父母需要以身作则，展示出面对困难和挑战时的积极态度和应对策略。通过自己的行为，父母可以向孩子传递出一个信息：即使在逆境中，我们也能找到解决问题的方法，并从中学习和成长。

有一个初中厌学的孩子，他面对学习的挫折的时候，有很多负面的自我评价，最后自己抑郁了。每次咨询都是妈妈带孩子来，有一次这个妈妈就说："我太累了。因为我们家不是只有孩子抑郁了，爸爸也抑郁了。"原来这个爸爸在工作中遇到了挫折，在家里意志消沉，看到孩子抑郁了，就严肃地告诉孩子要积极克服压力，不要怕困难。但事实上，孩子看到的爸爸却在一个悲观的状态。这样的"矛盾状态"和"双重标准"不仅会让孩子觉得听不进去，难以接受，而且也无法让他真正有机会学习如何去面对逆境。

要做好孩子的榜样，家长就要先来看看自己是怎么做的，不能只是讲道理。比如，这个爸爸通过咨询意识到自己的情绪对孩子的影响，我会告诉爸爸，我们每个人遇到超过自己承受能力的挑战时有情绪是正常的，重要的是当这些情绪出现的时候我们可以及时地意识到它的存在，当我们不被情绪困住的时候，就可能有很多的资源或者可能性。这个爸爸说自己喜欢爬山和打羽毛球，他就每天早起陪孩子打羽毛球，周末去爬山。这样的状态也影响了孩子，过了一段时间，孩子的状态变化就很大。孩子反馈说爸爸的变化很大，妈妈也觉得自己压力变小了很多，整个家庭都有了新的面貌，这就是家长对孩子的潜移默化的影响。

其次，父母应当鼓励孩子表达自己的情感，无论是挫折感、失望还是愤怒。通过倾听和理解孩子的感受，父母可以帮助孩子学会如何处理和调节自己的情绪。这种情感支持不仅能增强孩子的自信心，还能帮助他们在面对未来的挑战时更加有韧力。

再次，父母要做寻宝专家，和孩子一起发现更多的策略和可能性。对孩子来说，在挫折中滋生出自己的力量，一个关键的因素是父母愿意支持和鼓励孩子，跟孩子一起去寻找更多应对问题的方法。

我常常在咨询室里去好奇地问孩子：当时你遇到那个难题的时候，你是怎么想到要去这样解决的啊？你会怎么看那个遇到问题不放弃的自己啊？孩子就会说觉得自己还是蛮有勇气的，会有办法的。我又问：那这个勇气和办法会怎么帮你面对现在的这个困难呢？这样就打开了更多的可能性空间。孩子在面对挫折的同时，也会慢慢变得羽翼丰满。

最后，父母应当为孩子创造一个充满爱和支持的家庭环境，让孩子感受到无论遇到什么困难，他们都有一个温暖的避风港。在这个环境中，孩子可以自由地探索、尝试和犯错，而不必担心被责备或嘲笑。这样的环境有助于孩子建立起强大的内心，面对挫折时能够更加从容和自信。

总之，父母在孩子面对挫折时，应当通过以身作则、情感支持、探寻宝藏和创造支持性环境等多种方式，帮助孩子培养内在力量，使他们能够在未来的人生道路上更加坚韧和自信。

在挫折中滋生力量的目的不仅仅是要让孩子知道生活中有很多难如人意的事情，更重要的是让孩子有机会体会和学到，就算凡事很难皆遂心愿，但不代表我们不能去面对、协商和接受。

在教育孩子的过程中，我们也会遇到的一个挑战是家庭成员观念的不一致。比如，妈妈觉得要让孩子养成一个好的学习习惯就要给他一定的约束，爸爸觉得孩子还小就应该让他多发挥天性，多去玩耍。其实，父母也都是来自不同的家庭，思想有差异是正常的，在差异中还愿意去听对方的想法，这是很重要，也是很难得的。愿意倾听对方的想法会带来新的理解、新的合作方案。

孩子通过目睹父母在日常生活中如何倾听彼此、理解彼此，并且在面对问题时能够反复协商、共同寻找解决方案的过程，会逐渐领悟到一个重要的道理：生活中充满了各种各样的不确定性，这是非常正常的现象。通过这样的观察和学习，孩子会逐渐培养出一种对不确定性的接纳态度。当他们在未来的人生道路上不可避免地遇到突如其来的挫折和困难时，他们不会轻易逃避或放弃，而是积极寻找解决问题的方法，不断调整自己的策略和计划，以应对不断变化的环境和情况。这种能力的培养，有助于他们在复杂多变的环境中更加从容应对，从而更好地适应社会，实现自己的目标和梦想。

【生活练习场】▶

邀请父母来思考几个问题：

1. 作为成年人，在面对生活的挫折和挑战中，你是如何坚持下来的？你会如何看待这样的自己？

2. 作为父母，在你陪着孩子面对他人生的挫折和挑战的过程中，你可以做些什么来帮孩子在挫折中生长出属于他的力量？

15 做值得信任的自己

许多父母常常会提出这样的问题：我的孩子缺乏自信怎么办？换句话说，就是如何帮助孩子培养出自信。一个人的自信主要来源于两个方面：一方面是外部因素，包括父母、老师和同学的评价；另一方面则是内部因素，即通过不断的自我探索和努力，以及在各个领域中能力的提升。这些因素最终会汇聚成一个人的自我接纳和自我价值感。

其实，对于成年人来说，这个问题同样适用。我们对自己的看法，受过去经历的影响，特别是周围的人对我们的评价，这些评价塑造了我们对自己的认知。随着年龄的增长，我们通过自己的不断努力，取得更多的成就和价值，从而变得更加自信。然而，在这个过程中，如果发展得不顺利，我们也会对自己产生许多的不认可和怀疑。

做值得信任的自己，我们在面对外界纷繁复杂、充满不确定性的变化时，内心始终保持那份信心和力量。这也是我们在面对困难和挑战时拥有的稳定内核。

【案例分享】▶

小成在高一上学期的时候休学了。原因是小成在中考的时候，以非常优秀的成绩考上了这所高中，但进入高中第一次模拟考试，他的成绩从年级前50落到了200多名。老师把他叫过来，针对他的成绩谈话。他自己很紧张，尤其是听到老师说："你中考的成绩和现在差别太大了。"他觉得老师怀疑自己中考的成绩，带着这个紧张，他更用功地学习，在接下来的一次考试中虽然进步了一些，但远远比不上原来的成绩。老师这次没有找他说太多,只是在班上路过他座位的时候,看着他的成绩说了一句:"真不知道你中考成绩是怎么考的。"小成觉得自己被老师质疑了,内心很痛苦,觉得自己也努力了,但收效不大。面对老师的质疑,他干脆就不想上学了。再到后来,就不想进教室了,并被医院诊断为抑郁症,休学了。

【案例反思】▶

现实生活中,有很多孩子,当他感知到自己不被信任、不被看好的时候,就会产生学习动力下降、自暴自弃甚至休学的想法。孩子内在的声音就是:你既然看我是不好的,我干吗还要好好干?而父母往往也会容易对成绩不好的孩子说:"你成绩这么差,还不好好学!"殊不知,这样的语言恰恰阻碍了孩子认真学习。

心理学上有一个非常有名的实验:美国心理学家罗伯特·罗森塔尔和他的助手来到一所小学,对这所学校的校长说他们要在这里进行一项实验。然后,他们从一至六年级各选了3个班,对这18个班的学生进行了"未来发展趋势测验"。之后,罗森塔尔以赞许的口吻将一份"最有发展前途者"的名单交给了校长和相关老师,并叮嘱他们务必要保密,以免影响实验的准确性。8个月后,罗森塔尔和助手们再次来到这个学校,校长对他们表示非常欢迎,并且大赞之前的测验准确,因为凡是上了名单的学生,个个成绩都有较大的进步且性格活泼开朗,自信心强,求知欲旺盛,更乐于和别人打交道。

其实,罗森塔尔撒了一个权威性谎言,因为名单上的学生是随机挑选出来的。实验者认为,教师因收到实验者的暗示,不仅对名单上的学生抱有更高期望,而且有意无意地通过态度、表情,给予学生更多提问、辅导、赞许等,将隐含的期望传递给这些学生,学生则给老师以积极的反馈;这种反馈又激起老师更大的教育热情,维持其原有期望,并对这些学生给予更多关照。如此循环往复,以至这些学生的智力、学业成绩以及社会行为朝着教师期望的方向靠拢,使期望成为现实。这就是非常有名的罗森塔尔效应,也叫期望效应。

作为父母和老师,对孩子的期望不仅仅是指你信任孩子,更重要的是让孩子感受到自己是值得信任的,自己是足够好的。父母希望孩子能够拥有自信,并且学会自我负责,这是非常重要的教育目标。为了实现这一目标,在与孩子的日常互动中,父母需要特别注意让孩子感受到"我是好的、我是有价值的",即让孩子认识到自己的价值和优点。这种积极的自我认知对孩子来说至关重要,因为它能够成为他们在面对生活中的挫折和困难时重要的动力和勇气来源。

这里提一个重要的心理学概念——自我效能感(Self-efficacy)。自我效能感是由美国心理学家阿尔伯特·班杜拉(Albert Bandura)在1977年提出来的,它指的是个体对自己能够成功完成某项任务或应对特定情境的信念或信心。对于学生而言,自我效能感主要体现在面对学习任务、人际关系等各个方面时的信心和信念。同时,自我效能感也体现在孩子可以深深相信自己创造价值的能力,而且这个价值是独特的。比如,一个孩子觉得自己是最好的观众,觉得自己作为观众是有价值的。

自我效能感源于经历的成败经验和观察的榜样。所以在孩子的成长和学习过程中,父母扮演着至关重要的角色。

【案例分享】▶

有个妈妈说:"我这孩子学习总是分心,给他讲题的时候,他左顾右盼,摸摸这摸摸那。一个很简单的数学题,给他讲很多遍都不会做，心不在焉。"

我仔细了解后发现，孩子上小学三年级，成绩还算可以。而这个妈妈是美国名校毕业，智商比一般人要高很多。她看孩子做作业，是按照她的思维来考虑，就会觉得这些问题好简单，心里就想：这么简单的题你怎么都不会。当她这样想的时候，给孩子说话的语气和态度就会不耐烦。这个孩子每次被妈妈辅导作业都会感到很挫败。我对这个妈妈说："你一路上学都很优秀，也不需要父母为你担心，但你的孩子好像跟你是不一样的。""对啊，他完全都不像我小时候。"我就好奇地问她："那你觉得你孩子跟你最大的不同是什么？"这个妈妈说了很多孩子的特点："孩子的想象力特别丰富，因为他写的作文总是让人惊喜连连。在面对我有情绪的时候，他像个小智者去安抚我……"妈妈就像寻宝专家一样赞叹孩子。后来，我就跟这个妈妈商量说，以后你辅导作业前，可不可以先跟孩子聊一聊孩子很厉害的地方，让孩子可以感觉到自己是被欣赏的。

这个妈妈按我说的方法执行了两周之后，带给我一个很惊喜的反馈，她说："我发现孩子真的很聪明啊，有很多比我还厉害的地方，都让我吃惊。我发现当我很认真地去欣赏他的时候，他的数学也变得很厉害了，很多很难的题也是一点就透了。现在他竟然每天都让我给他找一个难题来挑战。"

【案例反思】▶

这个案例中的妈妈对孩子前后的评价差别是很大的。孩子的智商是不会在短时间内发生变化的，那是什么让孩子的表现有如此之大的差异呢？

当妈妈去不断指出孩子的问题的时候，孩子是很难有自我效能感的。

所以，他就不愿意继续在学习上面去体验受挫。而当妈妈开始欣赏他厉害的地方的时候，他体验到了自己的能力和价值，也会觉得自己是很厉害的，自我效能感就是强的，所以会愿意主动去探索更难的问题，因为他更相信自己是可以的。

可以问问孩子：是不是有玩得好的朋友？有没有让朋友欣赏和崇拜？孩子在人际关系上自我效能感越强，就会越欣赏自己，对自己越有信心。也可以问问：作业能否做得让老师满意？每次考试能不能进步？老师讲的课是否能正确理解？孩子在学习上的自我效能感越强，就越不怕学习，越容易爱上学习，爱上解题，因为每一次成功会更加强化自我效能感。

所以，对自我效能感影响最大的就是孩子以往成败的经验。如果失败次数多，自我效能感就容易降低。同时，如果每次失败时，孩子把失败的原因归结于自己的愚笨，那么对自我效能感的影响也会很大。对孩子来说，提升孩子自我效能感的方式最重要的就是让孩子不断有成功的体验。

家长也许会说：学不学习、考得好不好是孩子决定的，作为父母也帮不了呀。

其实不是的，孩子在学习过程中遇到困难是非常正常的事情，而遇到困难的时候，恰恰是我们帮助孩子提高能力的机会，可以提升孩子的自我效能感。就像上面案例中的妈妈，就是在陪伴孩子成长的过程中，利用遇到困难的机会，让孩子越来越相信自己的能力。确实也会有一些孩子在学习上由于付出的努力短时间看不到效果，在人际关系上认为自己不受欢迎，就会觉得自己很笨，做什么都做不好，没有别人聪明。这样对自己评价过低通常是由于没有正确的归因理念。

心理学家阿尔弗雷德·阿德勒有一本非常有名的书叫《自卑与超越》，

他在书中说，每一个人都是自卑的，只是程度不同而已。因为我们发现我们所处的现状都是可以进一步改善的。从这个意义上来说，自卑感实际上源于我们对自己不足之处的认识和发现。当我们意识到自己在某些方面存在不足时，这种感觉反而可以转化为一种积极的力量，推动我们去努力改善和提升自己。换句话说，自卑感并不是一种完全消极的情绪，而是一种可以激发我们内在潜力的催化剂。

当然，如果一个人长时间地沉浸在自卑感中无法自拔，也会带来许多不良的后果。自卑感的持续存在不仅会引发一系列负面的情绪和感受，如焦虑、抑郁和无助感，还会导致个体对自己的评价越来越低。这种自我评价的降低会进一步加剧自卑感，形成一个恶性循环。

我在咨询室里，也常常会让学生用"我是……样的人"来造20个句子。通过这些句子来发现这些孩子自己比较习惯的一些自我概念。有时候我也会采访家长：你心目中的孩子是什么样的？并让孩子写下心中的父母是什么样的。

如果有机会，家长可以跟孩子一起互相评价，然后一起看看哪些是客观存在的，哪些是主观的感受。然后跟孩子一起讨论，在这个过程中，家长可以跟孩子一起从以下几个方面进行引导。

1. 对自己有一个客观、全面的评价。比如，有哪些评价自己和对方写的是一致的，还有哪些是自己没有注意到而被对方发现的。透过这样的讨论，对自己的认识也会更加客观、全面。

2. 善于发现资源和成功，将成功归结为自己的能力。这个过程中，对于年龄小的孩子，父母还比较容易去肯定孩子，但对于慢慢长大的孩子，父母反而容易把更多的期待给到孩子，忽略了孩子正在增长的能力。所以邀请父母跟孩子一起发现彼此的资源和能力。

3.善于发现和体验内心的喜悦感和成就感。要相信之所以失败不是因为你这个人怎样，而是因为自己努力不够或者努力无效。这个其实是需要父母引导孩子多去体验正向的情绪，当遇到问题的时候，当一个办法不管用的时候，可以更好地去探索——我还可以做的是什么？

4.制订阶段性目标，在不断达到目标的过程中体验成就感。这点也是需要父母跟孩子一起来完成，不需要制订很大的目标，而是要根据当下自己的实际水平，制订下一步可以达到的一个目标。这样每次目标的达成都可以带来成就感，这个成就感也可以促使我们更愿意继续前进。

5.乐观、平静地对待挫折，父母可以见证克服挫折的这个过程。生活难免是有挫折的，父母既是克服挫折的榜样，也是陪伴孩子面对挫折的见证者。这个过程很重要，也是挫折教育的精髓所在。

6.在这个过程中，不断地自我悦纳和相信自己。

【生活练习场】▶

找一个机会，家人可以坐在一起分享：

1.在爸爸心目中，孩子是怎样的孩子？自己是怎样的爸爸？妈妈是怎样的妈妈？

2.在妈妈心目中，孩子是怎样的孩子？自己是怎样的妈妈？爸爸是怎样的爸爸？

3.在孩子心目中，自己是怎样的孩子？父母是怎样的父母？

这个过程，既不是做检讨，也不是指出问题，而是尽量反馈自己看到或体验到的家人是怎样的。家人之间就像是彼此的镜子。看看可以如何支持家人更好地了解自己，也可以帮助彼此建立自我效能感，进一步调整对待家人的方式。

16 家庭实践剧场：意外故事

在主流的观念里，我们会比较习惯用一种眼光去看孩子，去看我们生活中的挑战。但在后现代心理学的思维里，我们看人和看问题，是可以多元化，有多种可能性的。当我们愿意带着相信去看孩子，就可以打开一个新的视野，在这个新的视野里，有很多意外的生命故事，而当孩子可以发展出对未来的自我期许，会进一步影响他对目前生活、困境的觉知与选择。我们也会惊喜地发现每个孩子都可以发展出属于自己的独特的生命故事。

有一个妈妈预约咨询，她先给我看了她女儿的画，这些画有的画在白纸上，有的是在平板上。乍一看，这些画是有一些特别的，只有黑色和红色两种颜色。黑色的是各种造型的人物，而红色的人物有点不同，比如会从眼睛里流血，会从嘴里流血。这个妈妈说："崔老师，你看她画的画，是不是很恐怖？这孩子，不知道天天想的是什么。也不知道是从哪学的，我们也不敢问她。"

后来，我跟这个女孩见面了。简单地打招呼之后，我就针对她的画开始对话。我说："听你妈妈说，你很喜欢画画，你是什么时候开始学画画的啊？"（好奇和贴近）

在这里，我并没有去直接问她，为什么会画这么恐怖的画面，因为那是主流观念的想法和认为。而对于这个孩子，这些画一定还有我不知道的意义和故事，所以我只是去好奇和贴近这个画画的行为。女孩说："我就自己随便画的，没有跟老师学。"

"你自己画的，没有跟老师学，怎么就可以把这些人物画得这么好，每个人都是不同的造型呢，这很不简单呢！"（好奇和具体的肯定）

在这里，我是真心感觉这个女孩画的人物造型很细致，对于没有学过画画的人来说，这确实很不简单，所以我就想把我看到的反馈给她。

她接着说："因为我喜欢画画，在我觉得很难熬的时候，就去画画。在家里的时候，我会在平板上用软件画；在学校，没办法带平板，我就在纸上画。"

我肯定她："原来画画对你来说是一个很不一样的存在，它可以陪你度过很难熬的日子。即便有时候不方便，你也总是可以找到画画的方式。你能多给我介绍一下你的画吗？"

画画对她来说，真的是很不一样的，我可以多在这个部分去跟她对话。

这个女孩真的是很认真地听我说话，然后她给我讲了每一幅画的意义。比如，眼睛里流血的人，是因为她在学校连续上课，觉得眼睛很辛苦，她就画了一幅这样的画来代表眼睛的辛苦。那个只有一只眼睛的人，身上有伤，是因为他太难过了，但不知道该怎么办，她就给他画了一只眼睛，但这个眼睛是有透视功能的，可以知道人的内心在想什么。

就这样我们在咨询室里，打开了一个"意外"的空间，她和很多孩子一样，是在用画画表达无法言传的内心世界。这些画并不是我们第一眼看到的那个单一的形象；就像妈妈说，看起来太恐怖了，不知道孩子在想什么。而透过这样的对话，我越来越了解孩子，而孩子对自己的了解也似乎越来越多。这样的表达好像也是一种整理，让孩子看见自己生命的丰富和流向。

咨询快结束的时候，我就邀请她下周把她的画继续带过来。然后在第二周的时候，她带来一幅很不一样的画。这幅画上没有鲜血，有四个人物：三个女孩子、一个男孩子。每个人物下面她都写上了这个人物的名字、性格和特点。然后她给我讲，其实这四个人物都是她自己。一个是天真的、简单的女孩，一个是很小的女孩，还有一个是非常悲观的、觉得活着没意思的女孩。那个男孩就像哥哥一样，会保护这个悲观厌世的女孩。这是一个很让人意外的故事。我第一次知道一个中学生可以把内心不同时刻的自己描述得这么清楚，并且在陪伴自己的过程中，她有很多自己的经验和策略。我们一起讨论了接下来可以怎样透过这些策略和经验更好地自我陪伴。

后来这个妈妈反馈说，孩子好像变得不太一样了，愿意跟妈妈多说话了，还说要考美术院校。

这个案例中，我们会看到在生活中，当我们用唯一的眼光（唯一的评价标准）去看孩子，就失去了进入孩子内心世界的机会。所以当孩子爸爸说："你看看你天天画的都是什么啊？不好好学习，净画这些没用的。"孩子就对爸爸关闭了大门。而妈妈虽然知道爸爸这样说不对，但也同样认为孩子的画有问题，不敢去跟孩子谈，这样也失去了了解孩子的机会。

当我们愿意带着尊重、好奇去欣赏孩子，相信孩子才是他自己的主人和最了解自己的专家，我们就会发现，孩子能给我们带来很多意外的惊喜。而作为父母，能给到孩子的反馈就是相信他是有自己的资源和力量的。

在家庭治疗领域有这么一句话：问题本身往往不是问题，人们处理问题的方式往往成为问题。这句话在家庭中非常实用。你会发现很多家长会在孩子刚刚遇到一些困难的时候，就采取了非常不恰当的方式，然后导致孩子的情绪进一步恶化，甚至不去上学和放弃自己。

而在所有会成为问题的应对方式中，最常见的有四种破坏性反应：

1. 轻视、蔑视：完全轻视孩子的人格和能力，这个是在关系中非常具有杀伤力的。当孩子面对因人际关系或者学业而产生的负面情绪时，大人不但不去安慰，反而采取鄙视、贬低的方式去刺激孩子。有的时候，不是你说话的内容，而是说话的语气、表情和肢体动作等会让孩子感受到委屈和愤怒。

2. 忽视：就是假装没什么事发生，或者不把孩子的情绪当回事。这类大人的口头禅是：你不要想那么多，这没什么，你好好学习就行了，等等。这样的回应方式会让孩子觉得自己好像根本不值得被别人关注，很容易产生孤独感，或者对人与人的关系产生绝望和不信任。许多孩子的情绪和需要常年得不到回应，只能压抑在心中，而情绪的长期压抑，也会借助另一个渠道爆发。

3. 指责和攻击：这类家长也是比较常见的。通常在看到孩子遇到挫折的时候，不是去安慰孩子，而是直接说：你怎么那么笨！你脑子是怎么长的？这些家长看不到孩子的努力和优点。在主流的观念里，会比较多用这样的方式去激励孩子，但很难奏效，大家可以想想，如果我们身边的人每天把我们贬低得一无是处，我们每天活在自我否定中，还能相信自己可以做到什么吗？

4. 还有一类家长是不蔑视、不忽视，也不指责孩子的，就是喜欢讲一些用处不大的道理。我经常会说，很多时候，我们懂的道理都是对的，但确实没用，所以是正确的废话。

这四种反应方式其实也是夫妻之间的关系杀手。成年人也会因此而发生争吵和冷战。那我们可以怎么做呢？

心理学中有一个最常被提及的依恋理论，可以给到我们一个参考：一个孩子在成长过程中的痛苦、悲伤和无助是需要被照料者（一般是父母）及时地听到、理解并回应的。如果这些需要被及时满足，一方面孩子会形成对自己积极的看法，会觉得自己是被爱的、有价值的，在长大后面对挑战的时候也会有更多的勇气。另一方面，也会帮助孩子形成对人际关系积极的期待，容易跟人建立彼此信任的关系。

大量实证研究证明：一个孩子未来能走多远，取决于他曾经在感情和心理上和父母有多近。

回到我们本章的主题：自信力可以丰富孩子的智慧经验。对于父母来说，要做到的是在孩子的成长过程中，积极地寻宝，及时地肯定，鼓励其尝试，和他在一起；在他有烦恼的时候，耐心地陪伴、积极地倾听、无条件地接纳，最后才是使用必要的策略。

作为父母，在生活中尝试多去跟孩子表达：在爸爸妈妈眼里，你是独一无二的，我们支持你做自己！

"亲爱的宝贝，不管发生什么，你都可以给我们说，我们永远会和你站在一起。

"你的想法很重要，我也想说说我想到的，你可以来做参考。决定权在你！

"我们相信你可以处理好自己的事情，如果需要支持，我们也会尽最大的力量支持你。

"我们爱你！不会因为你做得不够好而改变。重要的是过程，而不是结果。

"我们都是探险家，我们会陪你一起探险，探险的过程才是最宝贵的。"

这些可以滋养孩子的话，都是孩子成长的养料，试着多说说吧！

最后，给大家分享一个真实的故事：

在小学图画课上，有个孩子不会画，下课的时候，他还是对着空白的画纸发呆，老师走过来，看了一眼空白的画纸，对他说："试试看，可以画什么？"孩子看了老师一眼，拿起笔，在纸上戳了一个小黑点。老师拿起画纸，端详了半天，然后放下纸，说："请签名。"

孩子在吃惊中在画纸右下方签下自己的姓名。一周以后，孩子再次来上图画课，发现他的画被镶了金色的画框，挂在展览的墙上。孩子想：我还能画得更好。于是，他打开从来没有用过的画笔盒，开始画起点来。他画了很多各种颜色的点、大大小小的点、留白的点。几周后，他办了个"点点"画展，非常轰动。

后面的成功来源于老师对最早那个小黑点的肯定：虽然是个点，但它依然是一幅好的作品。孩子体会到自己是被肯定的，才会在后来愿意主动去探索。

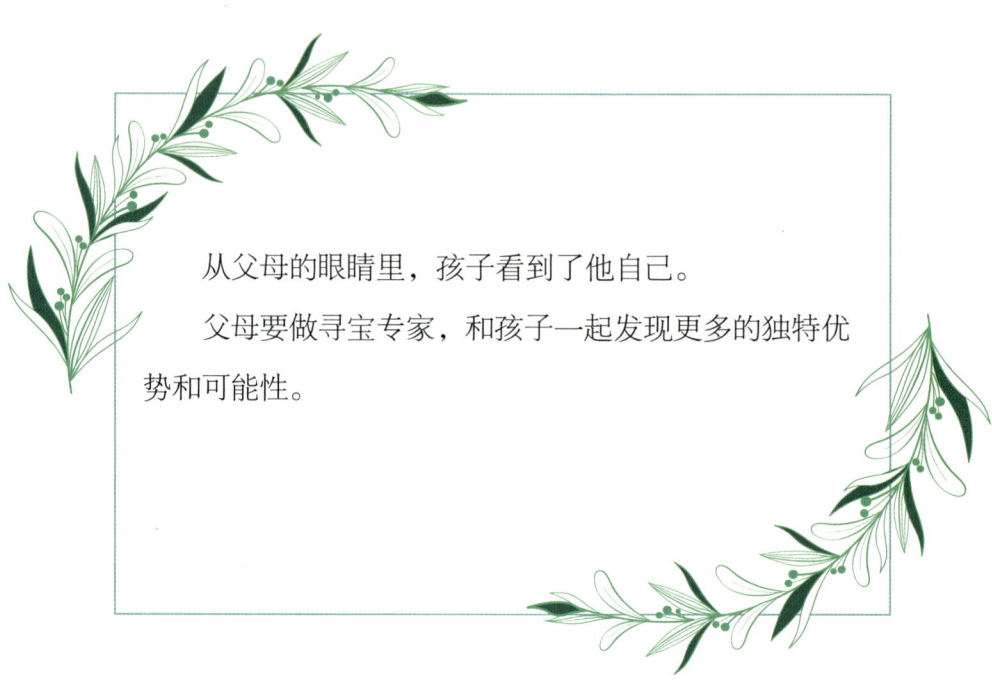

从父母的眼睛里，孩子看到了他自己。

父母要做寻宝专家，和孩子一起发现更多的独特优势和可能性。

第五章

创造力：创建属于孩子自己的舞台

17 描绘孩子的成长愿景

如果有人向你提出这样一个问题："你希望你的孩子在未来能够成为什么样的人？"你会如何回应？我相信，许多家长在内心深处都曾经反复思考过这个问题的答案。每个家庭的期望和愿景可能都有所不同，而且随着时代的变迁和社会的进步，家长们对于孩子的期望也在不断地发生着变化和调整。如果你转而向孩子们提出这样一个问题："你希望你在长大成人后能够成为什么样的人？"试着想象一下，他们会给出怎样的回答。

我问过很多孩子：你长大后想做什么？你希望自己成为一个什么样的人？又或者，你期望自己将来能过上什么样的生活？这类问题的答案总是让人深思。如果你家里有幼儿园的小朋友，不妨试着去问问他们这些问题。你会发现，孩子们往往会给你一些既可爱又令人惊喜的答案。有的孩子会说他想成为奥特曼，有的则梦想成为芭比公主，还有的希望长大后能成为一名科学家、警察、探险家或者护士。有的孩子渴望长大后能过上富裕的生活，有的希望能够为国家做出贡献。这些答案充满了童真和梦想，让人不禁感叹孩子们的想象力和对未来的无限憧憬。

然而，如果你家里的孩子已经上了中学，再去问他同样的问题，你会发现他的答案发生了显著的变化。这时，孩子的回答往往带有一种迷茫和不确定感。他可能会说"我不知道"，或者"没想过这个问题"，甚至会回答"能考上大学就不错了"。

当听到这样的答案时，我们会有怎样的想法？孩子们最初总是怀揣着美好的梦想和无限的愿景，充满了对未来的憧憬和期待。我们不禁要问：究竟是什么因素和障碍导致他们逐渐放弃了最初的梦想？

这些回答反映出随着年龄的增长，孩子们面临的压力和现实问题开始增多，他们的梦想和期望可能变得更加实际和谨慎。这种变化让人感到一丝忧虑，同时也提醒我们去思考：作为父母，我们应当如何守护并引导孩子的梦想？如何以尊重孩子的独特特质和个人成长节奏为基础，陪伴并协助他们实现自我梦想，使他们能够最终成长为他们内心所期望的模样？

如果我们仅仅依据单一的标准和节奏来衡量孩子，常常会发现他们难以完全符合我们内心所设定的那个理想模型。在这种情况下，人们往往会轻易地将各种所谓的问题归咎于孩子本身。然而，现实情况却揭示了一个不容忽视的现象：孩子们的梦想正在这些预设的模型之中悄然消逝，他们不得不在陌生且未知的环境中不断探索与适应。作为父母，我们要感谢这些"问题"，因为它们向我们发出了重要的信号和警示——是时候更新我们的观念与评价体系了。

【案例分享】▶

给大家讲一个真实的故事：

男孩诚在我见他的前一天，差点儿闹出人命。警察和家人是从20层高楼上把他给救下来的。诚的爸妈跟我聊了他的故事，说这孩子小时候非常聪明，在他们当地是非常有名的小神童。小学成绩太出色，直接跳了一级，但一上中学，成绩就一般般了。重点是，父母和老师都认为他可以更好，因为他不太用功就能考个还不错的分数。每次开家长会，他爸妈都会听到老师念叨："这孩子聪明得很……就是心思没放在学习上，不然以后肯定前途无量。"

但是老师和父母从来没考虑过诚为什么在课上总是心不在焉，也不做功课。实际上是因为他觉得学校毫无生气，脱离实际，让他很厌倦，而学校的学习对他构不成任何挑战。

他自己是这样说的："我觉得学校生活很无聊，我会在别的课上做数学作业，但这些作业也都是雷同的题目，比如生物课，因为老师总是照着书本单调地长篇大论，所以我干脆就不做了。他们只关注考试，如果考了好成绩，会使劲夸你，然后回到学校要更加努力；如果考不好了，也是我的错，我觉得自己就是考试机器。他们从来不关心我想过什么样的生活。我觉得长大了也挺没意思的，大人的生活也很没意思，我不知道活着有什么意义。"

【案例反思】▶

当我听到诚这样表达他的感受时，心里很沉重。因为这样的话语，我已经不止一次地从不同孩子的口中听到过。这让我们深刻地意识到，孩子们在成长过程中所面临的困惑和压力是普遍存在的。与此同时，我们也可以看到，现在已经有越来越多的学校开始重视孩子们多元能力的培养和开发。他们逐渐增加了更多与现实生活紧密相连的社会研究和实践课程，试图帮助孩子们更好地适应社会，提升他们的综合素质。

在这个教育变革的过渡期，父母的角色变得尤为重要。我们需要与孩子们一起，共同创建一个属于他们的舞台，让他们在学习成长的过程中，可以有机会展示自己的才华和个性。

在咨询室里，一位家长也倾诉了他的烦恼。他说："我们从小就是这样走过来的，大家都遵循着同样的道路：努力学习，争取考上一所好的大学。这是一条大家都非常熟悉的道路。现在孩子们遇到的情况我们也没有经验可以借鉴啊,也不知道能做点儿啥。"这确实是许多父母在面对孩子迷茫时所面临的苦恼。

与孩子们共同创建属于孩子的成长舞台是一个大工程。但是有章可循:

1. 观察:孩子最感兴趣的是什么?老师和父母多去观察孩子的优势和特长,更好地了解孩子的天赋和兴趣所在。

2. 倾听:孩子最希望被理解的是什么?创造机会多倾听孩子自己的想法和渴望,更深入理解孩子的内心世界。

3. 支持:孩子最希望被支持的是什么?能给孩子们提供心理营养的安全成长环境,让他们在创造的过程中感受到爱、理解和接纳。

4. 合作:父母如何与孩子合作解决问题?挖掘孩子的个人潜力,让孩子有机会参与到更多的体验中,学会在差异中沟通,在合作中创造。

如果可以从这几点开始做,我们不仅能够帮助孩子们建立起自信和独立性,还能够为他们的未来打下坚实的基础。这是一项需要耐心和细心的工作,但最终的成果将会是孩子们充满自信和创造力的未来。

学习不仅是在学校发生的,生活中也充满了学习的机会。当学习的过程变得充满乐趣和吸引力,孩子们在学习中不仅能够获得更多的知识和技能,还能在与更多人接触和交流的过程中,体验到丰富多彩的互动与合作。通过与他人的交流、合作,孩子们不仅能够感受到学习的乐趣,还能在互动中增强他们的成就感和自信心。

这种积极的学习体验不仅能够激发孩子们的学习兴趣,还能促使他们在面对新的挑战时,更加勇敢和坚定地迎接困难,勇往直前。他们会在不断地尝试和探索中,逐渐培养出解决问题的能力和创新思维。通过这种方式,孩子们不仅能够在学术上取得进步,还能在情感和社交方面得到全面的提升和发展。

在上述案例中，我跟诚进行了几次谈话，他慢慢感觉到我跟他的父母和老师都不一样，我会比较关注他这个人的想法和感受。我不会强迫他一定去努力学习，而是先对他的梦想好奇。我问他："如果到了20岁，或者25岁，你可以过你自己喜欢的生活，那会是什么样的生活？"他说："我给你讲讲我写的小说吧。"原来，在他不想上学的日子，他在网上一直更新一部小说，已经写了十几万字。跟帖的人很多，都在催他更新。这个小说里有三个主人公：两个男孩，一个女孩。他们共同经营着一家店。这家店是专门接单来帮助别人解决一些特殊的心愿和困难的。他们三个人分工不同，彼此配合……透过他给我讲的小说故事，我进入到他内在的一个丰富的空间。透过他的故事，我看到了他的愿景在小说的主人公身上都一一实现，这个过程有曲折，但目标清晰。我对他表达了我的欣赏和肯定……

若干年后的一天，诚给我发了一张照片，是他大学毕业后和另外两个同学一起做了一件很有意义的事情被当地报纸报道了，我真心为他高兴。

当孩子的成长发展和我们理想的不一致时，父母和老师一般会比较关注传统的主线故事，比如：孩子不用心读书，孩子不去学校……后现代心理学强调这个问题故事之外的支线故事。就像这个男孩给我讲他在学习之外写的小说，小说里有他梦想的生活，这是很丰富的支线故事。

支线故事可以存在于过去，让我们重新审视那些在生命中被忽略但其实非常美好的片段。通过深入了解和探索孩子们的兴趣爱好，我们可以看见他们在过去的生命旅程中是如何尽情享受每一个瞬间的。这些被遗忘的记忆，如同散落在时光长河中的珍珠，等待我们去拾起。

支线故事可以存在于现在，通过与孩子们的日常互动，我们可以创造出与问题故事截然不同的体验和经历。这些新的体验逐渐累积，成为构建新故事的重要基石。每一次的欢笑、每一次的挑战、每一次的探索，都在为孩子们的成长故事添砖加瓦，让他们的生活更加丰富多彩。

支线故事也可以存在于未来。例如，通过引导孩子设想20岁愿景的故事，我们可以看到他们对自己未来的憧憬和规划，以及他们心中渴望实现的生命样貌。通过这样的方式，孩子们可以更加积极主动地规划自己的未来，让梦想在心中生根发芽，最终开花结果。

当我们问一个孩子："20岁的你，如果可以过着你喜欢的生活，那会是什么样的生活？"这样的问话尝试开启的是关于渴望、期待的故事线。在这条故事线里，人对自己生命所重视的内涵会逐一展开。

对于上面案例中的诚，我会问他：

"为什么想要成为这样的人？

"这样过生活，你感觉好在哪里？

"你最想让谁知道你有这个梦想？如果那个你最怀念的老师，知道了你的这个梦想，他会说些什么？"

在后现代心理学叙事疗法中，咨询师常常会运用一些充满好奇的问话来深入了解个案的内心世界。对孩子20岁的渴望感到好奇，重点不在于他20岁是不是一定能够达到他所期望的状态，因为人生是流动的，充满了变化，每个人的经历和环境都可能影响自身的成长轨迹，从而导致自己的目标和愿望发生变化。然而，通过这种好奇的探索，我们可以帮助孩子们打开一个新的视野，让他们更清晰地看到自己对自己的期许，以及对生命的渴望和期待。

这种探索与孩子描述的无聊生活和作为考试机器的状态截然不同，它能够激发孩子们对未来的憧憬，帮助他们找到更深层次的动力和目标。放在现在的生活里，能成为指引生活方向、支撑生命困境的重要力量。

【生活练习场】▶

去观察孩子，找机会去跟孩子聊一聊他对于自己未来的愿景，具体可以参考本章中的问题和对话，当然这个对话可能不是一次完成的，不同年龄的孩子，也需要父母耐心地观察和引导。也可以先来访问孩子：

1. 平日里，做哪些事可以让你觉得是放松和开心的？哪些是会让你觉得有成就感的？

2. 如果孩子回答是"玩游戏"，也没有关系，可以接着问：玩游戏让你最开心的是什么？玩游戏可以让你学到什么？透过孩子想谈的话题，慢慢展开对话。

3. 长大后的你，希望自己成为什么样的人？

4. 现在上学对于你成为这样的人会有哪些支持？

5. 现在的你如果在上学方面遇到了困难，你希望父母和老师可以理解你的是什么？支持你的是什么？

18 欣赏性探询的见证者

欣赏性探询，是 20 世纪 80 年代出现的一种正向的、看见优势的探询方式，其核心目的是发现人们及其所处系统中最优秀的部分。"欣赏性"这个词描述了探询的方式：探询是透过珍视的眼光、欣赏的视角进行的。这种方式不仅仅是对现有优势的肯定，更是一种积极的、正向的探询方式，它鼓励我们以一种积极的心态迎接并看待问题和挑战。而"探询"这个词则描述了一种探索和发现的行为，它是一种积极的、主动的行为，是乐于看到新的潜力和可能性的。

在家庭环境中，当父母采取一种充满欣赏和好奇的态度去观察和倾听孩子，或者鼓励孩子分享自己的经历和故事的时候，实际上是在帮助孩子深入探索和理解自己的内在心智模式、信念体系、核心价值观、内在动机，以及他们的希望和梦想。这种做法能够让孩子感受到被理解和珍视，从而增强他们的自信心和自我认同感。

当父母能够从一个珍视和强调优势的角度来看待自己和孩子，整个家庭的氛围和成员之间的互动都会变得更加积极和充满活力。这种积极的家庭氛围不仅能够提升家庭成员的幸福感，还能显著提高他们的整体表现和成就感。

【案例分享】▶

孩子上学一天，或者在学校一周回来了。妈妈见到孩子通常会表达关心："宝贝，今天作业多不多啊？"或者"这周在学校怎么样啊？"

第一句话就不用说了，当我们去关心作业多不多的时候，已经很让人心烦了。虽然是关心，但也很容易让孩子反感，甚至把对作业的情绪转移到父母身上；第二句话通常我们得到的回答是："好啊，还行吧。"这些可能并不是父母想听到的答案，但孩子通常都会这么回答。

所以，我们可以试着换第三种问话方式，也就是欣赏性探询的方式："今天在学校发生的让你最开心的事是什么呢？"这个问题会聚焦到一天之内发生的最好的事情上，孩子的思维会朝着不一样的方向去思考。

所以这三句话，我们可以感觉到第一句是比较反向关注的，第二句是比较中立的，而第三句是充满能量的。

【案例反思】▶

作为父母，我们内心深处最真挚的愿望是，我们与孩子的每一次对话、每一次陪伴，都能真正地支持到他们，给予他们心灵上的滋养和力量。为了实现这一目标，我们需要掌握一些做欣赏性探询的见证者的基本原则。

第一个原则：同时原则。探询和改变其实是同时发生的。父母首先要考虑，你的问话是让孩子泄气的，还是可以滋养到孩子的？当我们这样思考并这么做的时候，孩子的改变也会同时发生。比如，当你对孩子说："你刚看了5分钟书就又坐不住了。"孩子可能会把书扔掉。当你对孩子说："我看到你很认真地看了5分钟书。"孩子会因为自己被看见和肯定而愿意多看一些时间。所以，探询什么样的语言可以滋养到孩子，改变就发生了。

第二个原则：创造原则。我们关注的重点会成为现实，我们对事物的隐喻塑造了我们的信念，我们总是有意识地希望获得更多的而非更少的东西。我们可以思考一下，养育孩子时，自己是把注意力放在希望孩子产生更好的行为和结果上，还是放在其他我们不想看到的负面内容上呢？这点非常重要，因为很多父母想着希望自己的孩子成为怎样优秀的人，但在实际行动中，又不自觉地把关注点放在负面内容上。所以，只有当我们习惯于聚焦想看到的因素时，才更容易获得想要的结果。

比如，一个妈妈总是抱怨自己的孩子太悲观。注意，妈妈是用抱怨的方式在说孩子的问题。同时妈妈又经常对孩子说："你不能这样消极，你要多想想开心的事情。"大家可以感受一下，妈妈这样说的时候，带给孩子的感受是什么？孩子能体验到开心吗？如果父母对他是指责的态度，他又该怎么开心呢？所以，这个妈妈需要重新聚焦，想得到开心的状态，就要聚焦在开心的状态上。

首先，妈妈可以直接示范乐观和开心的状态，自己先有一个乐观的心态，更坦然地面对孩子。其次，去直接欣赏和肯定孩子。最后，妈妈要关注一下，在什么情况下，孩子是比较乐观和开心的，并直接指出来，把看到的反馈给孩子，强化孩子的正向体验。这样，妈妈就成为欣赏性探询的见证者了。

第三个原则：积极原则。当我们感受到积极的情绪时，积极行动的可能性会更大。

心理学上有一项研究：积极情绪能够帮我们获得健康、富有弹性和最佳的表现。比如，当我们希望表现得更好时，就更可能做到；当我们被告知表现得好时，就可能继续尽力做好。但这也意味着要做大量的积极关注，通过肯定式的提问来发现令人振奋的故事。

我们举个例子来说明一下，看看怎样的问题对孩子会更有帮助。比如，孩子考了一个令自己和父母都不满意的分数，回到家里，一种情况是，妈妈虽然很失望，但还是压住自己的火，说："为什么这么多题都错了？看看哪些是不该错的，下一次要吸取教训。"

另外一种情况是，妈妈看了看孩子的卷子，然后说："我们来看看哪个部分要努力提升，你掌握得不错的方面又有哪些，我们下次继续保持。"

大家感受一下，这两种交流方式，哪一种更能帮助孩子达成目标呢？我们会发现，能让孩子听起来振奋的、愿意更加努力的，明显是第二种交流方式。

很多父母会简单认为，欣赏孩子就是夸赞孩子，这是一个误区。欣赏性探询是积极心理学和优势方法的组合，它不仅仅是一种方法或者技术，更是一种充满创造性并且能激发潜能的态度。在这个过程中，当父母成为欣赏性探询的见证者时，就像在生活中进行了一些小型仪式。通常，这种仪式感能够以非常强烈和形象的方式，为孩子赋予力量。除了做见证者，父母还要做孩子的激励者，这样孩子才能在自己的舞台上更加自信、独立，为自己负责。

父母了解了这三个重要的原则：同时原则、创造原则和积极原则。具体怎么做孩子的见证者和激励者，我给出几个方向，供父母参考：

1. 父母创造让孩子放松和快乐的环境，孩子才愿意和父母待在一起。如果家庭氛围很温暖和放松，家庭活动也很有趣，那么，孩子才会愿意加入进来。比如，一个孩子说，之前家里是冷冰冰的，回到家里，自己也提不起劲来。但后来，父母调整了状态，妈妈很温柔地跟她说话，爸爸也参与进来辅导她的学习，孩子就很愿意待在家里了。

2. 行不言之教——最好的教育不是通过言语来传授知识或道理，而是通过我们的行为来示范。如果父母能毫不掩饰自己在音乐、运动、手工、烹饪或美术等方面的兴趣，孩子也会在他们的影响下喜欢上同样的东西。爱好也是会传染的，尤其是孩子小的时候，会潜移默化地受到大人的影响。就像我们看到很多跳广场舞的奶奶可以带出跳舞小天才。父母爱看书，孩子就会拿起书。父母爱拿手机刷视频，孩子也会抱住手机不放。如果你刷着视频去对孩子说"快去写作业"，多半孩子心里是抗拒的。

3. 鼓励孩子们积极参与到家庭计划的制订过程中，尽管他们可能无法拥有最终的决定权，但至少可以拥有一定的发言权。许多父母习惯于直接安排好家庭计划，认为与孩子讨论这些事情会浪费宝贵的时间，希望孩子能够利用这些时间去学习或者做他们自己的事情。实际上，孩子们需要学会如何制订计划，这是一项非常重要的技能。因此，让孩子参与到家庭计划的制订中，本身就是一个非常重要的学习机会。通过这种方式，孩子们可以逐渐意识到，将来有一天他们将成为自己生活舞台的主人，他们会因此而拥有更多的信心去规划自己的生活。当孩子们看到自己的意见被听取和尊重时，他们会感到自己在家庭中扮演着重要的角色，从而增强他们的自信心和自我价值感。

4. 用鼓励代替指责，督促代替强迫。鼓励可以帮助孩子建立自信，激发他们的潜力，使他们在面对困难和挑战时更加坚韧和积极。父母的支持和鼓励不仅能让孩子感受到关爱和理解，还能帮助他们建立起积极向上的人生态度。父母的督促应当是温和而有鼓励性的，旨在激发孩子的内在动力，而不是简单地施加压力。父母在提出要求时，必须考虑到孩子的实际能力和心理承受能力，确保这些要求在孩子的能力范围之内。如果要求过高，超出了孩子的能力所及，可能会引发孩子的抗拒情绪，甚至导致产生挫败感和自卑感。

5. 多听听孩子的声音。如果孩子说到此为止，要遵从他们的声音。无论是在精神上还是在身体上，强迫孩子突破极限会激起他们对该活动的厌恶。我的女儿在第一次学游泳的时候，比较胆小，迟迟不敢入水憋气，教练当时直接把她按到了水里。她虽然学会了游泳，但回来之后大哭起来，再也不愿意去游泳馆了。最后，我重新给她找了一对一教练，进行了对游泳厌恶的脱敏过程，她才重新愿意去游泳。

6. 与孩子进行不定期的沟通和对话，而不是一味地对孩子进行说教，是非常重要的。通过这种方式，我们可以更好地了解孩子这个人，了解他们的想法、感受和需求。这比单纯地让孩子去做某件事情要重要得多，因为只有真正的了解孩子，我们才能更好地引导他们，帮助他们成长和发展。

时刻谨记：生活不是竞争。比如：如果你想培养孩子各式各样的兴趣，就不要记录他得了多少分，拿了什么证，也不要要求他们表现得完美无瑕，因为这会显得你更关心目标达成而非孩子本身。这些活动的目的是拓展能力、学习新知识、享受乐趣，我们要让孩子始终相信，有些事情，即使你不擅长，也可以乐在其中。

每个孩子都希望自己可以出类拔萃，父母的任务就是为他们奠定基础，请来优秀的老师，创造机会。比如，有一个孩子喜欢运动，我让他挑一个最喜欢的运动，他说喜欢跳绳，我就建议他的爸爸妈妈给他找了离家近的团队。我对他说："这是你自己选择的运动，爸爸妈妈是不能参与也不监督你的。"过了一段时间得到父母的反馈，这个孩子每天早上6点起来去跳绳，一直坚持得很好。并且他很快在那个团队里脱颖而出，还交了两个好朋友，很有激情。

很多家长也许会问：如果孩子面对一项新的任务，容易退缩怎么办？我们该怎么欣赏性探询呢？这个时候，父母首先要管理好自己的情绪，觉察一下自己有没有着急，有没有担心，先花一点儿时间去照顾一下自己的情绪，把问题转念为机会——做智慧父母的机会来了！然后想想：我可以怎样给孩子加油打气？做点儿什么是对孩子有帮助的？比如，一个爸爸在孩子不愿意运动的时候，没有急于给孩子压力，而是自己先参加了一个登山队，每周去爬山，回来跟孩子分享自己的感受。然后，他邀请孩子加入他日常的体能训练。孩子在爸爸的影响下，也坚持得很好。他说，很佩服爸爸，自己也有想退缩的时候，但每次看到爸爸坚持去锻炼，他还是跟上去了。

【生活练习场】▶

选一个温馨的时刻，全家人在一起进行家庭对话，找一个记录员做记录。每个人可以分享自己看到每个家庭成员为这个家做的贡献和他独特的地方。让家庭成员有机会认识到每个人的独特价值和对家庭的重要性。

1. 每个人轮流说出其他所有家庭成员最值得被欣赏的地方是什么，对家庭做的最大的贡献是什么。

2. 当听到自己被家人看见和欣赏的时候，说说自己最触动的是什么。

3. 除了刚才分享的，每个家人都可以说说自己最希望被家人看见的是什么。

4. 每个人说说自己希望被家人理解和支持的是什么。

5. 未来，大家可以如何在一起做家人是全家人希望看到的。

19 启发孩子的创建思维

父母是否有这样一个信念：孩子从很小的时候就要做好人生规划，这样孩子在成长的过程中才能少走弯路，将来也能少吃些苦。那么，究竟应该如何进行人生规划呢？许多人可能会产生误解，认为所谓的人生规划就是好好读书，争取将来能够进名校，找到一份理想的工作，这样人生基本上算是圆满了。

过去在大家提到"人生规划"的概念时，职业规划占据了非常重要的位置。我们可能还记得父母常说的，长大后要找一个铁饭碗，这样的人生才有保障。我们小时候接受的教育，基本上是依托父母、老师和社会的成功经验显化出来的一条隐形的路径来规划人生的。

实际上，许多家长已经开始意识到一个令人担忧的现象：不知从何时开始，那些毕业于顶尖名校的学生们也可能会遭遇就业难题。甚至在很多情况下，这些大学生们还未正式毕业，就已经不得不面对转行的挑战。相当一部分学生不得不选择继续深造，攻读更高的学位来缓解就业压力。

在即将到来的 AI 时代，职业的更替只会比过去更加快速。过去可能十年二十年才会更新的岗位，现在只需要三年五年就淘汰一批旧的岗位。那么我们如何重新来规划我们的人生呢？我们开始从以职业为中心去设置要达成的目标，转向了以人为中心去设计我们的人生。我们生活在知识不断更新、计划没有变化快的时代。没有唯一不变的真理，也就没有唯一正确的人生版本。如何在充满变化和不确定的世界里，打造出自己更精彩和有意义的人生？这是设计人生所关注的方向。

——我是谁？

——我喜欢什么？

——我要成为谁？

斯坦福大学青少年研究中心曾经做过一个调查，有大量数据研究表明：在 12 岁到 26 岁的人之间，大约只有 20% 的人对于他们擅长什么，将来想要做什么以及取得什么样的成就有比较明确的想法，剩下的大多数的人其实并不是很了解自己。

斯坦福大学人生实验室的创始人比尔·博内特和戴夫·伊万斯告诉我们：在生活中，会有无数问题不停地出现，而我们亟须对自己进行人生设计。在设计人生的过程中，我们能够了解自己究竟想要什么、想成为什么样的人，以及如何拥有自己理想中的生活。

【案例分享】▶

有一位爸爸带孩子来咨询，跟很多来咨询的孩子不同，这个孩子很自在地坐在咨询室的沙发上，看起来不太像有问题的困扰。爸爸说孩子中考成绩很好，考上了一所重点高中，但刚去了两周就不愿意去了。没等我开口问,孩子就主动接着爸爸的话说:"我只是不想去这个学校,并不是不想上学,这个学校不是我想上的。"爸爸着急了:"那你想去哪儿?这已经是重点高中了,教学质量和升学率都很高,老师也很负责任……"孩子说:"我没想好去哪儿,但我知道我不想去这儿……"

后来,我在和这个孩子沟通的过程中,发现这是一个非常了不起的孩子,他说:"我爸爸妈妈都是名校毕业,但他们现在过的生活不是我想过的生活。虽然我还没有想好我要做什么,但现在老师天天说要好好学,考出好成绩,将来考到理想的大学。我现在都还不知道我想干什么,所以没有办法把老师的期待当成我的理想,不知道为什么要努力学习,所以我需要先想想再说怎么上学……"

这个孩子能清晰地感受到自己当下的卡点,也就是他可以共情到自己学习的感受和需要,并把自己的思考和想法表达出来,他的意识可以说是非常"超前"的。他放弃了一个比较常见的人生版本:按照老师和家长设计好的愿景,按部就班地考上被认可的大学,实现外界给他设定好的每一个梦想。但他可能有一天发现自己一点儿也不快乐,却还要做自己不一定喜欢的工作。

其实,没有人真正知道自己想要做什么,即便你说你想当教师、医生,这些也都是一个模糊的方向。因为过去做医生、教师和现在、未来做医生、教师是不一样的。人的一生中,会有无数问题不停地出现和变化,人们需要的是一个过程——一个人生设计的过程,在这个过程中,找到自己究竟想要什么、想要成为什么样的人,以及如何拥有自己理想中的生活。

【案例反思】▶

斯坦福大学开设了一门非常受欢迎的课程,名为《人生设计课》。课程的目标是"如何运用设计思维,发现自己未来想做什么"。这门课程吸引了众多学生和教职员工的兴趣,因为它不仅是一门普通的学术课程,还是一门旨在帮助人们更好地规划和设计自己未来人生的课程。

过去我们会有一个信念:获得成功就会感到幸福。但现在越来越多的年轻人已经开始意识到这是一个误区。他们开始重新定义真正的幸福源于有意义的人生。就像过去我们相信你学什么专业,你将来就做什么工作,但后来我们发现3/4的大学毕业生最后从事的工作都与他们所学的专业无关。

现在很难有哪条路是百分百正确的,重要的是我们可以怎样去设计我们想过的人生。人生的容错率很高,没有哪条路是非走不可的,不同的阶段、不同的情况都会让人生目标达成的过程发生改变。但是如果我们用设计思维来决定人生规划,更容易做到更有趣且没有痛苦的决策,就像玩游戏一样,探索游戏本身就是一个快乐的过程。

以上面的例子为参考,当那个孩子开始停下脚步,静下心来认真思考自己为什么要学习的时候,他开始重新审视和设计自己的人生。

我们在咨询中,从他的思考开始探索:

父母的人生版本给了他什么样的启发?

对他来说,哪些人和事是最重要的?

他在做哪些事的时候曾经有心流状态?

做哪些事是让他可以全身心投入并感到能量充沛的?

做哪些事让他觉得自己是有价值和意义的?

做哪些事对自己是有消耗的？

当能量消耗的时候，需要用什么方式来重新补充能量？

我们在谈论这些话题的时候，他开始对自己的生活和人生投入了更多的关注，也会有很多对人、对关系、对人生的见解和看法。当然在现实中，他的爸爸也非常支持他的探索，给他重新调整了学校的班级，从重点班调到了普通班，为他争取更多自己的时间和空间。我们也列举了几个他希望尝试的选项，比如学他喜欢的语言，学习音乐制作，还把之前丢了很久的声乐重新捡起来。设计人生中很重要的一个环节是让自己有更多选择，然后在这些选择里决定一条路试试看。他的家长也支持他去——尝试，最终找到了他期待的方向。真正的人生设计高手是先花时间列出自己的选择项，然后摸清情况，体验感受，最后再找到自己可以全力以赴的方向。

当他再回到学校上课的时候，每一天都是开心的，他说现在知道了自己的方向，学习也是轻松的。他原本就很聪明，当带着不断尝试的态度去学习的时候，他在保持兴趣的同时可以考到班上的第二名。他知道无论学什么，都是在为自己的梦想而学习。

并不是所有的孩子都能拥有如此幸运的机会，同样，并非所有的家庭都能理解并支持孩子在高中这个关键的学习阶段，允许他们有一段时间的暂停和迷茫。然而，这种停留和探索对孩子们的一生都可能产生深远的影响。他带着设计思维的理念，重新改写了他的人生版本。

当然，从传统的思维模式向新的观念转变并不是一件容易的事情。传统的职业规划思路通常是这样的：首先，要专注于自己的初心，找到那个最适合自己的职业选择；然后，做出决定，并且全力以赴地去实现它。然而，随着时间的推移，我们越来越难以确定什么是真正最适合自己的。这是因为世界在不断变化，新的职业和机会不断涌现，而我们的兴趣和能力也在不断变化。

相比之下，人生设计的思路则有所不同：首先，从人的感受和需要出发，重新定义问题，不再局限于传统的框架；接着，寻找尽可能多的可能性和选择，而不是仅仅局限于一个选项；然后，选择一个方向进行快速尝试，通过实践来验证这个选择是否合适，直到最终找到成功之路。这种方法强调灵活性和实验性，鼓励我们不断探索和调整，直到找到真正适合自己的道路。

因此，我们可以学习并采用设计思维来设计自己的人生，而不是一味地遵循传统的职业规划路线，选择一条路，然后一直走下去，直到退休。设计思维鼓励我们保持开放的心态，不断探索新的可能性，通过不断地尝试和调整，找到最适合自己的生活方式和人生方向。这种方法更灵活，更能适应不断变化的世界，帮助我们在复杂多变的环境中找到自己的位置。

培养设计思维要从心态开始。《人生设计课：如何设计充实且快乐的人生》这本书，探讨了五种基本心态的重要性，这些心态是构建一个充实且快乐人生的基石。父母可以在日常生活中，多和孩子一起不断实践。

1. 保持好奇心：好奇心是人类探索未知世界和发现自身兴趣的关键所在。它像一股不可抗拒的力量，激发我们内心深处的探索欲望，驱使我们不满足于现状，总是渴望获取更多的知识和经验。好奇心让我们对生活充满热情，不断追求新的学习和成长机会，从而不断拓展我们的认知边界。

2. 不断尝试：将目标付诸行动，勇敢地尝试新的事物，可以极大地扩展我们的视野和丰富我们的经验。这种积极尝试的心态帮助我们避免陷入空想的陷阱，通过实际行动来学习和进步。每一次尝试都是一次宝贵的经验积累，让我们在不断的实践中成长和提升。

3. 重新定义问题：在人生设计的过程中，我们需要学会从不同的角度审视问题，这有助于我们发现新的解决方案和潜在的机遇。重新定义问题不仅是解决问题的有效策略，也是一种创新的思维方式。它要求我们跳出传统思维的框架，以全新的视角看待问题，从而找到更多可能。

4. 保持专注：专注于过程可以帮助我们在面对复杂和混乱的生活时不轻易放弃。理解人生设计是一个持续的过程，可以使我们避免因短期挫折而泄气。专注让我们更加投入于每一个细节，从而在过程中不断优化和调整，最终达到我们的目标。

5. 深度合作：在人生设计中，与他人合作是至关重要的。深度合作意味着在这个过程中，我们不是独自前行，而是找一个支持者，我们可以和他谈论现在正在做的事情，分享彼此的想法和经验。这种合作可以是组建一个团队，也可以是创立一个社群，共同推进我们的人生设计。

这五种心态不仅仅是设计思维中不可或缺的基本技能，更是我们在追求一个充实且快乐人生的过程中至关重要的指导原则。通过积极地培养和不断地实践这些心态，我们可以更加有效地设计自己的人生蓝图，使其既贴合我们个人的兴趣爱好，又能为我们带来满满的成就感和深刻的满足感。

【生活练习场】▶

父母可以尝试为自己的人生设计三个可替换选择的生活版本：

1. 你目前已经在做的事情，按部就班地做下去，五年后会得到什么？

2. 如果你突然无法从事现在做的工作，你会选择去做什么？

3. 在不考虑金钱、形象及其他方面的情况下，你想做的事情或者想过的生活是怎样的？

> 一旦你开始在脑海中描绘出这三个选择,其实就意味着可以有更多的选择。当我们把三种不同的人生规划都详细地列出来,我们就能清晰地明确未来需要完成哪些事情,从而能够逐步实现我们的梦想。在这个过程中,我们需要放下对所谓最佳方案或者终极方案的执念,一步一步地去实现我们的目标。我们不仅仅是在寻找问题的答案,更是在练习如何接受、探索问题,并对各种可能保持一种好奇心和开放的心态。父母的好奇和开放,会在很大程度上影响到孩子主动探索自己想过的人生。我们会在不断变化的世界中找到属于自己的位置。

20 家庭实践剧场:家庭幸福树

在为家长们开展家庭教育的讲座时,我常常会邀请父母思考对孩子未来的期待。大部分父母都说,他们希望自己的孩子能够成为一个成功的人、一个快乐的人,将来可以过得幸福。实际上,这些形容词所描述的状态并不是永恒不变的,很多时候,我们并没有办法完全掌控外界的变化。在信息时代,我们每天都面临着各种各样的外界信息的冲击,社会的不断变迁,环境的持续变化,这些因素都不是我们能够掌控的。但是,我们可以努力成为一个拥有幸福能力的人。这种能力意味着无论外界环境如何变化,我们都能够保持内心的平和与满足,能够积极应对各种挑战,从而在不断变化的世界中找到属于自己的幸福和成功。这是我们可控的部分。

积极心理学的奠基人马丁·赛里格曼,被誉为"积极心理学之父",他通过大量的研究和实验,提出了一个关于幸福的模型理论:PERMA 模型。这五个字母代表了体验持久幸福所需具备的五个基本要素：积极情绪（Positive Emotions）、投入（Engagement）、人际关系（Relationships）、意义（Meaning）、成就（Achievement）。

积极情绪（P）包括开心、喜悦、希望、爱和幸福等。当我们和自己喜欢的人在一起或者有机会实现自己的兴趣爱好的时候更容易体验到积极情绪。

投入（E）指的是我们用心投入做某件事情时达到的"心流"状态，当我们在从事自己喜欢并且擅长的事情的时候更容易达成这个状态。

人际关系（R）包括家人、朋友、同学等关系。在一段健康积极的人际关系里，我们会感受到被理解、被支持、被重视和被爱。健康的人际关系会让我们身心愉悦，感觉到自在和舒服。

意义（M）就是去探索你的人生目标和对你重要的意义感和价值感。当然每个人对意义的定义不同，意义是由个人价值观所引导的，我们要花时间去探索你热爱的事物。

成就（A）可以说是整个幸福创造过程的结果，既包含外在的社会的期许，也包含内在的成长和富足。

作为成年人，我们可以参照这些标准来评估和审视自己的生活状态。具有幸福感的父母更容易养育有幸福感的孩子。孩子们的成长过程，往往会受到各种无形力量的影响，这些力量主要来自家庭、学校和社会这三个重要的环境。然而，作为父母，我们唯一能掌控和负责的，便是家庭这个至关重要的环境。为了培养出具备幸福感和幸福能力的孩子，父母们需要深入观察和思考，了解所提供的家庭生态环境是否适宜和有益。

只有在充满幸福的土壤中，才能孕育出幸福的花朵。家庭就是孩子成长的土壤。父母养育孩子，用一个字来代表就是"爱"。父母都是爱孩子的，但

"爱"是一个动词，是需要通过实际行动来表达和体验的。

我们可以一起反思看看我们的"爱"：

在平凡的生活里，父母是如何表达爱并让孩子感受到的？

父母做的哪些行为是孩子需要的爱的行为？

除了爱孩子，父母会怎么关照自己、爱自己？

父母之间会怎样表达爱？会做些什么让对方感受到爱？

在挑战或不如意的生活里，父母是如何带着爱来面对的？

父母的爱是通过体验和示范传递给孩子的。如果父母表达爱的方式是指责和批评（有些父母也不是故意要这样做，而是习惯了用这样的方式来要求、鞭策自己），那么孩子就学会了谴责和挑剔别人，也会觉得自己不够好。如果父母表达爱的方式是鼓励和肯定，也接纳孩子做得还不够好，不完美，那么孩子就学会欣赏和肯定别人，也会接纳自己，愿意带着不完美继续学习。

爱是一种家庭文化。而家庭文化就像空气、土壤一样，影响着孩子的成长。

我们常说："家庭是孩子的第一所学校，父母是孩子的第一任老师。"我们要怎么发挥家庭和父母的影响力呢？父母的责任很大，也很辛苦。但父母不断地学习，也是在不断地完善属于你们家族的家庭文化。

我们可以一起来看看：

你们的家庭世代重视的是什么？

你们的家庭成员一直在努力的是什么？

这些努力是为了打造一个怎样的家？

你们家庭未来的发展，要做怎样的调整？

家庭文化通常涵盖了在世代传承过程中逐渐形成并稳定下来的各种元素。这些元素包括但不限于家庭成员共同遵循的生活方式、生活作风、传统习惯、家庭道德规范以及为人处世的基本原则和方法。这些要素在家庭成员的日常生活中潜移默化地发挥作用，影响着家庭成员的价值观、行为模式和情感交流。一个健康的家庭文化能够为家庭成员提供一个温馨、和谐、充满爱的环境，使每个人都能在其中感受到归属感和安全感。具体来说，我们该如何打造良好的家庭文化呢？

家庭文化的核心在于以爱为基础，通过四个重要的维度将这种爱转化为具体的行动。

第一个维度：欣赏文化。

创造欣赏的家庭文化，不仅表现在父母对孩子的欣赏，还包括其他家庭成员之间彼此的欣赏，让每个家庭成员都感到被尊重和珍视。这种文化不仅仅体现在言语上的赞美，更体现在日常生活中对彼此的关心和支持。当家庭成员之间能够相互欣赏，彼此的差异就不再是冲突的源泉，而是相互学习和成长的机会。每个孩子都有自己独特的性格和优点，他们都很聪明，但每个人的优势和擅长的领域是不同的。作为父母，我们不应该只关注孩子在哪些方面表现不佳，而更应该看到他们在哪些方面有出色的表现。如果每个人都用自己的喜好去要求身边的人，那么家庭中一定会充满冲突和矛盾。

因此，作为父母，我们需要思考一下：我们对孩子的期望是否符合他们的优势和擅长的领域？

我们是否真正看到了孩子的优点，并给予他们应有的欣赏和支持呢？

父母可以参考以下几点来做：

1. 和孩子平等对话。

2. 倾听并理解孩子的感受。

3. 充分尊重孩子的需求。

4. 支持孩子的选择和行动。

5. 父母对孩子要慎重地承诺，一旦承诺，就一定做到。

第二个维度：信任文化。

古人说："人无信不立。"信任文化在家庭中体现在两个方面：

1. 让孩子感受到父母是可以信任的人。

2. 父母要信任孩子。

我遇到非常多的孩子在咨询室里，会告诉我很多关于他自己内心深处的迷茫。作为父母要思考一下：作为孩子最亲近的人，是什么原因让孩子不愿意对自己袒露心声？陪孩子成长的过程中，孩子遇到困难不可怕，他们更需要的是有人可以信任和支持自己。

当孩子有情绪的时候，信任会让你接纳他，其实不需要你做什么，只需要一个拥抱就能化解。当孩子有困难的时候，信任会让亲子关系更加紧密，共同克服困难，找到办法解决。

第三个维度：希望文化。

这点对孩子的成长来说是非常重要的。尤其是对于这个快节奏的时代，很多孩子不知道人生的意义，所以会在遇到困难和挫折的时候，轻易地选择放弃，甚至放弃自己的生命。所以在家庭里，希望文化是很重要的。父母可以在生活中找机会经常问问孩子：

当你做什么时，你觉得最有意义、最开心？

你自己觉得你有什么优点？

在你犯过的错中，你学到了什么？

你最喜欢的书、电影是什么？为什么呢？

你最喜欢的游戏是什么？在打游戏的过程中你学到了什么？

通过这样的提问、思考，一起探讨，你会发现家庭不同成员的梦想，孩子对未来、对世界也是充满希望的。

第四个维度：责任文化。

每个人都应该对自己的行为负责，承担起自己应尽的责任。每个家庭成员都可以为家庭贡献出自己的一份力量。孩子们在成长的过程中，能够感觉到自己为家庭做出一些贡献，哪怕是一些微不足道的事情，无论是帮忙做家务，还是在学习上取得好成绩，都能让他们感受到自己对家庭的重要性。他们也会从中获得成就感和自信心。这种感觉会让他们觉得自己是有价值的，他们才能在成长的过程中建立起积极的自我认同。父母可以多跟孩子表达感谢：

谢谢你愿意帮妈妈做家务，让妈妈感觉到有小助手帮忙很轻松。

谢谢你愿意承担属于你的责任，在做学生的年纪认真地学知识。

谢谢有你在，让爸爸妈妈感觉到我们家很有活力，很有希望。

谢谢有爸爸在，让我们可以感觉很安全。

谢谢有妈妈在，让我们可以感觉很温暖。

邀请父母从以上这四个维度来构建和培养你们的家庭文化。孩子在这样的家庭生态中可以生长成他们自己期待的样子。在《高效能家庭的七个习惯》这本书中有一句话："成功的家庭是不会凭空出现的，它需要你的每一份精力、才能、渴望、远见、决断。"你真正在乎的事情，都需要投入时间、思考、计划和优先权。所以，父母要为家庭投入非常多的智慧。当然，这些智慧也会影响孩子的未来。

有些家长会发现，孩子们经常会向父母提出各种各样的需求，想要得到他们渴望的东西。在这种情况下，作为父母，我们应该如何正确引导他们呢？父母可以向孩子传达这样一个信息：你所渴望的东西，你完全有可能拥有，但并不是所有东西都必须依赖父母来给予。很多时候，这些东西需要你自己去创造和实现，但父母会一直全力支持你。

有的愿望我们只需要花费很短的时间，比如，你想要桌子变得整洁有序，那就去整理，很快就可以实现。而有些愿望则需要花费更长的时间和更多的努力，比如，你希望像隔壁哥哥一样能够弹奏好听的钢琴曲，我们了解他已经练习了超过十年的时间，这需要你持之以恒地坚持和努力。

我经常对孩子说的一句话是："预测未来的最好办法就是你把它创造出来！"孩子也很喜欢这句话，为了防止随着时间的流逝而逐渐淡忘，我鼓励孩子将它写下来，并贴在显眼的地方。这样，它就容易变成孩子心中的一种信念，时刻提醒和激励他追求自己的梦想。

为了构建一个真正属于你们家庭的独特文化，父母可以陪伴孩子一起，帮助他们发展各项能力和培养各种优秀的品质。在探讨家庭文化时，我们可以将其比作一棵树，欣赏、信任、希望和责任这四个维度可以被视为树的根部或土壤，为家庭文化的生长提供坚实的基础。正如树根和土壤为树木提供必需的养分和支撑一样，这四个维度在家庭中扮演着至关重要的角色。除此之外，你们还可以根据家庭的实际情况，列出一些你们特别重视的文化元素或品质，比如诚信、勇敢、善良等。

在创意方面，全家人可以尽情发挥，用一张纸画出一棵幸福树，或者找一张大大的海报纸来绘制。如果你们有足够的创意和勇气，甚至可以在墙上直接画出这棵幸福树。每当你们发现孩子坚持了某个良好的行为或习惯，就在树上加上一片叶子，以示鼓励。如果孩子能够坚持一周，那么就可以在树上添加一个苹果或其他形式的果实，作为奖励。通过这种方式，孩子会亲眼看到自己的努力和进步，看到这棵幸福树越来越茂盛，从而感受到成就感和家庭的温暖。

在观察孩子的行为和品质时，我们可以参考积极心理学提出的六大类共二十四个积极心理品质，这些品质可以作为我们日常生活中行为和品质的指南，慢慢增加到你的家庭幸福树上。

1. 智慧和知识：创造性、好奇心、开放思想、热爱学习、有视野(洞察力)。

2. 勇气：真诚、勇敢、毅力、热情。

3. 仁慈与爱：友善、爱、社会智能。

4. 正义：公平、领导力、团队精神。

5. 修养与节制：宽容、谦虚、谨慎、自律。

6. 精神卓越：欣赏、感恩、希望、幽默、信仰。

在绘制幸福树的过程中，实际上也提供了一个与孩子进行深入沟通和交流的宝贵机会。我们可以借此机会与孩子一起探讨他对这个品质的理解，我们还可以询问孩子，他认为自己的哪些行为有助于强化这个品质，并且在哪些方面觉得自己还有进步的空间。通过这样的对话，我们不仅能够更好地理解孩子的内心世界，还能够引导他进行自我反思和提升。

此外，我们还可以鼓励孩子分享他的幸福树，看看他的朋友们是如何理解、学习这个品质。这样的互动不仅能够拓宽孩子的视野，还能够增强他与同龄人之间的交流和理解。通过家庭成员的共同努力和灌溉，家庭幸福树可以在每个家庭中茁壮成长，结出丰硕的果实。这样的过程不仅能够增强家庭成员之间的感情，还能够共同营造一个更加和谐、幸福的家庭生态环境。

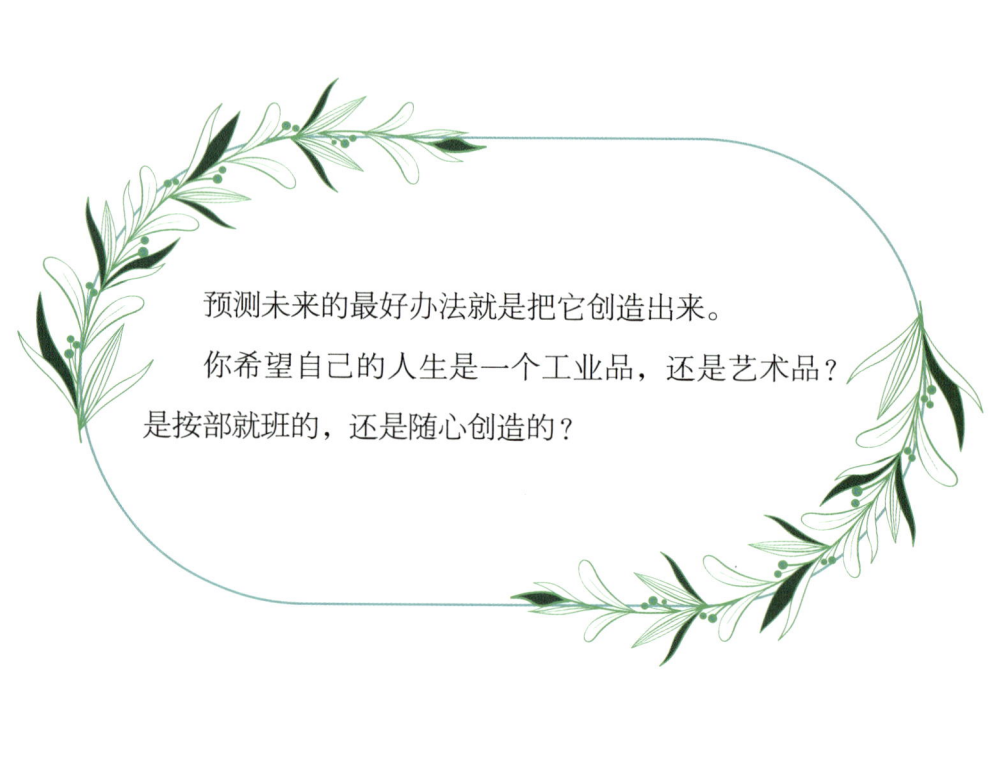

预测未来的最好办法就是把它创造出来。

你希望自己的人生是一个工业品,还是艺术品?

是按部就班的,还是随心创造的?

第六章
对话力：学习好好说话

21 亲子关系中的对话

作为父母，你是否曾经有过这样的烦恼和抱怨：

"这孩子怎么这么不听话呢？明明给他说过很多遍了，就是不长记性。"

"这孩子遇到什么事都不说，问他怎么了，他还会表现得不耐烦，就是不愿意说。"

"我家孩子倒是愿意说，但每次他说话我们都不知道怎么接话。说不好了，还会发脾气。"

我在咨询室里听过很多孩子也表达过类似的烦恼：

"我跟我妈没什么好说的，她根本都听不懂我在说什么。"

"我爸妈现在一张嘴我都知道他们要说什么，我都烦死了。"

"我遇到问题宁愿和网友说也不想跟家人说，说了他们也不理解。"

语言交流是我们在日常生活中进行沟通和相互了解的重要工具。当父母和孩子之间无法顺畅地进行对话和交流时，他们就会失去了解彼此内心世界的机会。随着时间的推移，这种沟通的缺失会导致他们的心理距离越来越远，彼此之间的关系就好像进入了一个恶性循环：越不愿说，越不理解；越不理解，越不想说。这样的循环不仅会损害家庭成员之间的感情，还可能导致更多的误解和矛盾。

在家庭生活中，能够和家人好好说话并不是一件简单的事。很多时候，父母也渴望能够与孩子进行深入而有效的沟通，但往往发现自己找不到恰当的方式、方法，甚至在不经意间就关闭了彼此之间的沟通大门。通常情况下，我们在说话的时候，往往会不假思索地脱口而出自己想要表达的内容，而没有深入思考这些话语背后真正的意图和动机。我们没有意识到，那些看似随意的话语，可能将对话推向一个我们并不希望看到的方向。

【案例分享】▶

情境一：小东在吃晚饭的时候，跟爸妈聊最近班上同学的八卦。一开始，爸爸妈妈很有耐心地听着，小东就从同学聊到了班主任，说班主任太严厉，今天检查作业让好几个同学都站外面了，又聊到了几个同学约着放学去其中一个同学家里打游戏，但他们没有叫自己……爸爸说："他们没叫你不是正好？他们打游戏，你回来写作业。"妈妈说："你们班主任对你们严点儿是好事，你们都初二了……"小东发现跟爸妈聊完更郁闷了……

情境二：小希在放学路上跟妈妈说："我们班那个同学烦死了，他跟别的同学说我的坏话。"妈妈听了说："那你以后别跟他玩了。"接下来就是沉默……妈妈发现小希低着头不开心，就接着劝小希："你们班那么多同学，他总不能跟所有的同学都说你的坏话吧？你别想那么多，把心思用到学习上，就不会在意别的那么多了……"

小希后面没有再说话，从这以后，小希经常请假不愿意去学校。妈妈着急了，问他为啥不愿意去学校，小希说："不为啥，就是不想去了，说了你也不理解。"

情境三：今天发卷子，小南这次考试成绩不理想，放学到家就把自己关到屋子里玩手机。妈妈看了很火大："你这成绩，就是玩手机玩的了。"见小南不说话，妈妈过去把手机拿过来要收起来，小南就跟妈妈抢，两个人发生了很大的冲突，晚饭谁也没有吃。妈妈事后对爸爸控诉："这孩子就是玩手机上瘾了，现在成绩也一塌糊涂，这手机必须没收……"

在上述提到的三个不同的情境中，相信父母会有一些自己的想法和感受。

在第一个情境中，小东非常愿意与自己的父母分享在学校中经历的各种事情。这些事情包括了他在学校里遇到的有趣的事情、令他感到困扰的问题，以及他所面临的烦恼。小东希望通过与父母的交流，能够得到他们的理解和支持。而父母用讲道理的方式来回应小东，试图通过理性分析和解释，让小东能够接受现实情况。这种方式忽视了小东当时的情绪状态和内心的真实需求。小东在倾诉完自己的感受之后，反而感到更加郁闷和沮丧。这是因为他在与父母的交流过程中，既没有得到情感上的理解，也没有感受到父母对他情绪的接纳。在这种情况下，小东很难真正地接受父母所讲的道理，因为他的情绪和需求没有得到满足。

在情境二和情境三的对话中，两个妈妈都未能充分关注和理解孩子的内心感受和情绪变化，而是将注意力集中在具体事件或孩子所表现出的行为上。这种做法可能会让孩子感到，在他们面临困境或挑战时，父母无法给予自己支持和理解。孩子们可能会认为，父母并不真正关心他们的内心世界，而只是在乎结果或外在表现。这可能会导致孩子们在遇到问题时不愿意向父母寻求帮助，因为他们觉得父母无法理解他们的真正需求。

【案例反思】▶

倾听：对于小东分享的关于学校的八卦和趣事，爸爸妈妈如果能够表现出愿意倾听的态度，孩子会感到非常高兴，并且愿意继续与父母分享更多的事情。通过这种方式，孩子会感受到与父母之间的沟通渠道是畅通无阻的，这会让他在遇到任何问题或困惑时，都愿意主动向父母寻求帮助和建议。此外，表达自己的想法和感受对孩子来说是一件非常重要的事情，这不仅有助于培养他的语言表达能力，还能增强他的自信心和与人沟通的能力。因此，父母的倾听不仅能够增进亲子关系，还能在无形中促进孩子的全面发展。

好奇：对于小东说老师很严格地处罚学生这件事，小东肯定是有自己的感受和想法的。作为父母，我们可以暂时放下自己想要说服孩子的冲动，不要急于让孩子接受"老师严格处罚也是为了你们好"的观点。相反，我们可以尝试从多个角度来看待孩子，引导孩子深入思考。

比如，父母可以问小东："你是如何看待老师这种处罚学生的行为的？"帮助孩子表达自己的观点，同时也能够让我们更好地理解他们的想法。我们也可以设想："你们班上的同学们会怎么看待老师这样的做法呢？"这个问题可以让孩子从集体的角度去思考，了解同学们的不同看法。此外，我们还可以引导孩子去思考老师严格处罚背后的意图："你认为老师这样做的背后有什么样的心意呢？"我们还可以问孩子："如果你是老师，你会怎么处理这种情况呢？"这些好奇的问话，是放下自己的"知道"，陪孩子去思考不同的可能性和解决问题的策略。

理解：小东感到有些沮丧，因为他发现自己的同学在约着一起打游戏的时候，并没有叫上他。他内心深处有一种被排斥的感觉，觉得自己被忽视了。而爸爸在听到这件事时，却似乎有些庆幸，认为不参与打游戏对小东来说是一件好事。然而，爸爸没有意识到小东真正想要表达的是那种被同伴遗忘的失落感。

在与孩子的交流中，父母首先需要做到的是真正理解孩子的情绪和感受。设身处地地站在孩子的角度去思考问题，而不是仅仅从自己的角度出发。

爸爸可以这样回应:"他们没有叫你,你心里一定感到有些失落吧。我能感觉到你很重视这几个朋友,他们对你来说很重要。"这样的回应不仅表达了对孩子情绪的理解,还让孩子感受到父母的关心和支持。

当孩子感觉到自己被理解时,他们可能会更容易表达出自己的真实想法。小东可能会说:"算了,不去也挺好,我正好可以在家写作业。"这样的回答表明,当孩子感受到父母的理解和支持时,他们可能会更加积极地看待问题,甚至找到一些积极的解决方案。

支持:小希非常重视与同学之间的关系,他渴望得到同学们的认可和赞同。当他在处理同学关系遇到困难,感到无法顺利应对时,就会产生一种强烈的挫败感和无助感,甚至不愿意再回到学校。学校对他而言,变成了一个充满挑战和压力的地方。在这种情况下,小希需要父母的理解和支持,以帮助他渡过难关。

父母在面对孩子诉说这些问题时,首先应该表达出对孩子这个人的关注,可以对孩子说:"同学说你的坏话,你一定感到非常生气和难过吧?"通过这样的表达,父母可以让孩子感受到对他的情绪和感受的理解和关心。"你很在意同学们对你的看法,所以当你听到同学说你的坏话时,你一定会非常担心他们真的不再跟你玩了。"这样的理解和支持能够让孩子感到被接纳和理解,从而减轻他的心理负担。在孩子感受到父母的理解之后,父母可以继续与孩子进行深入的交流,可以问孩子:"在班上,你跟谁的关系最好呢?"这样的问题可以帮助孩子回忆起那些积极的、支持他的同学关系,从而增强他的自信心。父母还可以进一步询问:"你觉得谁会相信你,站在你这边呢?"通过这样的对话,孩子可以逐渐找到在人际关系中的自信和希望,从而有勇气去面对和处理这些关系中的问题。

引导:小南考试成绩不理想,他感到沮丧和失落。在这种情况下,他选择玩手机来转移自己的注意力，试图让自己暂时忘记考试的不愉快。然而，当妈妈看到小南在玩手机时，她立刻做出了一个判断，认为玩手机是影响他学习的主要原因。然而，妈妈可能没有意识到，小南此刻的心情同样非常低落，他也在为自己的成绩感到难过。

在这种情况下，父母可以以一种温和与理解的态度接纳孩子，而不是立即责备他。父母可以找一个合适的时间，坐下来和小南聊聊他今天考试的感受。"看到这样的成绩，你是不是也不满意呢？""如果你心情不好，要不要妈妈陪你出去散散步，换个环境？"这样的关心和陪伴，会让小南感受到父母的理解和支持。

父母还可以告诉小南，他们知道他其实很想考好，父母相信他有能力做得更好。父母可以陪小南回顾一下最近的学习情况，找出他在哪些方面做得比较好，在哪些地方可以进行一些调整和改进。通过这样的方式，父母不仅能够帮助小南更好地面对考试的失败，还能让他感受到家庭的温暖和支持，从而更有动力去改进和提高自己的学习。

许多父母在与孩子交流时，内心深处都怀有一个共同的愿望，那就是希望把自己所掌握的真理传授给孩子。然而，他们常常会发现，这种期望往往会适得其反。孩子不愿意听的原因在于，父母在对话中往往过于关注问题本身，而忽略了孩子这个独立的个体。好好说话是一件在关系中需要不断实践和修炼的事。只有当孩子们的内心感受被充分理解，他们的声音被真正倾听，亲子之间的沟通通道才会从原本的堵塞状态变得畅通无阻。只有这样，我们才有机会真正陪伴孩子一起成长，见证他们的每一个成长瞬间。

在教育孩子这件事上，不是人说话，而是话说人。在语言里，蕴藏着孩子们未来的无限可能。孩子们如何看待自己，如何建立起对这个世界的信任，这一切都是通过与父母的对话和交流来逐渐塑造的。父母的每一句话，每一个态度，都会在孩子的心中留下深刻的印记，影响他们的自我认知和对世界的理解。

【生活练习场】▶

1. 作为父母，你留意一下，自己在和孩子说话的过程中，是先关注孩子怎么了，还是先关注问题该怎么解决。

2. 父母练习如何倾听孩子说话，用"刚才妈妈听到你说……，是这样吗？"来澄清自己有没有真的听到孩子说话。

3. 尝试去理解孩子的情绪和感受，允许孩子的情绪先流淌一会儿，听见、听懂比说对重要。

4. 好奇孩子的想法，好奇的问话可以带出更多的宝藏。在听孩子讲的过程中，找到孩子独特的想法和思考。

5. 少说，多听，避免直接讲道理或者给答案，好的教育是引导孩子自己学会思考。

22 夫妻关系中的对话

在现代的家庭中，人们常常不自觉地将重心放在追求更高的效率、更卓越的成就和更强的竞争力上。我们似乎进入了一个被称为内卷的时代。在这个时代中，人们不断地给自己设定更高的标准和期望，希望能够在各个方面都表现出色。然而，当现实生活中的表现无法达到这些高标准和期望时，人们往往会感到焦虑和担忧，面对挫折和失败时也会感到无力和沮丧。

尤其是当手机成为我们生活的重要一部分的时候，人们越来越依赖于通过手机来寻求心理上的慰藉，逃避现实生活中的种种困扰。家人之间在一起闲聊、分享生活琐事的机会变得越来越少。在这样的情况下，一旦家庭成员之间开始交流，往往不是为了增进感情，而是为了批评对方做得不够好。这种批评和指责逐渐削弱了家庭成员之间关系的力量，使得原本应该充满温馨和理解的家庭氛围变得紧张和疏离。

在我们的文化里，夫妻在结婚之后，一旦有了孩子，便会更加重视做父母的角色。许多日常的交流和沟通内容也会自然而然地围绕着孩子展开。随着孩子在成长过程中逐步经历不同的阶段，夫妻双方总会面临各种各样的挑战和问题，这些挑战往往会导致他们在某些观念上产生分歧。与此同时，事业上的发展和变化也会给夫妻双方带来巨大的压力和忙碌，他们需要在发展事业和养育孩子之间找到平衡。在这样的忙碌和压力下，夫妻俩似乎逐渐忘记了如何在彼此之间保持亲密和联结，慢慢好像忘了如何做夫妻的角色。

【案例分享】▶

情境一：

妻子对丈夫说："今天我们领导在办公室发脾气，弄得大家都很紧张，天天累死累活的，也没见有什么好的结果……还有我那个同事……"

丈夫皱着眉头说："就你们办公室那点儿事，天天说有啥意思，你就干好你自己的事就行了。"

妻子不知道该怎么接话了，一肚子委屈，自己回屋了。丈夫也更烦了。

情境二：

丈夫回到家里，躺在沙发上回信息，然后顺便又看了几个视频。

妻子从厨房出来看到丈夫就说:"你一回来就看手机,家里的活一点儿都看不到。"

"你想让我干啥?"

"不是我想让你干,是你自己要看看家里多少事,都让我一个人来做。"

"你就是想找我的事吧?我上一天班回来很累,不想和你吵架。"然后丈夫干脆走开了。

情境三:

最近上初中的小柯经常生病,也不愿意上学,每周都要请假好几次。因为孩子从小都是妈妈带的,妈妈一方面会自责,一方面也会有委屈。

妈妈:"最近我都快抑郁了,你也管管孩子。"

爸爸:"生病就带他看病,病好了就得去上学。"

妈妈:"不是那么简单的,医生说孩子反复生病是因为有心理问题了。"

爸爸:"什么心理问题?哪有那么多事,就是不好好学习闲得了。你带他得多,就是你天天纵容他……"

妈妈:"我带他多,就是我的责任了?"

两个人不欢而散,妈妈更抑郁了,爸爸也更暴躁了。

这三个情境大家是否感到熟悉呢?在我们的日常生活中,父母之间的沟通方式和亲子之间的沟通方式往往是比较一致的。当我们习惯于去关注问题本身,而不是去关注这个人的感受时,隔阂就悄然出现了。生活中经常发生的事情并不一定都是大事,而家人之间的对话往往是从那些看似微不足道的小事开始的。在平凡的生活里发生的琐事，隐藏着我们自己的感受和需求。在家庭关系里，我们常常会期待被理解和回应。

无论世事如何变迁，关系与对话始终是我们生活中最重要的元素。而情感的流动和联结，正是关系亲密的纽带。如何在生活里，找出那些能够滋养关系、增加力量的对话，是值得我们每个人好好学习和实践的课题。如何通过对话，可以更好地理解彼此，增强彼此之间的联系，让家人之间可以感受到被理解和支持？

我们再来想象以下三个情境：

情境一：

妻子对丈夫说："今天我们领导在办公室发脾气，弄得大家都很紧张，天天累死累活的，也没见有什么好的结果……还有我那个同事……"

丈夫看看妻子说："那你今天肯定是很难过的一天，真是辛苦了！"丈夫握了握妻子的手。

妻子深深呼出一口气，觉得那些心烦的事烟消云散了。丈夫也觉得自己可以支持到妻子，感到有成就感。

情境二：

丈夫回到家里，躺在沙发上回信息，然后顺便又看了几个视频。

妻子从厨房出来看到丈夫说："今天是不是很忙啊？"

"还好吧。"

"那你忙完过来帮我一下忙吧。"

"好的。"

丈夫也许会磨蹭一下，但还是站起来走到妻子身边。两个人一边做事，一边闲聊。然后妻子说："今天我在单位忙得晕头转向的，回来虽然还要做饭,但有你帮忙,还能聊聊天,感觉好多了。"

情境三:

最近上初中的小柯经常生病,也不愿意上学,每周都要请假好几次。因为孩子从小都是妈妈带的,妈妈一方面会自责,一方面也会有委屈。

妈妈:"最近我都快抑郁了,我不知道该怎么办了,可能需要你帮忙。"

爸爸:"最近孩子的事真是辛苦你了!要不要我带孩子去看看病?"

妈妈:"不是那么简单的,医生说孩子反复生病是因为有心理问题了。"

爸爸:"我们之前好像没太了解过心理问题,或者我们需要咨询一下……"

妈妈:"嗯,我总是觉得是不是我这个妈妈做得不够好,才让孩子有问题的。"

爸爸:"我们都是第一次做父母,肯定不会那么完美。你放心吧,有啥事咱们一起面对就好了。"

两个人说完话,妈妈心中的自责感明显减轻了许多。虽然养育孩子的挑战还在,但妈妈不再是孤军奋战,而且家庭成员一起面对家庭的挑战,更能体现家人之间的情感联结和力量的滋生。正是因为有了这种家庭的力量,原本看似难以克服的挑战也变得不再那么艰难。

【案例反思】▶

现代社会的急剧变化和快节奏的生活,使得每个人都在为了适应这种节奏而不断努力，而这种努力往往伴随着各种不确定性和压力。生活里的挑战和变量也会让家庭关系中的幸福感随之变化。这个时候，家人在一起，除了保障基本的生活运行，更要发挥家庭的生命力，让人们在家里可以找到力量和支持。家庭就好像我们每个人的安全基地，当我们在外面累了的时候，希望有一个安全港湾，可以休息和充电，然后一起再出发。

上述的情境，当妈妈讲述职场发生的事情时，并不是希望被评价或指导，仅仅是希望有一个人可以倾听并理解。丈夫能认真地把妻子的话听完，这个陪伴就会给妻子很大的支持。如果听完之后再加上一句理解的回应，或者一个眼神、一个动作，表达对妻子的理解和心疼，情感便在两个人之间流动起来了。

在我们的日常生活中，常常会有一种误解，认为仅仅是听听别人说话能有多大的实际作用呢，问题总是需要解决的。实际上，解决问题永远是在被听见和被听懂之后才有可能需要的。

在快节奏的现代生活中，人们往往面临着各种压力和困扰，很多时候，他们并不需要立即的解决方案，而是需要一个能够倾诉的对象。在这个过程中，倾听显得尤为重要。倾听不仅仅是听对方说了什么，更是对他们情感的一种支持和理解。通过倾听，我们可以更好地理解对方的需求和感受，从而建立起更深的信任和亲密关系。

倾听的过程中，我们需要保持耐心和专注，避免在对方说话时打断他们，或者急于给出自己的意见和建议。有时候，对方可能并不需要我们的指导，而是需要一个能够理解他们、陪伴他们渡过难关的人。仅仅是听，不带任何评判和指导，这种纯粹的倾听，往往能够带给对方莫大的安慰和力量。

在情境二和情境三的对话中，我们可以清晰地看到现代家庭成员所面临的种种不易。夫妻双方都渴望得到对方的理解，希望能够感受到彼此的难处和支持。然而，在这种渴望被理解的过程中，我们往往忽略了最重要的一点，那就是"在一起"合作面对。在一起的常见表达是"我们要……或我们可以……"而非"都是因为你……或你应该……"。真正的家庭和谐是建立在相互理解的基础上，携手面对生活中的各种挑战。

当我们心中积压了情绪，往往会急切地想要表达出来，希望能够得到对方的共鸣和支持。然而，在这种情绪化的状态下，我们的话语很容易带上一种急躁和冲动，甚至可能在不经意间伤害到对方。这种情况下，对方可能会感到被挑剔或指责，从而产生一种被攻击的感觉。这样的互动不仅无助于解决问题，反而可能加剧夫妻之间的矛盾和误解。

影响家庭成员之间关系的因素是复杂的，我们在日常生活中的一个眼神、一个表情、一声叹气、一个姿势，都可能对关系带来极深的影响而不自知。很多人在夫妻关系中受了很多气，不是忍气吞声，就是在吵架中度过。当对方不能成为自己心中想要的样子，觉得自己也改变不了对方的时候，自己就会很受挫，也会怀疑关系的价值。在这种情况下，最重要的是学会适时地暂停，不必急于解决问题。从谁开始停下来都可以，看看关系中发生了什么。学习如何好好说话，把好的关系重新找回来。

最后，我想与已经成为父母的夫妻们一起来反思：在你们最初决定携手共度一生的时候，你们心中对夫妻关系抱有怎样的期望和憧憬？那个时候，你们会如何彼此交流、沟通？用什么样的言语和态度来表达自己的想法和感受？回想一下，那样的交流方式给你们带来了怎样的情感体验和心灵共鸣？正是这些美好的感受和深刻的连接，促使你们坚定地选择了一起生活、共同面对未来的风风雨雨。那时的你们，是否曾梦想着拥有一个充满爱、理解和尊重的家庭环境，一个能够让彼此成长、共同进步的港湾？正是这些最初的梦想和期望，构成了你们婚姻的基石，也成为在育儿过程中你们需要不断回顾和坚守的原则。

在我们忙碌的生活中，多花一些时间来维护夫妻关系是非常重要的，这会对于我们扮演好父母的角色提供巨大的支持和力量。我们常常会因为忙于照顾和教育孩子，无意中忽视了夫妻之间的关系。然而，这种忽视可能会带来一些意想不到的后果。事实上，孩子们往往会通过观察父母之间的互动和相处模式，来学习和形成他们自己未来人际关系的基础。因此，保持一个健康、和谐的夫妻关系，不仅能够增强家庭的幸福感，还能为孩子们树立一个积极的榜样，帮助他们在成长过程中建立健康的人际关系。尽管我们的时间和精力有限，但确保夫妻关系得到足够的关注和维护，是我们作为父母不可忽视的责任。

【生活练习场】▶

找一个放松的时间和空间，和你的丈夫或妻子聊聊天：

1. 最近我们两个人在关系中各自的心情怎么样？
2. 如何在做好父母角色的同时，做好夫妻角色？
3. 在夫妻关系里，各自重视的是什么？
4. 我们的关系在什么情况下会比较好？在什么情况下会不太好？
5. 我们看到自己和对方为这个家、这段关系的最大付出是什么？
6. 未来，希望对方可以支持自己的是什么？

最后，对于两个人可以有这样的机会好好说话，表示感谢！谢谢在繁忙生活里的自己和对方愿意为良好的夫妻关系而努力。

23 家庭发展的挑战与合作

家庭是个有生命的有机体，其发展历程中包含着多个不同的阶段。每一个阶段都有其独特的特点和挑战，需要家庭成员共同努力去适应和克服。在现代社会的急剧变化中，家庭的演化变得更加复杂。

人不是机器，可以设置好固定的程序。在家庭里，每个人都拥有自己独特的情感、思想和经验。由于大家的成长背景、性格和经历各不相同，因此很难有人能够完全理解另一个人的内心世界。但大家生活在一起，父母与子女之间、夫妻之间、兄弟姐妹之间，甚至是祖孙之间的关系，都在不断地重塑着家庭的氛围和价值观。家庭成员之间的相互影响和共同成长，使得家庭成为一个神奇而独特的组织，承载着我们的希望和未来，当然也会有很多挑战。

在一个家庭中，最为关键和核心的关系莫过于夫妻之间的关系。如果夫妻之间出现了矛盾和冲突，并且这些矛盾和冲突长时间未能得到妥善解决，夫妻中的一方或者双方可能会试图通过引入第三者来缓解或转移这种冲突。通常情况下，这个第三者可能是他们的孩子。然而，有时候这个第三者也可能是其他，比如宠物、某种游戏，甚至是工作。例如，一个人可能会因为无法忍受家庭中的紧张气氛，而选择长时间加班，将工作变成了自己的伴侣，甚至像是自己的孩子一样，通过这种方式来转移和逃避家庭中的冲突。

如果把孩子拉进去，夫妻双方的焦虑情绪将会得到一定程度的冲淡和缓解。原本紧张的夫妻关系，通过孩子的介入，可能会有所缓和，甚至冲突的焦点也会发生转移。这样一来，原本的二人关系逐渐演变成一个更为复杂的三角关系，这种新的关系模式会逐渐稳定下来，但是被拉入的第三方（孩子）的焦虑水平会急剧上升。

当未成年人长期不断地被卷入家庭中的三角关系中，就非常容易出现情绪行为问题或身心疾病。所以，一个孩子如果长期身体不舒服，在学校出现一些情绪不良、行为问题，从我的角度来说，大概率都是家庭当中的夫妻冲突所引起的。

举个例子，妻子跟丈夫吵了一架，丈夫甩门出去了，妻子一个人在家里委屈、愤怒，这个时候孩子放学回家了。看妈妈心情好像不好，眼睛还像是哭过一样，这个时候孩子做事就可能会小心翼翼或者故意讨好妈妈，这样我们就看到夫妻之间的冲突此时已经影响到了母子关系。如果这时妈妈在孩子面前痛诉丈夫的不是，有意无意地拉拢孩子，哪怕不是为了批评丈夫，仅仅是想得到孩子的理解和支持。这个时候孩子就不得不去选边站，他内心爱父母的完整舞台就要面临分裂，要么选择和妈妈一起，对抗爸爸；要么压抑自己内心的纠结和矛盾。此时，家庭中两个人的冲突就变成了三个人的冲突，这就是家庭关系三角化，在家庭治疗中非常多见的一种现象。

如果你发现孩子表现出厌学情绪，沉迷于游戏无法自拔；或者你总是感到自己的孩子不够努力，对他感到失望；又或者你期望孩子能够出类拔萃，不惜一切代价培养他……那么这个时候，你就需要静下心来看看，是不是无意中将对自己或者对夫妻关系的不满转移到了孩子身上。

当妻子对自己不满意，也无法在丈夫那里获得足够的爱和支持时，她只能紧紧抓住孩子，把期待寄托在下一代身上。这种紧密的母子关系不是真正的爱和支持，是妻子失望、焦虑和伤心的补偿，是夫妻关系失衡的代偿。有的时候这种挑战还会跨代涉及更复杂的系统。

一个男士每天下班不愿意回家，他说自己一天工作很累，到家里要面对的场景比白天上班更累，但他必须硬着头皮回去。他的妻子再有一个月就要到预产期了，为了更好地照顾妻子，他从老家把母亲接来了。他说自己想得太简单了，以为没什么事，结果母亲来不到一周，血压就升高两次，妻子每天都会控诉，而他除了喝酒买醉，别无他法。

这个男士说的这些仅仅是一个开始，婚姻的经营不是想当然，是需要合作和用心经营的。尤其是随着孩子的到来，三代人之间的合作对夫妻更是考验，更不要说现在社会变迁下发生的各种意外状况了。

我做了几千例婚姻咨询，看到很多夫妻在婚姻中的冲突和挣扎，有很多不容易，也见证了很多夫妻愿意从自己的世界里走出来，去看看对方的世界，最终走向彼此理解和合作。

在家庭关系中，父母要学会把夫妻之间的问题放在夫妻之间去解决。先学会夫妻之间彼此合作，才能合作育儿。

有一项调查询问青少年和父母是否同意以下说法："父母相处融洽是养育快乐孩子的重要因素。"

青少年认同这句话的比例高达70%，但父母认同这句话的比例仅有33%。这是因为父母关系不和睦时，孩子经历的情感痛苦是成年人看不见的。这个说法虽然是以父母的角色为主要对象，但同样希望父母把经营好自己婚姻的责任先承担起来。

享誉世界的"婚姻教皇"约翰·戈特曼对婚姻有将近20年的研究，解答了很多困扰人们的婚姻难题：为什么婚姻维持那么艰难？为什么有些人可以厮守一生，而有些人像躲避定时炸弹一样躲避婚姻生活？如何防止婚姻危机？在他的实验室里，戈特曼观察一对夫妻的交流方式后，能在短短的五分钟内做出预测：他们未来是会幸福地在一起还是痛苦地分开。并且在三项独立的研究中，预测的准确率高达91%。

关于夫妻的婚姻经营和合作，在约翰·戈特曼的《幸福的婚姻》这本书里，给到大家经营幸福婚姻的七条法则：

法则一：完善你的爱情地图。代表语言是：爱一个人，就要了解他。从彼此了解中不仅能产生爱情，还能产生平安度过婚姻风暴的力量。彼此拥有详细的爱情地图的夫妻，能更好地处理应激事件与冲突。

法则二：培养你的喜爱和赞美。代表语言是：我欣赏，我坚持。对维持一桩有价值的、长久的感情生活而言，喜爱和赞美是两个非常重要的因素，当夫妻完全没有这种感觉时，夫妻关系也就走到了尽头，所以要及时长期地去储存对对方的喜爱和赞美。

法则三：彼此靠近而非远离。代表语言是：你们的关系够紧密吗？多向对方靠近的第一步是意识到平淡时刻的重要性。日常生活的相互交流不是理所当然的。为了赢得伴侣的关心、喜爱、幽默对待或者支持，结了婚的人都会定期做出沟通尝试，而对方要么靠近，要么转身而去。只有彼此靠近，才能联结感情、增进浪漫、迸发激情。每段婚姻之所以会有不同的结局，原因在于夫妻的感情储蓄不同。那些互相靠近而不是远离的夫妻就好像是在往感情银行里存钱，当出现危机，或者他们面临严重的生活压力或冲突时，这些感情储蓄就能起到缓冲作用。由于他们已经把所有友好行为都存进感情银行，当冲突产生时，他们更能体谅对方，维持对对方的正面看法，即使是在艰难时刻，他们的婚姻也不会破裂。

法则四：让伴侣影响你。代表语言是：亲爱的，你说了算！与那些抗拒妻子影响的男人们相比，接受伴侣影响的男人们拥有更幸福的婚姻。接受伴侣的影响，不代表不能表达负面的情绪。只是他们有一个可供妥协的坚实基础。毕竟，你越是认真地听取伴侣的话，并考虑对方的意见，你就越有可能找到一个让你们俩都满意的解决办法。如果你对伴侣的需求、意见或价值观充耳不闻，你就是想妥协也没有机会。

法则五：解决可解决的问题。代表语言是：以温和开场，用妥协收场。夫妻之间理应相互尊重，接受彼此的意见，这是解决双方之间分歧的良好基础。过去，许多婚姻治疗师比较提倡解决冲突的办法是要做好倾听，站在对方的角度去想问题，当然如果能做到的话是一个好办法。但在实际的婚姻里，是很难做到在争论的时候还要换位思考的。

其实非常简单的办法就是解决问题要有一个好的态度。具体的有五个步骤：

1. 以温和的方式开始。

2. 学会提出和接受感情修复尝试。

3. 自我安抚和互相安抚。

4. 妥协。

5. 容忍对方的缺点。

在婚姻中，及时踩刹车也是一项很重要的技能。

法则六：化解僵局。代表语言是：学会和问题一起生活。化解僵局的目的不是让你去解决这个问题，而是让你摆脱僵局，展开对话。当你能够在不伤害对方的情况下谈论这个冲突时，你就能学会和这个问题一起生活。

法则七：创造共同意义。代表语言是：彼此尊重梦想。任何婚姻都有一个重要目标，即营造一种氛围，鼓励每一个人坦诚地谈论自己的信念。说得越坦诚，越尊重对方，你们各自的意义感就越有可能混合在一起。

以上七个法则如果你掌握了，你会发现可以适应于任何的关系。在所有的关系问题里，最复杂的就是伴侣关系了。

当然没有谁可以解决掉所有的问题，不管他是不是专家。但当你在婚姻生活中使用这七个法则的时候，你真的可以改变婚姻的航向。即使你只做其中一个轻微的调整，对你家庭的影响也是巨大的。当然要记得：任何一个与你结婚的人都肯定会缺失某些可取的品质。问题在于，我们往往会关注伴侣所没有的东西，忽视他们已有的美好品质，因为我们把这些美好品质当成了理所当然。

如果你和你的伴侣在经营婚姻的过程中，具备了以上的能力。那么，这已经是你送给孩子的最好的礼物了。以上的法则，很多都是可以直接用在和孩子的关系上的，你只需要把对象置换一下即可。但作为父母的角色，如何和孩子保持适当的距离，还是很重要的。

【案例分享】▶

曾经有一对母女来咨询，初二的女孩在提到和妈妈的关系时说道："我以前有什么话回家都是跟妈妈说的，但后来我和妈妈渐渐疏远了，起因是她看我的日记。"原来，女孩喜欢做手账，用来记录自己的内心世界。而妈妈想了解孩子是不是早恋了，就想翻看女儿的日记，她并没有看到什么证据，但发现女儿确实写了一些有恋爱迹象的朦胧诗。妈妈觉得这些会影响女儿的学习，就把这个日记本没收了，然后对女儿说："等你长大了，我再给你，你就知道你现在的想法有多幼稚了。"

这个女孩在咨询室里对我说："就算到了七十岁、八十岁，我也不会笑话当初那个幼稚的自己。"

【案例反思】▶

我们可以看到这个妈妈在面对孩子是否早恋这件事上，并没有选择跟孩子合作，当她把女儿的日记本没收的时候，女儿也关闭了跟妈妈交流的心门。

这里面有两个方面的问题：

第一，父母在孩子的成长中保持合适的距离，应该知道何时从孩子的生活中退场。

一般来说，在孩子 3 岁时，要退出孩子的吃饭过程（不要再喂饭，或者过度控制孩子吃饭的过程）；在孩子 6 岁时，退出孩子的浴室（让孩子自己学会洗澡）；在孩子 8 岁时，退出孩子的私人空间（不要未经同意随便进出孩子的房间）；在孩子 15 岁时，退出为孩子整理家务（不帮孩子叠被和整理房间）；在孩子 18 岁时，退出孩子的个人选择（尊重孩子在专业和交友方面的选择）；在孩子结婚后，退出孩子的小家庭。

当然，这些是一般的规律，仅供参考，每个孩子也会有差异，请父母也不要以此去责难自己或者孩子。

我们要培养有担当且独立的孩子，就要把权利慢慢还给孩子，只是去做一个合作者。

第二，当遇到孩子出现一些你不能接受的行为，或者要和孩子一起面临某些挑战时，可以从以下几个方面尝试跟孩子合作。

1. 思考孩子这样做的背后有什么不为你知道的意愿和考虑，并试着去询问和了解。比如，有时候游戏也会带给我们不一样的成长体验，透过游戏学习对自己的时间管理，预防依赖和诱惑，这也是一种学习。

2. 和孩子一起思考，目前的困境有没有带来什么你们未曾注意到的好处？比如，拖延带来的好处也许是可以让自己放松一下。

3. 如果孩子愿意，和孩子讨论你们的这些新看法。

4. 最后试着跟孩子一起探索有没有其他的可行性方案。

当然执行这几步的前提是我们前面讲的所有对话策略都是可以用上的。你会发现，孩子有很多自己的想法，他们是自己人生的专家；透过合作对话来发现这背后的意义和价值，发现孩子学到的意义和价值，这对他们将终身受益。

不管是经营婚姻，还是养育孩子，都好像是一次旅行，有意外，也有惊喜，祝福大家带着欣喜去体验属于你的生命旅程。

【生活练习场】▶

1. 邀请你的伴侣花一些时间看看你们的夫妻关系或与孩子的亲子关系，然后把这七个法则试着用在你的关系中。

2. 如果你给自己的夫妻关系满意度打分（0～10分），你会打几分？

3. 邀请你的孩子分别为你们的关系打分：你认为父母的关系可以打几分？你认为自己和父母的关系可以打几分？

4. 如果希望增进夫妻关系，可以阅读约翰·戈特曼的《幸福的婚姻》这本书，两个人可以一起按照爱情地图来经营和实践关系。

5. 我们需要谨记：建立关系先于解决问题。

24 家庭实践剧场：见证仪式

家庭关系的经营，无疑是我们人生中一项极其重要的投资。在这个过程中，我有幸遇到了许多家庭，陪伴他们度过了无数的挑战和困难。从最初感受到的觉得不幸福和辛苦，到最终体会到的幸福和珍惜，这个转变的过程中有很多让人感动的故事，还有很多关于付出和努力的故事。我见证了他们在面对困境时的坚持和耐心，以及在解决问题时的智慧和勇气。每一个家庭成员都在为了共同的目标——打造一个和谐、幸福的家庭而不懈努力,而这些努力也需要被看见和回应。

本节的重点是学习在关系中实践好好说话,在关系中实践合作。我特别想借此机会向那些一直以来坚持不懈地学习和实践的父母们表达我最深切的敬意。你们每一位都在认真地履行着自己作为父母的职责,全心全意地投入这个角色中。在这个过程中,你们一定遇到了许多困难和挑战。有时候,你们可能因为时间紧迫而感到力不从心,有时候又因为工作繁忙而不得不放松对自己的要求。在照顾家庭的同时,你们还需要兼顾生活中的许多其他重要事务,但即便如此,你们依然咬紧牙关,坚持了下来。

我相信,你们一定会认真地尝试我们书中的练习,尽管有时会有一些不习惯,甚至无法获得预期的满意结果。但还是允许自己停一停,慢一点儿再开始,允许自己慢慢来也是对自己的尊重。有些父母可能还面临着其他人生中的重大挑战,但你们都没有放弃。现在,当你看到这些文字的时候,你一定为自己所付出的努力和坚持感到骄傲,为自己点一个大大的赞。

在这里,为你们制作了一份特别的证书,以表彰你们在学习和实践中的不懈努力和取得的成就。这份证书是对你们在家庭教育和亲子关系中所付出的辛勤努力的认可,也是对你们在面对困难和挑战时所展现出的耐心和韧力的肯定。

这是一张见证证书,也可以写成一封见证信。当然根据每个人的情况,你可以为自己制作一个独特的证书。不一定是最佳坚持奖,如果你把你学到的都认真地去实践,那就可以给自己颁发最爱实践奖;也可以是最爱改变奖;等等。你喜欢的都可以。好好地嘉奖在生活中或者学习中不容易的自己，最后署上自己的名字。如果你的家人有见证你的变化，也可以邀请家人为你制作一个证书，当然你也可以为家人的变化制作一个证书。

智慧父母最佳坚持奖

亲爱的＿＿＿＿＿＿＿＿爸爸/妈妈：

教育孩子是一项大工程。感谢你愿意投入这项工程，不断地学习如何做一个愿意理解孩子、愿意陪伴孩子慢慢长大的父母。你排除了生活中的很多困难，一边要照顾好自己和家人，一边努力成为更好的父母；你坚持学习，不断尝试在生活中实践；你提升自己，为孩子创造更好的成长空间。

特发此证，以记录这段珍贵的学习历程，感谢自己！

见证人：崔素贞

"见证"这个理念来自后现代心理学叙事疗法，叙事的见证是希望可以带着不一样的视野来看见我们过去认为的理所当然的付出。困难不是不幸和不好的，困难也是有价值的，可以带来学习的。父母和孩子面对挑战和困难，这里面会有很多不容易的地方。

在家庭关系中，见证是一份不一样的看见，这份看见能够联结家人，从而巩固家庭关系。我们希望通过颁发证书让人们看见那些在生活中隐而不见的支线故事和闪光点。尤其是在家庭里，每个人都可以成为家人有意义的观众，家人之间可以互相"挖宝"，可以互相为对方喝彩和庆祝。每个人的生命故事都值得被看见、被庆祝。

我们可以把小小的看见发挥到证书的制作上，可以给孩子写一封见证信，还可以加入一些具有创意、令人难忘的仪式，更能增加见证的力量。

有一个妈妈曾告诉我，她觉得自己不是一个好妈妈，不知道怎么做才是爱孩子。她做饭给孩子吃，孩子说不好吃，她就努力去跟着网络教程去做菜。她想跟孩子好好聊天，但不知道可以说什么。孩子喜欢动漫，她也尝试着去喜欢，带孩子去参加动漫展。孩子学习成绩不好，周围的人就建议她多给孩子辅导作业，把孩子的成绩提升上去。可是这个妈妈不想这么做，她更希望孩子可以快乐。但孩子确实成绩不好，周围的人会说她，会用主流的眼光去看她，妈妈就觉得自己是一个失败的妈妈。

在我们所熟知的主流文化中，人们往往会倾向于用一种相对单一且狭隘的视角去审视问题。例如，当一个孩子与母亲不够亲近时，社会普遍的看法往往会归咎于母亲，认为一定是她哪里做得不对。孩子学习不好，也是妈妈的责任。这些观点和看法就好像是一块大石头一样压着妈妈，让她喘不过气来，这个妈妈就会非常沮丧，仿佛所有的努力和付出都被忽视，所有的爱和关怀都被质疑。当她开始按照这样的视角去看自己的时候，就认为自己是失败的、不够好的妈妈。

让我们试着去贴近这个妈妈独特的生命经验，陪伴着她去思考：她认为自己不是一个好妈妈的想法，对她作为妈妈的角色会产生怎样的影响呢？她是怎样想到借助网络上的资源来学习新的烹饪方法，以吸引孩子的呢？在孩子拒绝的时候，又是怎样的力量让她能坚持的？她不愿意强迫女儿学习，这种教育方式背后有着怎样的用心？这样的看见，让我们对妈妈的角色有了更加丰富和多元的理解。

这个妈妈有一段特殊的成长经历，她不知道该怎么爱孩子，因为在她的童年记忆中，她并不记得自己曾经被怎样关爱过，但她想做一个好妈妈。她不想要求孩子一定学习好，只希望孩子可以开开心心的。她愿意学习如何做妈妈，阅读了大量的书籍，积极寻求专业意见，我观察到她会把我们谈话中她觉得有用的话、可以跟女儿说的话都记下来，然后回到家中去实践，去学习在日常生活中跟女儿对话。

这个过程就是一个新的看见。我们一起制作了一个"了不起的妈妈"证书：你是一个爱学习和不断成长的妈妈，是一个负责任的妈妈！因为你愿意为孩子而不断地坚持学习，愿意不断地探索和看见自己，愿意接受新的观念，愿意在生活中实践和不断做出改变。你是一个很了不起的妈妈！

她反馈说："原来我还可以是一个这么了不起的妈妈，感觉到自己做妈妈的力量会有增加。"

后来，我邀请她的女儿来咨询室里，她女儿只有9岁，我去问她："在你的心里，你的妈妈是一个怎样的妈妈啊？"女儿说："妈妈是一个善良的妈妈，妈妈是一个温柔的妈妈。妈妈像是一个公主。"我就说："那你可不可以把你说的这个公主妈妈画下来，让我看一看。"然后这个女儿就画了一个戴着皇冠、穿着裙子的妈妈。她说："妈妈不爱穿裙子，但我觉得妈妈穿裙子会更漂亮，所以我就画了一个穿着裙子的妈妈。"然后我让她在画上签了名字，并写上"最善良的公主妈妈"。这是一个特别的证书！

在叙事见证的过程中，一个重要的前提条件是当事人愿意采用一种解构的思维方式，而不是仅仅局限于单一的视角来审视自己或者家人。这种解构的思维能够帮助来访者深入地了解自己的问题故事、感受和想法的来源。通过这种方式，来访者会逐渐意识到，自己的故事并非不可改变的必然，主流的观点也并不等同于唯一的真理。相反，主流观点只是一种特定的建构方式，而我们可以尝试用不同的方式来重新建构自己的故事。

这种解构的意图并不是为了质疑或否定已有的叙事，而是为了打开现有的思维包装，提供一个机会，让我们可以从不同的观点和角度去考虑和探索其他的可能性。例如，当这个妈妈分别从咨询师的角度和女儿的角度来看待自己时,她会发现不同的自己,从而获得一种全新的视角。这种新的建构方式不仅能够帮助她更好地理解自己,还能够增强她的内在力量,使她更有动力努力成为一个更好的妈妈。

在我组织的青少年家庭工作坊中,我常常邀请家长回顾自己在做父母这个角色过程中所经历的种种不易和挑战。我鼓励他们为自己制作一份特别的证书,并以正式的形式颁发这些证书。这种体验让他们在回到家庭生活中时,依然能够清晰地感受到自己的付出和努力得到了认可和见证。他们有的会为自己的伴侣制作充满爱意的特别证书,有的会细致地观察孩子成长中的变化,为孩子制作成长证书。当家长们将这些充满爱意和惊喜的证书送给家人时,收获了很大的意外和惊喜。通过这一过程,家庭成员也更加深刻地认识到家人之间相互认可的重要性,增强了家庭的凝聚力和幸福感。

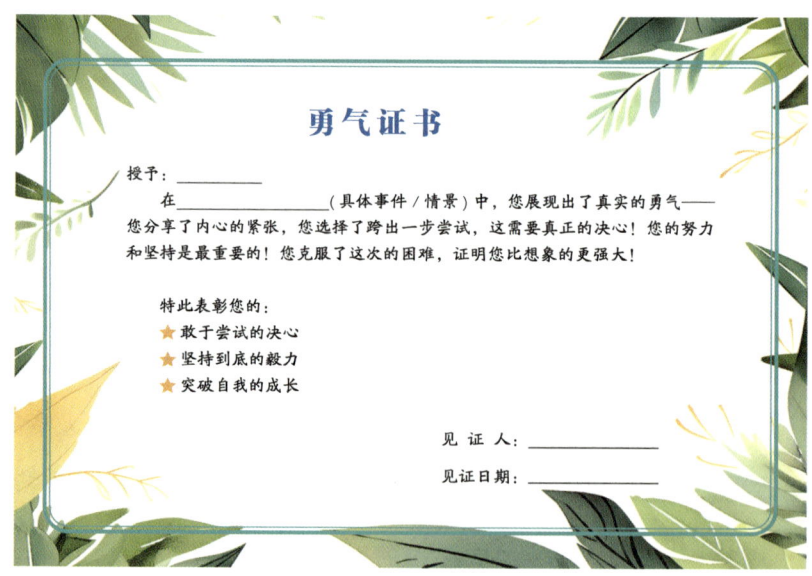

分享见证仪式和见证证书可以把见证具象化。设计见证证书都是在当事人独特的发展中去创造和研发的,收到见证证书的人往往会惊讶和开心。

有的人是自己亲手设计的，有的是很正式地打印出来的。你做的证书都是市面上唯一或是极少的证书，因为它必须建立在不一样的多元的视野，就是愿意去好奇和贴近对方，才可以设计出跟一般证书不同的见证证书。这个证书可以是勇敢证书、爱运动证书、克服困难爱学习证书等。

孩子们往往会特别钟爱这种特别的证书，因为他们那些不为人知的优点和努力，都在这份证书上得到了充分的展示。孩子们内心深处渴望被认可、被重视，而这份证书恰恰满足了他们的这种需求。当他们感受到自己被看见、被认可时，他们的自信心和价值感会得到显著提升。这种正面的反馈会激励他们更加努力地去实践那些被认可的优点，甚至会激发他们去进一步发展和拓展自己的独特点。

这份见证证书不仅仅是一张纸，它承载着对他们个性和努力的肯定。在制作这份证书的过程中，需要用心和思考，需要细心地去观察和发现那些容易被忽视的细节。只有这样，才能真正捕捉到每个孩子独特的闪光点，才能让这份证书真正成为他们心中宝贵的财富。

一项针对青少年行为的研究显示：青少年在面对不同的老师时，表现往往会有所不同。那么，究竟是什么原因导致同一个孩子在不同的老师面前展现出截然不同的行为呢？

根据研究结果，最具代表性的解释是：当一个老师对某个学生持有负面看法，认为这个学生没有希望，满身缺点时，这个学生往往会感到一种无力感。他们会想：既然老师已经这么认定了，无论我怎么做似乎都没有太大的差别。这种消极的心理暗示使得他们在行为上表现出一种无所谓甚至抵触的态度。然而，当他们遇到那些愿意相信他们、认可他们能力的老师时，会产生一种想要好好表现的强烈愿望。这种积极的心理暗示会促使他们在行为上变得更加积极、努力，从而展现出更好的自己。

因此，大人如何看待孩子，对孩子的影响非常大。而孩子也在与大人的关系互动中成为不一样的人。

试着为自己和家人制作见证证书或者写一封见证信，还可以发挥你的创意来举行一个小小的见证仪式。

1. 可以对自己的学习、实践或者对于做父母的挑战和不容易，先多去贴近和看到自己的努力付出和不容易，为自己制作一份特别的证书，送给自己。

2. 可以送给伴侣，感谢他对你学习的支持，分担家务；也可以感谢你们一起努力做父母。

3. 为孩子制作一份进步或者变化的证书，见证他开始独立自主，为自己负责。

4. 可以为家里的老人制作一份这样的见证证书，这是很特别和宝贵的。不用太复杂，就是要去试着做。

对于我们而言，在家人面前你扮演了什么样的角色？你对家人的看见，是增强了他们的内在力量，还是削弱了他们的自信和能力？这些问题都可以通过你们之间的关系互动，发挥出家庭成员之间的影响力。愿欣赏和支持在你们的家庭关系中持续流动！

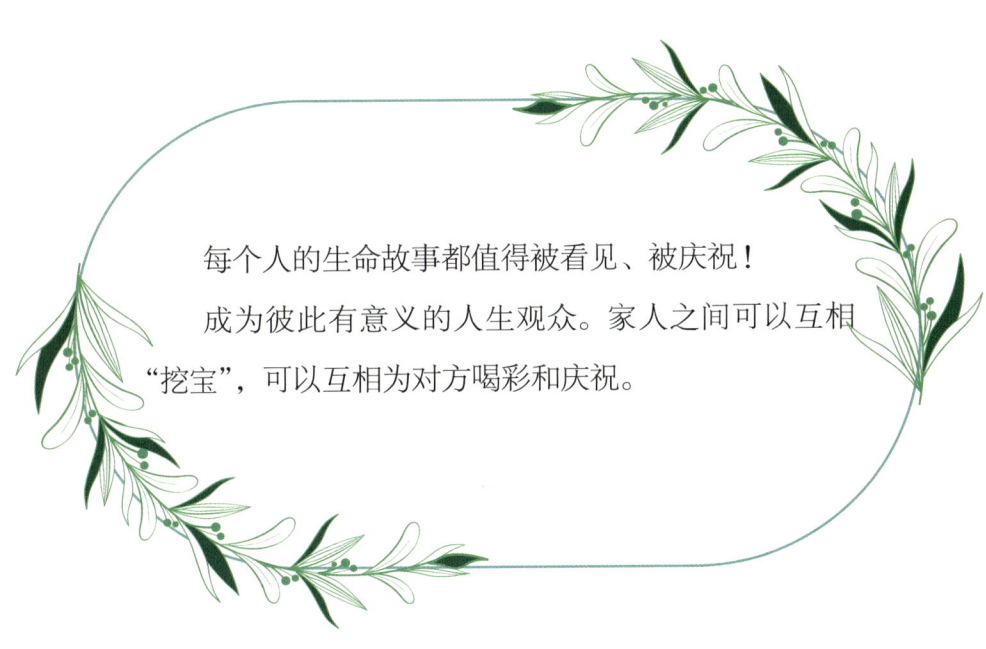

每个人的生命故事都值得被看见、被庆祝！

成为彼此有意义的人生观众。家人之间可以互相"挖宝"，可以互相为对方喝彩和庆祝。

下篇
常见问题,探寻解决之道

01 孩子厌学、拒学，父母该怎么做？

厌学现象在当前青少年心理咨询中是一个极为普遍且频繁出现的问题。在本书的上篇中，我已经详细列举了多个关于厌学的具体案例，并进行了深入的分析和反思。面对这一问题，许多家长可能会感到焦虑和无助，尤其是当他们发现自己的孩子表现出对学习的强烈抵触情绪时。因此，为了帮助这些家长更好地理解和应对孩子的厌学情绪，我在这里提供一个简明扼要的思路框架，以便着急的父母能够迅速抓住问题的核心。随后，家长们可以再次仔细阅读前面的章节，那里包含了更多具体而详细的指导和支持。

很多父母说孩子不爱学习，甚至总请假不去学校，就知道在家里玩手机、打游戏，父母怎么说都不听。这种情况确实存在，但这种现象仅仅是问题的表面。实际上，孩子们厌学情绪的产生往往是一个复杂的过程，背后可能涉及多种因素。

厌学是怎么发生的呢？大家回忆一下孩子刚上小学的时候，可是很兴奋的。他们第一次戴上红领巾的时候，也是很骄傲的。那个时候，是不是孩子一回家就会巴拉巴拉地给你讲学校发生的新鲜事？那么从什么时候开始，孩子慢慢不愿意对父母讲太多，也不愿意去学校了呢？从什么时候开始孩子对学习的喜爱和渴望慢慢地被压抑掉甚至消失了呢？从喜欢上学，到厌学，再到后来的不去上学，这是一个过程。

孩子在学习过程中难免会遇到阻碍和挑战，但并非所有父母都能以正确的方式应对孩子在学习中遇到的困难和压力。厌学的发生往往是孩子在学校的学习生活遇到困难以后，家长没能及时有效地帮助孩子克服困难，导致孩子没有信心继续接受学校教育。我举一个例子来说明一下厌学形成的复杂原因。

有一个妈妈带初三的孩子来找我，她说女儿之前成绩很优秀，但最近死活不去上学。妈妈问不出来原因，孩子也不愿意多说，只是不去学校。妈妈无意间发现孩子拿小刀划自己的胳膊，后来去医院被诊断为抑郁症。妈妈不能接受这个结果，想不通明明之前很优秀的孩子，怎么一下子抑郁了？我们在咨询中了解到了孩子的家庭和学习环境。

父母关系背景：孩子的妈妈从小生活在一个重男轻女的家庭，不被父母认可，妈妈就非常努力地想证明自己。结婚之后，发现丈夫没有太多主见，什么事都要听父母的安排，两个人有了女儿后，家庭矛盾日益增多，婆婆爱插手家里的事，丈夫冷漠不作为。这个妈妈对自己的婚姻和夫妻关系都有些失望，就把自己的希望都寄托给了孩子。

父母教育观念：从女儿刚懂事起妈妈就一直给女儿各种谆谆教诲，用自己的经验来教育孩子，一定要好好学习，出人头地，为自己争口气。孩子爸爸也把教育孩子的责任更多地交给妈妈。女儿发现自己如果考了好成绩，妈妈确实会很高兴，所以从小就很乖巧懂事，保持成绩优异。但随着学习难度的增加，女儿慢慢发现自己并不能保证每次都能考出好成绩。妈妈的情绪不是很稳定，日常生活中也特别容易着急和焦虑。如果有哪次孩子考得不好，妈妈就会不高兴，甚至会劈头盖脸地批评和抱怨，然后提出更高的要求。

孩子当前困境：孩子到了初三，处在注重分数和升学率的时期，自己也不知道学习的真正意义是什么。为了妈妈吧，好像也不能每次都让妈妈开心，心里的委屈和无助感日益增多。孩子的情绪困境无法得到父母的支持，父母关系的冲突和不得安宁的家庭环境,加上焦虑的妈妈一直对自己的高期待,女儿终于在初三的时候不堪重负,没办法继续上学了。

从这个案例中,我们可以深刻地认识到,随着社会竞争的加剧和压力的不断增大,许多家庭面临着各种各样的挑战。例如,父母原生家庭的背景、充满麻烦的婚姻关系,以及当前家庭生态环境、父母局限的教育观念等,都在同时影响着孩子的成长。因此,我想借此机会对各位家长说,如果您的孩子真的出现了厌学的现象,不要因急切让孩子复学而简单粗暴地给孩子施加压力,那样只会适得其反,失去和孩子联结的机会。家长们需要耐心地去了解孩子厌学的真正原因,反思孩子的成长环境,看看整个家庭系统需要关注的是什么,哪些需要调整。很多时候,孩子厌学是一个信号,用来唤醒家庭走向改变之路。

家里有厌学的孩子,父母该怎么正确面对和引导孩子去上学?

崔老师:家里有厌学的孩子,几乎所有的父母都会经历这样一个心路历程:着急、不安——各种尝试(用过去熟悉的方式:讲大道理、小心翼翼,甚至打骂威胁)——失败无力——开始接纳——转变态度——合作陪伴——发现转机。

有一个妈妈在孩子主动说要去学校的时候,感慨地说:"我现在才知道,最需要改变的是我。当我改变了,孩子就变了。"所以,家里有厌学的孩子,最考验的是大人的情绪状态和对孩子的期待调整,还有大人应对困境的弹性和策略。当然,每个家庭的情况不一样,过程也会有差异。孩子从厌学到上学,父母具体可以做些什么?

首先,父母需要正视厌学现象。不是孩子不好或者孩子这个人有问题,而是孩子遇到了和学业有关的困境。孩子表现出厌学,恰恰是孩子发出了求助信号,需要我们关注孩子,目前孩子面临的困境是什么?他最需要父母理解自己什么?这也是父母陪孩子一起面对困境的机会。

其次,父母要做两个方面的工作:修复关系,关注孩子。

通常,这时候父母需要先评估和孩子之间的关系,亲子关系融洽是陪孩子走出厌学困境的重要条件。厌学的背后大多会和孩子的关系和情绪困境有关。这个关系有可能是亲子关系,也有可能是师生关系或同学关系。情绪就像指示器,比如孩子的焦虑、抑郁,都呈现了孩子当下所处的状态。

父母需要暂时放下对学业的关注,真正去关注孩子发生了什么。当你真正愿意去了解孩子、理解孩子的时候,转机就出现了。如果父母觉得自己在面对孩子时无法控制自己的情绪或者和孩子关系持续紧张,就需要及时请专业的心理咨询师来支持孩子和家庭。

切忌:过度关注学业,忽略孩子的感受。急切让孩子复学的动机,会导致孩子更难复学。

父母如何陪孩子度过厌学、拒学的阶段?

崔老师:父母需要有足够的耐心,深入了解究竟是哪些具体原因导致了这种情况的发生,然后从那些最容易改变和着手的部分开始改变。陪伴孩子的原则是:减少破坏性语言和行为,增加让孩子感觉到有希望和有力量的行为。

当孩子面临学业上的挑战或感受到压力时,有些父母会选择发火或指责孩子。他们可能认为这样可以激励孩子,但实际上这种做法只会让孩子感到更加沮丧和无助。还有些父母，他们在孩子遇到学习问题时表现得比孩子还要紧张和焦虑。他们可能会过度关注孩子的成绩，甚至在孩子面前表现出过度的担忧和不安。这种过度的紧张情绪很容易传染给孩子，使孩子感到更大的压力，从而更容易培养出厌学的孩子。

当孩子表现出厌学或者拒学时，家长一定切记不着急讲道理。而是要先缓解孩子的情绪，等情绪降下来了，再跟孩子商量怎么更好地解决问题。一句话就是理解孩子的情绪在先，解决问题在后。就算你想给孩子讲点道理，也一定是理解在先，道理在后。孩子只有感觉到自己被理解了、被接纳了、被关心了，他才愿意听你讲话。

家长可以用四个步骤来调整和孩子的关系，和孩子合作面对：

1. 贴近孩子——愿意贴近孩子的想法和感受。让孩子感受到父母是愿意和自己站在一起的。孩子最希望父母理解自己什么？有时候亲子之间攒了很多情绪和问题需要处理，就需要反复回来贴近孩子的内心，重新和孩子建立联结。

2. 看见希望——在困境中看到希望的亮光，会有信心可以做得更好。孩子最希望被父母看见什么，最希望被相信什么？孩子先从父母身上感受到被信任、被关心，才有希望，愿意试试改变，父母也可以从孩子身上看到改变的希望。

3. 增加能量——家人彼此之间学会看见闪光点，学会赋能，让希望的亮光增加，同时也会更有力量去行动。这个家共同的努力是什么？家人之间可以互相支持的有哪些？

4. 修改行动——哪些是过去常做的无效的事，停下来；哪些是促进希望产生的、滋生力量的事，多做一些。除了这些，还可以做些什么？学会请教孩子，和孩子一起不断调整行动方案。

> 父母如何自查？陪孩子找到厌学的原因，助力孩子重新回到学校。

崔老师：父母可以从以下六大方面进行深入反思，以探寻孩子厌学背后的原因，并逐个进行改善，从而助力孩子更好地面对学业上的各种挑战。

第一，家长是否在过去的教育中给予孩子过高的期待和压力，破坏了亲子关系。

近些年大家特别熟悉一个词，就是"卷"，作为父母更是深有体会，我们容易被外界的变化影响，产生焦虑。从"不让孩子输在起跑线"这样的观念开始，父母就深陷其中，给孩子报各种兴趣班、课外班、补习班。有的父母可能会说："没办法啊，现在社会大环境这样，社会竞争太厉害了，大家都在补课，我们不补就跟不上。"我们确实没办法凭一己之力改变大环境，但是我们可以掌控自己的情绪和调整对待事情的态度。

真正的起跑线其实并不在于那些兴趣班或者各种课程里，而是在于家庭这个孩子成长的第一个环境。我曾经遇到过一位母亲，她让女儿在小学阶段参加英语 PET 考试和钢琴考级，导致孩子在考级之后再也不愿意摸钢琴，对学习英语也产生了抵触情绪。这样的结果不是适得其反吗？过度的教育压力不仅没有达到预期的效果，反而让孩子失去了对学习的兴趣，甚至对某些科目产生了反感，这显然是家长们在教育孩子时需要避免的。

我也见过另外一个家长，她的孩子喜欢玩游戏，她没有简单地否定孩子的兴趣，而是和孩子一起讨论游戏，分析游戏的机制和内容。她带孩子去体验编程课程，发现孩子对学习编程有兴趣。她鼓励孩子学习编程。通过这种方式，孩子不仅能够继续追求自己的兴趣，还能在学习编程的过程中体验到成就感。这种认识让孩子更加专注于学习,并且有了明确的兴趣和目标。

这位母亲的做法不仅让孩子在学习上更有动力、更加专注,还在社会普遍存在的高焦虑氛围和孩子之间起到了一种缓冲的作用。根据孩子的实际情况和兴趣,为孩子创造了一个更加健康和积极的成长环境。

第二,父母需要反思家庭环境是充满冲突、焦虑,还是温暖、和谐。

很多厌学孩子的家庭有一个共性:亲子关系充满了麻烦和冲突。大人情绪不稳定,孩子的情绪便没有机会被看见。父母对孩子会期待过高、冷漠忽略,孩子长期缺乏认可和关注。这些家庭中的夫妻也常常有冲突和冷战。有一个妈妈说她的孩子不想上学,还跟学校外面的社会人混,不知道怎么办。后来我跟这个孩子聊,她就说,她爸爸在外面赌博,经常偷妈妈的钱,而妈妈跟爸爸经常打架,爸爸走了,妈妈就哭。这些孩子都知道,就算去学校上学,也学不进去,自己也不知道怎么办,想帮妈妈,妈妈说不让她管。后来孩子在学校遇到一些困难,本来就很郁闷,回到家里看看家里的情况,这个郁闷就变得更严重了。像这样的家庭,你想要帮助孩子,一定是先帮助和关心自己,否则孩子很难安心回去上学。孩子拒学的行为有时候是一种唤醒:夫妻关系需要梳理,亲子关系需要疏通。

第三,有的孩子不愿意上学是因为孩子缺乏目标和自我价值。

我们的孩子从小就像一台机器一样,被家长安排要参加各类培训班,被要求取得好成绩。但很多孩子其实并不知道自己学习的意义。现在很多家长会过度关注孩子的分数,关注将来可以考上什么样的学校,却并没有注意帮助孩子寻找和树立属于他自己的、发自内心的向往的人生目标。在过去的年代,很多人不会考试,但他们知道:我要做老师或者做木匠,这是我要做的事。而现在的很多孩子成了成绩优秀、上知天文下知地理的博学的"空心病"孩子。孩子的内心装的是社会和父母的期待，但没有了自我。

有个孩子说："我一直都是父母老师眼中的好孩子，但中考我考砸了，所有的人都蒙了，我觉得支撑我的东西没有了，活着也没有意义了。"我们总说现在的孩子脆弱，其实不是他们脆弱，是他们在长大的过程中没有了自我，没有价值，所以一击即碎。

针对这个部分，本书前面的章节中有重点写，希望大家在阅读中多去实践，陪孩子慢慢去探寻，发展出属于孩子的人生意义和价值。

第四，了解孩子的学校生活有没有冲突和麻烦，比如师生关系或者同学关系。

有一个初二的女孩，因为学校不让烫头发，被老师批评，剪了头发，觉得在同学面前没有了面子，就不去学校了。家长可能会觉得，学校是学习的地方，孩子就不应该违反纪律，事情发生了，也不需要太介意同学的看法。

从发展心理学的角度讲，孩子到了青春期，她自然会很在意老师和同学的看法。而当家长听到孩子给你说学校发生的事或者不开心的时候，会忽略孩子的心理需要，喜欢讲一些我们觉得正确的道理，实际上这些道理冷冰冰地隔阂了亲子感情。家长要多听听孩子表达，从情感上支持孩子。比如，孩子回家哭了或者闹情绪了，你可以先倾听她说话，然后说："学校的规定让你觉得受限制了，心里本来就委屈，现在被班上同学看到了，觉得没面子，是吧？"你可以陪她坐一会儿，或者抱抱她。孩子觉得虽然在学校受了委屈，但父母理解她，她就会从你这里感受到支持和力量，会有勇气面对学校的困难。

第五，正确看待网络游戏对孩子的影响。

许多家长常常会将孩子不愿意上学的原因归咎于手机或电子游戏的诱

感。实际上,家长们需要慢下来进行评估和反思。通常情况下,孩子们之所以沉迷于手机或游戏,是因为他们在学业上遇到了难以克服的困难,感到挫败和压力大。在这种情况下,手机或游戏成为他们逃避现实痛苦和烦恼的"救命稻草"。因此,如果家长们只是简单地禁止或严格管理孩子使用手机,反而会产生适得其反的效果,加剧孩子的抵触情绪和逃避行为。

当然,也有一些孩子确实因为拒学期间习惯了手机或游戏的陪伴,导致复学之路变得更加艰难。但即便如此,家长们最重要的任务仍然是先去深入了解孩子的真实情况,耐心地陪伴孩子一起面对学业上的困境,帮助他们找到解决问题的方法,而不是急于解决手机或游戏的问题。只有通过理解和支持,才能真正帮助孩子克服困难,重新找回学习的动力和信心。

第六,用反思的态度来看孩子的抑郁、焦虑或其他议题。

在十几年前,如果你走进精神科门诊,你会发现比较冷清,偶尔会有一些年纪较大的患者。如今再去精神科门诊,你会发现门诊里几乎清一色都是年轻人,其中学生占据了绝大多数。

许多父母在面对自己的孩子被诊断为抑郁症时,往往难以接受这个事实。他们甚至会认为孩子是在装病,是在无病呻吟。这种态度和反应往往会让孩子们感到更加绝望,甚至有可能导致他们采取一些极端的行为。我曾经遇到过一个孩子,她向我倾诉说:"医生说我是抑郁症的时候,我并没有感到绝望。"她知道这只是一种疾病,需要治疗和关心。然而,当她的父亲对她说:"你这就是闲的了,没事找事,我看让你出去多受点儿苦,就没这病了。"听完这些话后,她说真产生了想从这个世界上消失的念头。

孩子被诊断为抑郁症时,并不是我们劝他"你想开点儿"就能好了。他确实需要专业的医疗干预、心理咨询和家庭的支持和陪伴。只有这样,我们才能帮助他重新找到生活的希望和勇气。疾病本身不是问题,很多时候也是一个重要的提醒。尤其是精神疾病,更需要重视心理上的支持和陪伴。

作为父母,先要耐心地陪在孩子身边,倾听和理解孩子有多痛苦,让他觉得自己是被理解和接纳的。你可以说:"你一定很难受吧。如果你愿意的话,或者什么时候你想给我说说你的想法,我都在,我会耐心听你讲。"千万别说:"这没什么大不了的,你要打起精神,多感受生活的美好……"

综上所述,孩子对学习产生厌倦情绪,这实际上是一个涉及多方面因素的复杂问题。关键在于家长首先需要保持冷静,调整自己的心态,不要过于焦虑或急躁。家长应该陪伴孩子,站在孩子的立场上,与孩子共同面对问题。通过这种方式,让孩子感受到他并不是孤军奋战,而是有家长的支持和理解。这种情感上的支持和理解,往往能够带来积极的变化。改变不仅是一个逐步的过程,更是一个全新的机遇,让孩子有机会重新审视学习的意义,找到学习的乐趣和动力。

> 崔老师养育锦囊:
> 1. 先修复关系,再解决问题。
> 2. 多关注孩子的关系和情绪,学会和孩子合作。
> 3. 改变四部曲:贴近孩子,看见希望,增加能量,修改行动。

02 家庭教育观念不一致怎么办？

在许多家庭中，父母在教育孩子的过程中常常会因为观念上的差异而产生冲突和矛盾。这些冲突不仅会影响家庭的和谐，还会对孩子的心理健康产生深远的负面影响。心理学研究表明，父母之间的争执会对孩子的心理适应能力造成损害，导致孩子出现一系列负面情绪，如恐惧、易怒和焦虑。

当父母之间的冲突直接与孩子相关时，孩子往往会感到内疚和自责，甚至产生自我攻击和自我否定的倾向。由于父母之间的冲突和矛盾升级，孩子可能会变得过于谨慎，可能会对周围环境的变化过于敏感，生怕自己的任何过失都会引发父母之间的争执。这种过度的担忧和恐惧会导致孩子在成长过程中产生各种心理问题，影响他们的自信心和价值感。

父母原本的初衷是希望用最好的方式教育和引导孩子，但结果却因为大人的观念不一致导致冲突，给孩子带来了问题。许多父母在面对这种情况时，并不清楚问题的根源在哪里，往往将责任归咎于对方，认为是对方的错误。实际上，在家庭生活中，出现分歧和矛盾是非常普遍的现象，关键在于父母如何面对这些差异和冲突。孩子们也会通过观察父母处理问题的方式，学会正确看待差异，学习到解决问题的方法，从而具备解决问题的能力。

> 父母的教育观念不一致，到底该听谁的？我们该怎么正确看待这种差异？

崔老师：我们其实不能简单地将父母的教育观点划分为绝对正确或绝

对错误。因为每个人的成长背景、生活环境以及认知水平都存在差异，这使得我们的教育理念和教养方法很难达到完全一致。毕竟，每个人都是独特的个体，我们的思想和观念自然会有所不同。这些差异不仅体现在性别和年龄上，还体现在不同的教养风格上。因此，父母教育观念和解决问题的方法不一致实际上是非常正常的现象。

对于现在的孩子们来说，随着他们年龄的增长，接触到的信息变得越来越多样化，他们的观念也不可能仅仅局限于一种。孩子们通过互联网、书籍、学校教育以及与同龄人的交流，不断地吸收各种各样的信息和知识。这些信息来源的广泛性使得孩子们能够接触到不同的观点和思想，从而形成自己独特的世界观和价值观。因此，孩子们的观念多样化是不可避免的，这也是他们成长过程中的一部分。

父母应具备明确的认知：孩子有能力适应并接受这种差异。特别是对于年幼的孩子，他们天生不喜欢单调不变的事物。父母一个严厉、谨慎，一个宽容、幽默，孩子能够从这种差异中学习到基础的社会交往技能：每个人都是不同的，都有自己的方式方法和风格。在差异中，孩子亦能学会与不同风格的人相处的技巧，以及应对各种不同情境的能力。

所以在家庭中每个人有不同的教育观念，并不是一件坏事，重要的是父母如何看待差异。父母有机会可以坐下来聊一聊：我们之间的差异是什么？这些差异背后各自重视的理念是什么？当差异出现的时候，父母要学习尊重彼此的差异，在差异中合作。

父母的观念出现不一致时，如何接纳差异，避免冲突？

崔老师：这是一个非常重要的问题，也是需要父母引起注意的。首先，差异不是冲突，但处理差异的方式却往往会导致冲突。有差异对于孩子来说并不是问题，但家庭成员对待差异的态度和方式才是问题。如果家庭成员能够平和地对待这种差异，尊重这种差异，或者在差异中合作，孩子就能从中学习；如果父母或者其他家庭成员不允许差异的存在，要求对方必须和自己保持一致的原则，甚至因为差异而争吵，孩子则会因害怕而逃避或者把责任归结到自己而产生内疚。所以，作为父母，当两个人出现差异，考验的是大人处理关系的能力。

我曾经咨询过一个家庭，妈妈说每次自己教育孩子的时候，奶奶就在一边拦着；妈妈惩罚孩子，奶奶就偷偷地去给孩子送吃的，自己跟老人也讲不清，说多了大人也生气，反而孩子在一边偷偷地钻空子，没人管了。回来跟孩子爸爸说，孩子爸爸就和稀泥，大事化小，小事化了。妈妈觉得爸爸不重视，爸爸觉得妈妈太小题大做。

平时他们的教育风格也很不一样：爸爸对孩子比较宽松，对学习要求不是很严格，有的时候会跟孩子一起看电视、打游戏。妈妈呢，要求会比较严，每次看到爸爸会批评爸爸，也会训孩子。这种情况下，孩子会不知所措，并不会按照妈妈的要求做。妈妈觉得孩子这样都怪爸爸，爸爸觉得妈妈这样教不好孩子，两个人也会当着孩子的面直接争执，最后升级为夫妻矛盾。孩子变得越来越不服管教，父母也越来越无力，觉得管不了。

通过这个案例，大家可以看到家庭成员的教育观念有差异，但没有合作，差异就会变成矛盾，导致冲突在这个家庭升级。父母可以先从以下几点进行反思：

1. 尊重彼此的差异。

父母学习放下二元对立观点，从质疑到反思多元存在。质疑对方，意味着我们看到的是一部分，不理解对方。父母当着孩子的面相互质疑对方的教育观点，特别是发生争执，甚至彼此否定的时候，孩子会对父母产生怀疑，谁的话也不愿意听了。父母在孩子面前没有了信任度，更谈不上教育效果了。父母可以通过沟通多了解对方的想法，然后达成一致。这里说的一致不是要求你必须听我的，而是彼此认同和尊重。

2. 欣赏彼此的不同。

当父母产生分歧又互不接纳时，孩子出于自我保护的心理，会选择对自己有利的一方。父母不能统一的时候，孩子在这样的环境中也会出现"双重人格"，在爸爸面前一个样，在妈妈面前另一个样。慢慢地，孩子长大后容易隐藏真实的自我，习惯性讨好他人来适应外部环境。有的妈妈说，那适应不是挺好的吗？但这种适应是消极的，不是孩子真实的意图。如果父母彼此欣赏对方的不同，孩子的适应是主动和有弹性的。区别是前者他是压抑、不快乐的，后者他是自己内心真实的选择，是开心和自信的。

3. 在差异中对话。

当父母经常因为分歧而产生冲突，却又没有进行有效沟通与合作，孩子会不知所措。随着孩子的成长，孩子内心会出现很多冲突，从而让自己的人生观价值观变得冲突和迷茫。孩子需要学习接受差异，允许多元价值观的存在。

学习在差异中对话，让孩子有机会去听听父母不同的想法和心意，对孩子来说是宝贵的学习。家人可以坐下来，说说自己的想法是什么，这个想法是从哪里来的，这样的想法里有什么是各自重视的部分。孩子的是非判断标准，包括人生观价值观是在成长过程中逐渐形成的，大多来自家庭。

父母在日常生活里，可以从哪些方面学习在差异中合作？

崔老师：我到底该怎么做？这是大家常常关注的。我们前面提到的两个重要理念：

一个是家庭教养观念差异本身是正常的，家庭成员要正确看待这种差异。观念大多来自过去自己的经验，难分对错，但重要的是要看看哪种方法更适合自己的孩子。

一个是差异不等于冲突。家庭成员对待差异的态度和方式——考验的其实是成年人处理差异、处理关系的能力。

通常在家庭关系中，当有冲突存在的时候，过去我们常用的方式就是忍，忍不了了就吵。可是在孩子的问题上，我们是忍不了的，但又没有学会其他有效的方式，所以就很容易吵。我们可以试着从几个方面来考虑调整：

1. 不戴有色眼镜：我了解到很多家庭，一般妈妈在教育中会占主导地位，而爸爸因为比较忙，参与的会比较少。尤其是很多夫妻之间本身会有一些矛盾，比如爸爸常常不在家，妈妈就很有意见，这个时候看爸爸教育孩子的方式，就很容易戴有色眼镜，把平时积累的委屈和看不惯都借助教育孩子这件事发泄出来。这样对夫妻关系和亲子关系都没有什么好处。所以，需要我们分清角色，夫妻角色，父母角色。哪怕爸爸是偶尔有时间跟孩子互动，这时的你可以试着放下对错，鼓励和肯定爸爸能够陪孩子对孩子来说是宝贵的。虽然一开始，他做得还不够好，但好的行为是可以增加的。如果偶尔做一次，还被指责，下次就更不愿意做了。愿意用欣赏的方式看待彼此的投入，就是合作的开始。

2. 换位思考：家庭教育观念有差异既然是正常的，作为父母要理智地换位思考，看看对方的教育理念有哪些可取之处，对孩子面对多元世界是有帮助的。我们特别要尊重那个主要教育孩子的人的意见，如果做得多还被挑毛病、受指责，那肯定会生气和委屈，导致家庭矛盾升级。这种情况更要换位思考，去体谅和理解。即便想要表达不同的观点，也要先试着去倾听和理解对方，然后再说出自己的想法。人只有深深地被理解，才更容易接受不同的表达。

3. 日常沟通：父母也是人，不可能事事都做得完美，大人也会对某些方面不擅长或出一些差错，这些都很正常。孩子也会在关系中慢慢体验和思考。夫妻双方有不同的意见时，我们尽量避免当着孩子的面产生争执。夫妻可以在平日的相处中，对于有差异的地方先尝试了解，理解对方的想法也许有其道理，然后再提出自己的想法和建议。这样两个人有机会换位思考，进而达成合作，再用一致的原则面对孩子。孩子也会发现父母既有一致性，又有变通性，也更容易认同父母所设置的规则，更好地配合。

4. 科学论据：当遇到新旧观念冲突的情况，也许会需要一些科学论据。比如，老人带孩子，担心孩子吃不饱，会追着孩子喂饭，而年轻的父母就说不能这样惯着，老人肯定不听。那父母就先不要与其直接产生冲突，可以借助第三方或者相关的书籍、课程来表达自己的观点或信任孩子可以自己进食。有个妈妈在孩子小的时候，屡次跟婆婆产生冲突，比如婆婆说绑腿让孩子腿直，妈妈说不用绑，绑腿会造成婴儿髋关节脱臼，而且婴儿腿形天生如此不需要纠正，长大自然会直。婆婆不信，妈妈都急哭了。其实没关系，婴儿要定期体检，你可以当着婆婆的面问医生，医生的话会更有说服力。但这个时候，一定不要抓住对方的小辫子不放，说："你看我说……"

这样不给对方面子，只能出现更多的矛盾。

5. 潜移默化地影响：如果自己的方法是绝对正确的，就潜移默化地让成效来证明，不要把精力总花在说服对方上。

总地来说，当家庭教育观念出现差异时，我们不以争对错为目的，而是共担责任、合作面对，办法总比问题多。我们的目的不是证明对方错了，而是要看看怎样做可以更好。

> 崔老师养育锦囊：
> 1. 尽量避免在孩子面前发起正面冲突。
> 2. 事后寻找机会，了解对方的想法。
> 3. 只有被深深地理解，才能有更好的合作。

 03 孩子学习总是拖延磨蹭，怎么办？

孩子们在成长过程中，尤其是在学龄期，常常会出现让父母感到头疼的行为，那就是拖延和磨蹭。这种现象在家庭中非常普遍，以至于有一句俗语说："十个孩子九个磨。"孩子们通常会在一些特定时刻表现出这种行为，早上起床磨蹭，吃饭磨蹭，写作业磨蹭，晚上睡觉磨蹭，我们把这四个容易出现磨蹭的时间形象地称之为"一日雷区"。

有的家长发现，孩子从早上起床，叫一遍不动，两遍不动，三遍还没有起来穿衣服。吃饭时也是这个不爱吃，那个不想吃，挑三拣四。写作业时一会儿说饿了要吃东西，一会儿橡皮找不到了，反正一天翻新花样地跟你磨。

看到孩子磨蹭，家长会心急，觉得就这点事儿，你干完不就皆大欢喜了。家长希望孩子可以意识到磨蹭的行为是不好的，要及时改正，于是会不断地提醒和催促孩子。然而，在孩子们的感受中，这些行为往往会被视为唠叨，甚至会让他们感到厌烦或者干脆充耳不闻，亲子冲突往往也容易爆发。

尽管家长费尽心思，但往往收效甚微。随着孩子慢慢长大，家长说得越多，孩子听得就越少，反而可能会因为家长的不断催促而焦虑，从而产生更多的抵触情绪。很多时候，家长也知道说了没有用，却又控制不住自己，不知道该怎么说才能让孩子不再磨蹭，立即行动。

在谈这个话题之前，我想让父母先来做一个好奇的探索：

拖延、磨蹭如果是孩子发出的一份邀请，孩子最希望被看见的是什么？

拖延如果会说话，它最想表达的是什么？

当孩子拖延、磨蹭的时候，家长该怎么正确面对？

崔老师：其实，孩子的很多行为都是在经验中学习得来的，很难区分对错。很多时候从成人的角度看，这个行为是错的，不符合要求，就想让孩子改变。其实从孩子的角度来说，这个行为的出现一定是有原因的。如果我们不去真正了解孩子拖延、磨蹭背后的想法，就很难真正改变这个行为。家长可以从以下几个方面来做一些反思和观察：

1. 拖延有可能是孩子解决问题的策略。

有一个上小学四年级的孩子说："我不想把作业太快写完，因为我写完后妈妈会给我找来更多卷子让我做。"

2. 拖延有可能是因为孩子接下来要做的事情太难了。

有一个上初二的孩子，最近因为做不完作业不愿意上学。父母认为孩子不能完成作业是因为写作业时拖延磨蹭。因为他们发现孩子每天写作业都会拖延，甚至写到十一二点也完不成。当我跟孩子沟通后发现，孩子其实很愿意积极写作业，白天会在学校把会做的作业都尽快写完，把难题留到最后。可是回家写作业的时候，一想到作业很难，都不会做，就迟迟不愿意开始写。

3. 磨蹭有可能和家庭教养方式有关。尤其是在小学阶段，孩子的拖延和磨蹭更多反映父母的教养方式。

期望过高：家长或者周围的人对孩子的期待过高，孩子多数都是达不到要求的，这时候就会被批评、被指责。孩子误认为自己不够好，家人不喜欢自己，只喜欢优秀的孩子，这样的孩子就会笼罩在挫败感中无法自拔，自我评价低，不自信，就不愿意学。

建议家长给孩子一个进步的空间，把目标分解为小目标，让孩子更多地体验努力后的成功，成就感是孩子进步的动力。

父母包办：从小到大，很多时候基本的生活小事父母都替孩子做了，无形中剥夺了孩子学习的机会。到了孩子上学阶段，也就没有办法迁移至学习能力，当家长无法替代的时候，孩子的生活、学习都会出现磨蹭的现象。不仅学习如此，如果这种情况持续下去，还会产生更严重的问题。

一个大学生因为社交恐怖而无法正常应聘工作来向我咨询，他回忆跟爸爸的关系时说："小时候，只要自己表示一点点不愿意做，爸爸都替我干。后来我干什么都没有动力，心想反正不想干的，爸爸都会替自己干。"到了成年后，他丧失了很多基本的能力，就很埋怨爸爸当初对自己的溺爱和包办。

吸引注意：心理学研究发现，孩子最喜欢的是被鼓励和肯定，其次是被批评和责罚，最不喜欢的是被忽视。相比于被父母忽视来说，他宁愿被批评和责罚。

有个孩子学习特别好，每天都认真完成作业，父母都很忙，认为孩子没什么事，就各自忙着各自的事情，彼此相安无事，很少有共度的时光。可是有一天，孩子玩橡皮，爸爸就过来说："别玩了，赶快做作业。"然后他就发现自己一磨蹭，爸爸或妈妈就会过来制止他，这个时候孩子就会误认为好好学习被忽视，玩橡皮会受到关注，因此会表现出更多类似的问题行为。

当孩子有好的行为时一定要鼓励和肯定孩子，当有不好的行为时暂时忽略他、不理他。心理学上有一个改变问题行为的方法叫阳性强化法——及时肯定积极行为，淡化漠视消极行为。

以上这三种现象和家长有关，更多是需要家长自己观察原因，然后反思和调整。

家长要怎么帮助孩子改善拖延、磨蹭的行为？

崔老师：在本书上篇中提到了一个重要观念——抛开问题，认识孩子。

家长想要帮助孩子改善某种行为，需要先做到不被问题困住，而是去贴近孩子，了解问题背后的脉络。通过深入了解孩子出现拖延的原因，评估出哪些因素是与家长自身的行为或态度有关，哪些因素则是与孩子自身的特点或需求有关。在上述例子中，我们可以发现，许多与家长有关的因素需要家长自己进行深刻的觉察、反思和调整，而与孩子自身有关的因素则通常包括以下两个方面：

1.任务的难度超出了孩子的能力范围。

家长在教育孩子时，应当充分考虑孩子目前的实际情况，采用"搭建脚手架"的方法，为孩子制订切实可行的行动指南。以孩子完成作业为例，我们都知道，最难的部分往往是开始行动。当孩子一想到自己有一堆难度较大的作业时，往往会产生畏难情绪，难以迈出第一步。如果家长能够引导孩子从最容易完成的任务开始做起，那么这种行动本身就能够带来一种成就感和价值感。随后，家长可以逐步引导孩子去面对更高难度的任务。

对于复杂的作业情况，我们还可以用分类和分区的方法进行处理。具体来说，将作业按照难易程度进行分类。例如，案例中的学生认为数学和英语是最难的科目，而语文、生物和历史相对容易一些。孩子反馈在学校自习课写作业效率最高，还可以向老师或同学请教，那么我们就调整过去先写简单作业的习惯，在最高效的时间先完成较难的科目。当孩子回到家想到要写作业时，整体的难度就降低了一半，再从较简单的任务开始，这样更容易行动起来。即便还有难度较高的科目，可以先尝试自己完成其中的较低难度和中等难度的部分，而对于那些高难度的部分，家长可以适时提供帮助，或者鼓励孩子在第二天向老师请教。通过这种具体、清晰的分类和分区方法，孩子在面对作业时的心理负担将会大大减轻，从而更加积极地投入学习。

2. 孩子在时间管理方面存在一定的困难。

当我们用拖延和磨蹭来形容一个人的行为时，常常会这样说：你太磨蹭了，完全没有一点儿时间观念。上学都要迟到了，磨蹭着还没有刷牙；都该睡觉了，还有一大堆作业没写完；放学回家先玩了再说，一边写一边玩……这种拖延、磨蹭的行为背后，往往伴随着缺乏规划和管理时间的能力。

我们可以发现，问题和期待是其中的两个关键维度。我们不希望看到的是拖延和磨蹭的行为，而我们期待的是孩子能够具备良好的时间观念，能够迅速地采取行动。过去我们花了很长时间去关注问题，花时间去改变问题。我们会发现一个现象：当我们过分地强化和关注问题时，问题会因为受到更多的关注而逐渐变得越来越大。我们内心的焦虑感也会随之增加。想象一下，当焦虑的爸爸妈妈和孩子面对越来越大的问题时，是否会觉得无力和无助呢？

现在，我们转换一个角度：将注意力转移到我们的期待上。父母不再关注孩子的拖延和磨蹭的行为，而是通过培养孩子的时间观念，帮助他们更好地管理自己的时间和任务。这样一来，我们不仅能够减少对问题的关注，还能够通过积极的期待和目标设定，引导孩子朝着更好的方向发展。

如何培养孩子的时间管理能力？

崔老师：时间管理实际上是一种自我管理。其核心目的在于提升效率，在有限的时间内完成更多有意义、有价值的事情。它既涉及如何有效地利用个人及时间资源，以实现既定的目标和计划，做到"心中有谱，行动有序"；

也涉及了如何清晰地认识自己一天中精力的变化并进行时间管理。因为能量足够，效率就高；能量不足，效率就低。培养时间管理及精力管理的能力，是需要家长陪孩子长期训练的。

首先，家长要学会转化问题：变问题为正向期望，变期望为清晰目标，变目标为具体行动。以拖延、磨蹭为例，家长要做的转化是：我期望孩子早晨7点可以起床，晚上用2个小时可以完成作业。

有效的目标必须具体、可行、可衡量，还要符合自己孩子的特征。具体就是指目标必须是清晰的。比如，有一个爸爸，经常给孩子说："宝贝，你要好好学习，长大了成为一个有用的人。"那么这个目标就不是很具体。怎么算是好好学习，怎么算是一个有用的人，这些都不够具体。那么家长可以说："宝贝，你上课要认真听讲，把老师要求的重点都记下来。"这就是一个具体的目标。

可行就是这个目标是在孩子能力范围之内。比如，别人1小时可以写完作业，但你的孩子3小时完成，可行性的目标就不是马上做到1小时完成，而是第一周2.5小时，第二周2小时，第三周1.5小时，第四周1小时，这样30天达到终极目标。

可衡量就是目标可以用指标量化表达。比如，我要回家主动写作业。这个目标对应了许多良好的指标：不用提醒自己主动写，写作业前做好准备工作，写作业的时候专注不走神，写完作业自己认真检查。

目标还要符合自己孩子的特征。每个孩子都是独特的，你的孩子是玫瑰花，就不能要求他像牡丹。孩子性格内向我们不能要求他一定要外向。

其次，有了清晰的目标和计划，家长更要陪孩子去发现自己在一天中什么时候能量值比较高，也就是精力充沛，这时可以做一些有挑战和难度的事。能量值比较低时，最好是保存精力，休息或者做一些简单的事情。

想要成为时间管理的高手,提升学习效率,先要成为精力管理的高手。比如,孩子上了一天的课,回到家精力值可能处于低能量状态,你就不能马上安排他去写作业,这时候效率一定是最低的。减少在精力低谷期安排学习以及充分的休息也是精力管理的一部分。周末如果安排的学习任务多,我们就可以把难的任务放在上午精力最充沛的时候完成。

然后,在培养孩子时间管理能力的过程中,家长选择的任务也要适度,符合孩子的意愿和能力,不可同时开展太多的任务。比如:磨蹭拖延,可以从早上起床、晚上睡觉、吃饭、写作业中任选一个或两个开始训练,完成后再增加其他的训练。

除此之外,对于年纪较小的孩子,家长们可以在日常生活中采取一些有效的措施,帮助孩子学会评估完成某项任务所需的时间长度。通过具体的生活实例和练习,孩子们可以逐渐掌握如何判断事情的紧急程度和重要性,从而更好地安排和管理自己的时间。

最后,在陪孩子执行计划的过程中,家长要做到以下几个方面:

1. 家长的耐心陪伴和鼓励可以提高孩子执行计划的积极性。

2. 家长要定期留出一些时间,在孩子执行计划的间歇时间多陪孩子享受放松的乐趣。对于年龄较小的孩子,及时的奖励也可以强化其行动。

3. 每天和孩子沟通,在执行中有任何问题都可以随时交流和调整。

> 崔老师养育锦囊:
> 1. 摆脱问题,正向培养。
> 2. 协商的目标必须具体、可行、可衡量。
> 3. 时间管理的前提是做好精力管理。

04 二胎家庭，父母如何平衡两个孩子的爱和成长？

随着社会观念的不断演变和家庭结构的变化，越来越多的家庭选择要第二个孩子，从而开启一段充满幸福与挑战的二胎家庭生活。在这些家庭中，父母不仅要照顾大宝的成长需求，还要兼顾二宝的抚养和教育。两个孩子之间的年龄差距、性格差异以及不同的成长阶段，都可能给家庭带来各种各样的挑战，父母也是在有孩子后才慢慢学习如何做好父母。有了二宝，也可以看看养育第一个孩子的哪些经验是可以带来帮助的，哪些经验是需要调整的，养育两个孩子会很不一样。父母需要在繁忙的日常生活中找到平衡点，确保每个孩子都能得到足够的关爱和关注。

当第二个孩子降生时，家庭的重心往往会不可避免地向新生儿倾斜，这种变化很容易让大宝产生心理落差。有父母会发现，原本已经能够独立睡觉的大宝，可能会突然要求和父母一起睡；或者在一些小事上故意调皮捣蛋，以吸引父母的关注。在这种情况下，父母需要找机会请大宝参与进来，让大宝觉得自己是重要的。同时可以问问大宝，目前二宝比较小，需要全家人比较多的精力去照顾，在这样的情况下，大宝对爸爸妈妈的期待是什么？

父母的精力有限，要同时照顾两个孩子的生活起居、学习成长，难免会力不从心。同时，两个孩子的相处模式也需要特别培养，确保他们能够和谐相处，共同成长。有个妈妈讲了她的苦恼：当初要二胎，就是想着两个孩子有个伴，可是自从有了二胎，就发现老大会有很多小脾气，自己也一直小心翼翼地去照顾老大的情绪，但难免精力有限，很难平衡。

现在哥哥刚上二年级，弟弟就像哥哥的跟屁虫，什么都想跟着看一看、摸一摸。有一天，哥哥的作业本被弟弟用铅笔划了一道，哥哥愤怒地大吼弟弟："我讨厌你！"弟弟吓得大哭……类似这样的场景，每天不知道重复多少次。妈妈很苦恼："本来想给哥哥添个伴儿，没想到多了个'仇人'！"

如何让两个孩子和谐相处，是二胎家庭的重要课题。孩子们年龄不同，性格各异，在相处中难免会发生摩擦。父母情绪的稳定会让孩子更容易冷静下来，创造空间让孩子有机会说一说自己的想法和感受，这样会增加彼此的了解和理解。父母也可以陪孩子一起协商一些相处的原则，孩子会觉得自己被尊重。

二胎家庭，当两个孩子起冲突时，父母该怎么处理？

崔老师：孩子们朝夕相处，矛盾无法避免，两个孩子起冲突时，父母要遵循一个重要原则：先安抚情绪，再处理事情。

有些家长看到孩子起冲突，自己会很生气，然后大声吵孩子。比如上面的例子，妈妈也许会说："弟弟还小，不懂事，你擦了就行了。"结果，哥哥更加愤怒，甚至动手打弟弟。我们相信父母并不是故意偏心弟弟，而是觉得他小，做出这个事很正常。面对哥哥时，则会不自觉地要求他："你大了，要让着弟弟！"但无意间忘了，其实老大也还是个孩子。

如果两个孩子年龄都不大，我们没办法要求他们自己理性处理。这个时候，作为父母，首先要照顾好两个人的情绪。比如，妈妈可以对哥哥说："弟弟动了你的东西，画脏了你的本，你肯定很生气。"对弟弟说："你听到哥哥这么大声吵你，肯定很害怕，觉得你爱的哥哥不喜欢你了，也很委屈对不对?"两个人都会觉得都被妈妈理解了,没有被批评,会松一口气。妈妈也可以用肢体动作安抚两个孩子,抱一抱他们,等两个孩子情绪稍微稳定一下,再就事论事来处理问题。

妈妈要告诉弟弟:"你在哥哥的作业本上乱画,哥哥就没法交作业了,所以哥哥才很生气。"这时,千万不要要求哥哥让着弟弟,这会让老大怀疑你更爱弟弟。

当然,如果孩子再大一些,父母也可以让他们独立去面对这样的冲突。父母可以找机会跟孩子聊一聊:你们两个人怎么相处是你们想要的?做哪些事会让你们更亲近?做哪些事会让你们更容易发生冲突?当发生冲突时,可以有哪些方法处理?父母可以多找机会向孩子表达:"爸爸妈妈很爱你。你希望爸爸妈妈怎么关心你,都可以对爸爸妈妈说。"父母真诚的态度,也会让孩子感觉到安全并愿意合作。

老大性格敏感,在家里表现出强烈的对抗情绪,父母该怎么应对?

崔老师:随着老二的出生,老大会觉得自己的地位受到了威胁,会怀疑爸爸妈妈不爱自己了。老二还小,正是需要父母照顾的时候,也不能撒手不管,该怎么办呢?这时,父母对老大的理解与呵护,对老大来说尤为重要。

理解一:很多老大会比较敏感。

很多父母会发现,二胎家庭中,老大往往会很敏感,觉得自己没有弟弟妹妹受欢迎。老二呢,则比较会察言观色,讨好父母。

针对这个现象,著名心理学家阿德勒提出过一个重要的理论观点:出生顺序效应。即在同一个家庭中的兄弟姐妹,由于出生顺序的不同而产生不同的家庭地位,使孩子不得不采取相应的方式适应生活,他的性格养成也会受其影响。

除了出生顺序的影响,也会有性格差异的影响。龙生九子,各有所好。两个孩子年龄和性格不一样,需求自然也不尽相同。老二从一出生,就必须面对老大的存在,会根据不同的情况适应环境。比如,老大如果很内向、不爱说话,老二就容易很强势,欺负哥哥或者姐姐;如果老大很强势,老二就很容易讨好适应老大。

理解二:老大正面临着独特的困境。

做父母的,总想把全世界最好的东西给孩子。第一个孩子出生时,能享受到全家无微不至的关爱。而在弟弟妹妹出生后,父母关注的焦点会突然转移。此时的老大,会感受到父母关注焦点转移而带来的痛苦,体验到创伤性的地位下降,被动地要学会分享。

"他在享受了8年绝对的权力以后,突然被废黜了王位。直到他失去王位的那一刻,他还是他母亲唯一的孩子,而他眼里也只有母亲。然后,他妹妹到来了,他拼命挣扎要夺回他的王位。"著名心理学家阿德勒在《儿童的人格形成及其培养》一书中,形象地描述了老大的心理困境。

有时,大宝想要确认父母的爱,会故意做错事引起家长的注意,性格也变得敏感和偏执。如果这时家长没有耐心,孩子就会因为确认了父母的态度而更加受挫,从而更加对抗。父母要有足够的耐心,才能呵护孩子安然度过这个阶段。

理解三:及时化解老大的心结。

老大本身身处困境,性格又敏感,怎么办?这一问题的根源,在于大宝担心弟弟妹妹分走父母对自己的爱。下面这个小故事,也许藏着答案。

姗姗是一个聪明而敏感的女孩，妈妈总说100%爱她。后来，妈妈给她添了一个妹妹。她想，妈妈对她100%的爱，分了一半给妹妹，变成了50%。

于是，她和很多家庭的大宝一样，看着妈妈无微不至地照顾妹妹，独自伤感。

后来，细心的妈妈发现了大女儿的心结，和女儿促膝长谈："妈妈对姗姗100%的爱，从未改变。妹妹出生后，妈妈也会给她同样100%的一份爱。妈妈的爱，是乘法，不是除法。"妈妈的回应让姗姗相信原来妈妈的爱没有变少。这个故事，让我们看到这个智慧妈妈的发现和回应。

大宝看到父母把注意力和精力放在二宝身上，会感觉到失落，这很正常。这时，父母千万不要因为大宝表现出来的不满而烦躁，更不能指责他不懂事、自私。很多父母会说："你看看你都多大了？还不知道让着弟弟或妹妹。"殊不知，这句话杀伤力特别大。此时，一定要照顾好老大的情绪，在他想要得到关注时及时给予他关注和回应，让他有足够的安全感，这样他就不会对二宝产生敌意。

父母在切实做到上述所提及的三个理解的基础上，还要把握"三不原则"：

不要因为二宝在情感上冷落大宝。

不要给两个孩子灌输大让小的思想。

不要在两个孩子之间进行比较。

很多妈妈爱说，看弟弟多听话，虽然没有批评另一个，但这句话明显有挑事的嫌疑。当在老大面前夸奖老二的时候，老大开始把老二当成了敌人。当用要求老大的标准去要求老二的时候，老二会觉得要不是他，自己也不会被批评。这样一来，会激化两个孩子之间的矛盾。

二胎家庭，父母如何做可以促进两个孩子之间的关系？

崔老师：在很多拥有两个孩子的家庭中，尽管日常琐事繁多，但依然能够体验到那份独特的幸福与温馨。在这些家庭里，父母与孩子们之间不仅能够建立起良好的合作关系，还能在相互的陪伴与互动中不断学习和成长。为了进一步增进家庭成员之间的情感，提升家庭整体的和谐氛围，我们分享四个简单而实用的小妙招：

1. 让老大多参与到老二的成长中去，多赋予老大权利，帮他树立老大的地位。这样一来，可以让老大更有参与感，也让老二明白长幼有序的道理。当然，权利和责任是并存的。父母也要制造一些让老大照顾老二的机会。老二年龄小干不了活儿，享受了哥哥的照顾，就会发自内心地尊重哥哥。两个人闹矛盾了，尽量就事论事，不要求哥哥让着弟弟。这样的模式相处下来，两个人就能适应自己的位置并彼此尊重和相互照顾了。

2. 尝试让孩子们自己解决问题。很多时候，父母心里会想着要公平，遇到事情一碗水端平，但到底怎么算公平？很多时候，大人觉得公平了，但孩子还是觉得不公平。孩子比较在乎的公平，主要体现在两个方面：一是在分配玩具或者礼物、食物的时候，二是当两个人之间发生矛盾和冲突的时候。第一种情况，父母是比较容易做到的。而当孩子发生矛盾和冲突的时候，不要轻易去当法官，而是尽量做好倾听者和引导者，给孩子一定的空间和时间，让他们自己解决。

3. 营造专属的甜蜜时刻，创造孩子的独享空间。有一个妈妈说，她已经尽量做到公平了，买什么都会注意照顾两个孩子，可是老大依然会找弟弟的麻烦。我就给她支了一招儿,就是找机会单独和一个孩子在一起,让他有机会独享父母爱的空间和机会。比如,妈妈接送老大放学的时候,可以多表达一下自己的爱,语言和肢体动作都可以。后来,这个妈妈照着做了后说很管用,不仅她和老大的关系变好了,老大对老二的态度也变了。每个孩子都需要认为自己是最重要的,因为有些孩子本身会比较敏感一些,会需要有一些优势心理,所以即便偶尔出现一些不公平,因为曾经得到过更多,孩子心里也容易释怀。需要注意的是,父母需要信任大宝,不断地肯定他,孩子就会慢慢喜欢上当哥哥姐姐,成为父母的小帮手。

4.学会欣赏和肯定每个孩子的独特。尺有所短,寸有所长。心理学家说过:"每一个孩子都觉得他在父母眼中是特别的。"作为父母,我们应该做的,是去发现每一个孩子的独特之处,然后以此为依据,用不同的方式去教育和陪伴他们,平衡他们之间的关系,而不是一味地讲究公平或者互相比较。

父母对孩子的爱,孩子之间的爱,都是可以互相影响和传递的。爱,是所有问题的根源,也是解决所有问题的答案。

崔老师养育锦囊:
1. 在做父母的过程中不断学习和调整如何做父母。
2. 欣赏和肯定每个孩子的独特性。
3. 爱是一切问题的答案。

 05 孩子进入初中后成绩下滑怎么办？

对于当下的大部分家庭来说，孩子的学习成绩还是父母比较关注的议题。特别是当孩子进入中学阶段，要面临中考和随后的高考，考试成绩极大程度上和孩子的未来发展关联，所以更是引发父母的关注。

许多父母会有一个困惑：为什么自己的孩子在小学阶段表现优异，成绩一直名列前茅，但进入初中，成绩却突然下滑，似乎跟不上学习的节奏了。父母可以回忆一下，在孩子小学阶段，你是重视孩子的学习成绩还是更重视孩子的学习习惯？发展心理学中提到：小学儿童的主要任务是学会学习，培养学习习惯。小学教育最重要的是保护学生的学习热情和信心，而成绩，并不是小学教育的目的。

许多父母为了孩子不输在起跑线上，会选择让孩子提前学习小学知识。这使得孩子进入小学后，感到轻松。小学阶段，孩子主要学习语文、数学和英语等基础学科，家长通常非常重视这些科目。为了孩子学好这些科目，家长会安排孩子参加课外辅导班，在假期预习新学期内容。在这个过程中，家长就像是一个推动器，课外班是辅助器，加上小学阶段的学科内容相对简单，老师的教学方式也会更加注重趣味性和互动性，使得孩子们在学习过程中感到相对轻松。因此，小学考试中，很多孩子能成绩优异，甚至考满分。

然而，到了初中阶段，情况发生了变化。初中的知识体系对孩子的学习能力提出了新的要求。小学的学习内容以具体形象为主，有一定的记忆力就行，而初中以抽象为主，需要理解加记忆。此时，如果孩子仍然依赖于小学时期的学习方法和家长的过度辅导，可能就会感到力不从心，难以适应新的学习环境。因此，家长和孩子都需要意识到，随着孩子逐渐长大，学习方式也需要相应地进行调整和改变，以适应更高阶段的学习要求。

另外，初中阶段的孩子有了独立意识，如果自己没有学习动力和目标，家长的生拉硬拽反而容易使其产生逆反心理，对学习厌烦。

除此之外，孩子到了初中，他还需要学习适应三大变化：身心发展的变化、学习环境的变化、人际关系的变化。这些在某种程度上都会影响到孩子的学习。作为家长，是最有机会了解自己孩子的人，更需要用发展的眼光、多元的视角来看待孩子的学习和成绩。

孩子进入初中后，家长要做好什么样的心理准备？

崔老师：孩子进入初中前，父母可以找机会和孩子坐下来聊一聊：马上你就要上初中了，你对自己有什么期待？你觉得进入初中的你和之前上小学的你会有什么不同？小学六年，你上学的经验有哪些？在这些经验里，你觉得自己哪些方面最厉害？进入初中后，你希望在哪些方面可以取得进步？你最希望得到父母怎样的支持？如果有机会跟孩子这样聊一聊，父母和孩子对上初中都会有一些心理上的过渡和准备。

孩子进入初中后，家长要先关注孩子的情绪起伏，细心观察并理解孩子在这一阶段所经历的变化。初中阶段，孩子们会面临许多新的挑战和转变，他们将面临一个重要的适应期。在这个过程中，家长的角色至关重要，需要深入了解孩子所面临的各种变化，并给予适当的引导和支持，帮助孩子顺利度过这一阶段。对学生来说最大的挑战就是学习环境的变化，具体表现为以下几个方面：

1. 学习内容和节奏变化——任务重。

很多学生在进校前对初中生活有许多美好的想法，但很快，新的作息时间，特别是在校时间明显延长、活动课减少、新科目增加、学习节奏加快等一系列的变化会让很多学生突然觉得压力增大。学生需要在更短的时间内掌握更多的知识，这对他们的学习效率和时间管理能力提出了更高的要求。

2. 学习要求和竞争变化——考试多。

小学时期，应该说对学生的学习要求并不高，到了初中，学生不仅要面对各个学科更难更多的要求，还要应对各种考试和评估，这无疑增加了他们的心理压力和学习负担，这个阶段学生心态的调整显得尤为重要。

3. 学习方式变化——自觉性。

小学生往往是老师手把手教，初中阶段则十分看重自学能力，因为初中的知识点繁多，讲究系统性。学生需要更加独立地管理自己的学习和生活，这对他们的自我约束力和责任感提出了更高的要求。

父母在孩子遇到困难时，要理解孩子、支持孩子，要了解孩子面临的这些变化，避免出现两个误区：

1. 批评孩子学习不努力——让孩子觉得自己不被理解，觉得自己面对学习这件事太难了，这样产生消极情绪，就更难主动学习了。

2. 托付心态——认为把孩子交给学校，交给老师就行了。其实，老师要面对班上几十个学生，很难照顾到每个孩子的心理变化，托付心态反而容易错过引导孩子适应的最佳时期。

孩子进入初中后成绩下滑，家长该做些什么？

崔老师：孩子成绩下滑，对家长来说容易关注成绩而忽略孩子，此时，最需要帮助的是孩子。父母可以找机会跟孩子聊一聊：看到成绩下滑，你心里肯定很不好受。这段时间的学习，你自己一定也做了不少努力。我们可以一起找原因，查漏补缺。进入初中后，哪些挑战是我们之前没有注意到，需要重新重视的？哪些挑战是需要我们协助你的？

实际上，在成绩的背后，隐藏着许多需要重新适应和调整的学习习惯。在小学阶段，学生的学习往往依赖于老师的指导以及家长的监督，但进入初中后，随着课程难度的增加和学科种类的增多，自主学习能力显得尤为重要。从过去的被动学习状态，转变为孩子的主动学习模式，这个过程中会有一个过渡期。家长可以陪着孩子共同度过这个阶段。

1. 制订目标。

家长平时多跟孩子聊一聊学习的目的和意义，可以引导孩子将学习和孩子自身理想结合起来，让孩子觉得学习是为自己而学的。还可以与孩子一起为每个学科制定目标，可以有一个学期的目标，也可以有每个月、每周的目标。学习的目标，应当具体、可衡量且可实现。通过执行，让孩子感受到达成目标的成就感，父母也可以及时给予其赞赏和鼓励。

2. 时间管理。

家长可以花一些时间来了解孩子擅长的学科是什么，有困难的学科是什么，每日的学习和作业任务大概有多少。陪着孩子合理规划时间，为不同科目分配学习时间。确保既有时间深入学习，又有时间保持休息和娱乐。

3. 反馈评估。

经过一段学习之后，效果如何？结果的反馈，有助于学生成长。家长应该鼓励孩子，定期进行自我评估，总结学习中的得失，及时调整学习策略。

4. 独立自主。

生活中，父母应当给予孩子更多的信任并逐步放手。加强培养孩子的自主能力，让孩子意识到自己和老师、家长一样是独立的个体，学习是自己的职责，自己要为自己的行为负责。

> 孩子成绩不好，是因为迷恋上了打游戏，家长该怎么引导孩子？

崔老师：现在发达的网络给人们带来生活的便利，也给孩子的成长带来很多困扰。孩子确实会容易把注意力、精力和时间转移到网络中，刚开始只是偶尔放松、娱乐一下，但网络世界带来的快乐比枯燥的学习更有诱惑力，就会陷入其中。

首先，父母需要把目光从打游戏这件事转向到关注孩子这个人。

我遇到一个初二的孩子，他妈妈说孩子迷恋打游戏，不想上学了。我跟他聊的过程中，他告诉我，他一开始并不想玩游戏。他进入初中后，发生了一件让他感到非常郁闷的事情，他试图向妈妈倾诉这件事，希望能得到她的理解和支持。然而，妈妈对他的诉说显得有些不以为意，似乎并没有真正放在心上，这让他感到非常失望。随着时间的推移，他的学习成绩开始逐渐下滑。妈妈着急上火，爸爸还揍了他一顿。他觉得自己的父母只关心他的学习成绩，完全忽视了他内心的感受和需求。他很郁闷，后来他的一个同学对他说，你玩游戏吧，玩游戏就不烦了。他带着转移注意力的心态开始打游戏，结果发现越来越上瘾……

其次，父母要透过孩子打游戏的行为，看到背后孩子的需求。这就需要父母多花时间跟孩子建立连接，了解游戏对孩子来说意味着什么。当孩子感受到父母可以尊重自己，就会多分享游戏在他心目中的意义和价值。比如，上述中的孩子打游戏是为了转移现实中未被理解的情绪，还有的孩子打游戏是为了交到朋友。

再次，父母要反思孩子打游戏带来的是否都是负面影响。孩子玩游戏也有正向的功能，网络游戏的最大特征是它可以满足玩家在现实中无法实现的价值需求。游戏设计上的通关升级，会让孩子在玩游戏过程中逐步获得成就感和肯定。孩子除了能在游戏里得到成就感，游戏带给他们的及时反馈和正向激励，才是游戏成瘾的关键。父母可以借助游戏，找机会问问孩子，他最喜欢的游戏是什么？打游戏给他带来的什么是日常生活里体验不到的？怎样安排打游戏是可以不影响生活的？

此外，父母可以尝试从以下几个方面来做：

1. 和孩子建立良好的关系。学习认真聆听孩子并定期总结孩子日常生活中做得不错的事情，让孩子经常感受到被理解和有价值。

2. 扩充孩子的兴趣。让孩子在学习之外，可以有一个放松和自在的空间，以及一两件喜欢并投入的事情可以做。

3. 及时且具体地肯定。在孩子学习这件事上，无论孩子做到了什么，可以做到及时反馈和正向激励，肯定的是具体的行动和努力而非仅仅是好的结果。

4. 增加现实的体验和价值感。每个孩子的内在都是渴望被看见和被肯定的，当现实中的需求得不到满足的时候，孩子才会在网络上寻找替代满足。

父母如何引导孩子提升学习的信心和动力？

崔老师：简单地说就是把正向的情绪和体验跟学习建立联结。

很多厌学的孩子有一个经验，提到学习，他就是被批评、被指责的。提到成绩，他就是没有能力、受挫的。这样跟学习有关的都是负面的情绪和体验，所以他就越来越不喜欢学习了。有个妈妈说他的孩子，不提学习，皆大欢喜；

提起学习,孩子就问妈妈:"你是要孩子还是要学习?"这个妈妈就很无奈。

那我们怎样建立正向联结呢?试着用三句话来跟孩子沟通:第一句话是"我看到……(正面的行为和意义)",第二句是"我相信……(提一个孩子力所能及的目标)",第三句话是"你真的做到了!"

比如,有个妈妈了解到孩子学数学比较吃力,但英语成绩比较好,她就先从英语开始让孩子体验到成就感。她经常说这三句话:"我看到你这次写的短文语法全部正确啊。""我相信这样下去你的英语成绩会有很大的提高。""你看,你真的做到了!"孩子对英语就越来越感兴趣。对于数学,妈妈从细节开始肯定:"今天我看到你做数学题前先复习了,好像做题比昨天顺利很多。我发现你做数学的选择题正确率很高,你是怎么做到的?我相信前面 60 分的题,你可以得更高的分数。你真的做到了!"后来,他每次做题,都不由自主地先去看前面的题自己能做多少,开始主动刷题……后来成绩真的考到全班前十名。

这三句话可以让孩子感受到自己是被欣赏的、被信任的、被肯定的。这种感觉跟学习慢慢联系起来,他就会愿意学习,热爱学习。

崔老师养育锦囊:
1. 每个孩子的内在都是渴望被看见和被肯定的。
2. 信任和放手,是让孩子自主的第一步。
3. 把正向的情绪和体验跟学习建立联结。

 06 父母如何协助孩子应对考前焦虑？

在我们每个人的成长过程中，都不可避免地会经历各种各样的考试。当我们对某件事情特别重视又不确定结果的时候，紧张和焦虑的情绪往往会悄然而至，这是一种非常正常的心理反应。经调查发现，90%以上的学生都会因考试而感到紧张不安，其中30%~40%的学生表现更为严重。换一个角度来理解，考前焦虑也反映了一个学生对学习的认真态度和重视程度。我们也会发现，适度的紧张感其实可以成为一种激励，激发我们的斗志和潜力，使我们在备考和面对挑战时更加专注和投入。然而，当紧张感过度时，它就会对我们的状态和表现产生负面影响，导致我们效率下降，甚至让我们在关键时刻发挥失常。因此，学会识别和调控考前的焦虑情绪，对于我们来说至关重要。尤其是当学生遇到比较重要的考试或挑战时，就更需要父母和老师重视孩子的心理变化。

有一位初三学生的家长反映：随着考试临近，孩子在家里常常会因为小事发脾气，好多次哭着说不要上学了。父母认为孩子心理素质太差，想要通过讲道理的方式来改变孩子，但发现并不管用。还有些学生一到考试就容易生病，去医院检查并没有发现什么实质性的疾病，父母会误解孩子是装病以逃避考试的压力和责任。实际上孩子并不是心理素质差或者故意装病，而是当压力过大、精神高度紧张时会出现一些情绪或身体的应激反应。通常父母的不理解也会加重孩子的压力，让焦虑加剧。父母在陪孩子长大的过程中，其实是不断跟着孩子去学习和理解各种状况发生的过程。

父母要谢谢孩子发脾气，让父母有机会透过孩子的发脾气了解孩子现在的状况，透过孩子的发脾气去贴近孩子当下的感受。身体出现症状也是对孩子的一种保护，父母需要重视，不只是要确认是否生病或者批评孩子，而是透过这些症状去理解孩子当下的困境，看看怎么来帮助孩子。

父母该怎么及时判断孩子是否出现了考前焦虑呢？

崔老师：考前焦虑是学生在面对考试的时候，因压力过大所引起的生理或心理上的症状，主要的表现为焦虑、紧张、不安、担心、注意力不集中等。严重的考前焦虑常使学生平时就忧心忡忡，忐忑不安，情绪起伏比较大，学习时注意力不集中，情绪烦躁，学习效率下降。考前焦虑会影响考试成绩，而不良的考试成绩又会反馈强化，加剧考前焦虑，形成一种恶性循环。

父母可以观察孩子，如果孩子出现了以下的情况，父母就需要注意：

考前几周开始休息不好，甚至失眠；容易发脾气，易激惹，很难跟人好好相处；有的时候，孩子还表现为消化系统的症状，吃东西胃疼、肚子疼、拉肚子等。

还有的孩子反馈考试过程中会大脑空白，原本记得的知识点也会想不起来。有的还会在考试过程中感觉总想要上厕所，出汗，心跳加速，甚至感到恶心想吐……这些都是孩子容易出现的情绪和生理层面的反应。

除此之外，考试焦虑还会有认知和行为方面的表现，比如，考前一段时间上课注意力不集中，记忆力减退，逃避学习，拖延时间，很多时候迷茫和混乱，无所适从等。

另外我们也会发现，在同一所学校，九年级学生在考试前的焦虑情绪较之七、八年级学生更为显著。面临升学压力，学生往往处于一种紧张的生活状态。当父母和老师的期望值过高，并将考试成绩与学生的未来紧密联系时，孩子便会感到极大的心理压力。加之学校频繁的考试安排，成绩的波动和父母、老师的期待都可能引发新的焦虑。有些学生尽管平时成绩优异，但在考试时可能会出现脑袋一片空白，无法发挥正常水平。过高的压力持续存在，会严重影响学生的身心健康，并可能诱发多种情绪障碍及身心功能失调。父母需要从孩子的心理及生理、行为方面去留意，及时发现，并进行引导和干预。

当确认孩子出现了考前焦虑的时候，父母应该怎么做呢？

崔老师：首先，父母要对考前焦虑有一个正确的认识。

心理学研究表明，心理紧张水平与活动效果呈倒"U"形曲线关系。紧张水平过低或过高，都会影响成绩。适度的心理紧张，可以使人更有动力学习，产生良好的活动效果。但过度的紧张则导致焦虑，影响考场表现，并波及身心健康。（见下图）

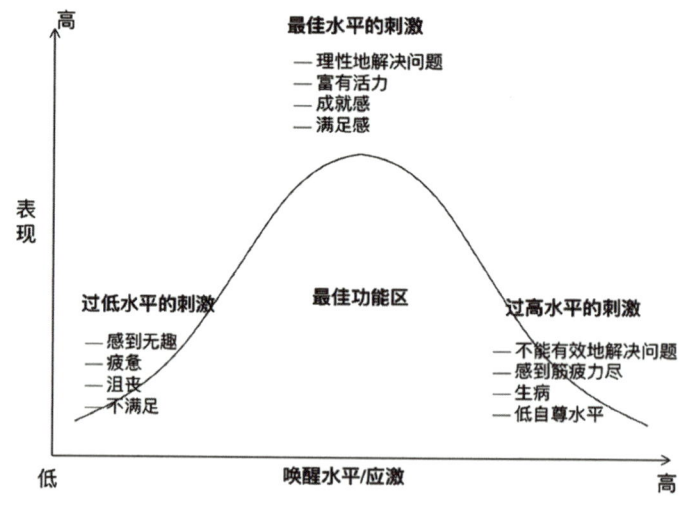

对于学生来说，适当的压力和紧张可以在一定程度上激发孩子的积极性和上进心，甚至能化压力为动力。这点在小学低年级的学生身上比较常见。但是，过度的压力会让孩子自信心下降，出现消极情绪，对学习丧失信心，还可能会引起严重的心理问题。对于学习压力比较大的学生来说，就需要及时调整。

其次，父母要透过孩子表现出来的情绪或躯体反应去了解和理解孩子。

孩子的情绪和感受先要被了解和理解，父母才有机会陪着孩子去面对和解决。

比如，有一个学生在考前就出现一系列的躯体症状，还会莫名地大哭，妈妈安慰她说就算考不好也没有关系，但这并不能缓解她的压力和焦虑。后来跟孩子沟通才发现，孩子的爸爸一直在外地工作，每个月回来一次，每次跟孩子谈话都是问她成绩怎么样，所以她就会觉得爸爸非常在意自己的成绩。她害怕考不好，让爸爸失望或者不喜欢自己，这个孩子更在意的是爸爸的态度而不是妈妈的态度。

妈妈可以看见并理解孩子："妈妈看到你好像有一些不安，你是不是很重视这次考试呀？你跟妈妈说说你都想到了什么？"这样创造一些和孩子对话的机会来贴近孩子的感受。

再次，评估孩子出现考前焦虑的原因。

从心理学角度看，学生通常会在考试前担心自己考得不好，是因为这次考试对他来说很重要，并由此联想到可能会影响升学，甚至前途等等。而过多的杂念会引起情绪上的波动和焦虑，并形成巨大压力。究其来源，可能来自以下几个方面：

1. 复习或准备得不充分，内心会忐忑不安，想逃避这种不愉快的体验。

2. 害怕考试失利后父母、老师会责怪，同学会嘲笑。

3. 过去考试的失误带来的不良体验，在心里留下了阴影。

4. 父母、老师提出的既定标准造成的心理压力。

5. 自我期望过高，自己接受不了成绩的下降。

6. 对未来的担心，害怕无法考上理想的学校。

最后，根据评估的原因，有针对性地进行引导和疏通。有时候，涉及过去长期的行为模式影响，也可以寻求专业咨询师的帮助。

对于父母来说，有哪些方法可以帮助孩子缓解考试焦虑？

崔老师：缓解考试焦虑的方式方法有很多，需要根据评估的原因有针对性地应对。上篇的第二章，我们详细谈过用外化的方法理解情绪、和情绪共处。对于考试焦虑，我们没有办法彻底消除，因为适度的焦虑还是有正向作用的，我们要做的是理解和接纳情绪的存在。

1. 父母先要照顾好自己的情绪。

父母也很不容易，也会有情绪，父母要先把自己的情绪照顾好，避免把自己的焦虑情绪传递给孩子，更要避免对孩子有一些威胁或者警告的语言。比如，很多父母会对孩子说："你看看我们全家人都围着你转，付出这么多，你可要好好考，不然你对得起谁？"当父母发现自己有情绪时，可以暂停跟孩子互动，先回到夫妻关系里，看看两个人怎么支持彼此，再商量如何一起支持孩子。

2. 接纳和信任孩子。

在孩子面临学习压力的时候，他们最需要父母可以接纳自己的感受和情绪。刚升入初中的孩子学习的科目增多，时间增长，压力变大，父母要允许孩子表达面对学习的时候有一点儿累，会感到烦。很多父母一听到孩子对学习有负面情绪，就急着去教育："就你累，你没看看你们班同学都在加班加点地学，人家都不累吗？"其实越是这样，孩子就会被父母嘴里的别人家的孩子困住，变得自卑。父母愿意多听听孩子表达情绪，不着急打断、不轻易下结论，对孩子来说就有很大的帮助。

3. 帮助孩子适度地放松。

每周尽量留点时间给孩子体验一下学习之外的生活，张弛有度，孩子一周都紧绷着学习的那根弦，周末需要适度地放松一下，这样不仅不会浪费时间，还会促使他的学习效率提升。现在很多孩子不愿意出门，空闲时间总想待在房间，父母需要创造机会，多陪孩子体验户外活动。

有没有什么方法可以让孩子自己学会克服考试焦虑？

崔老师：对于中学生来说，如果家庭氛围比较和谐，亲子关系比较好，父母可以多跟孩子讨论一些应对的策略。

1. 正确认识考试成绩及意义，调整考试心态。

主流观念认为学习成绩是评定孩子是否优秀的唯一标准，成绩决定着升学、就业，认为成绩不好就是没有前途，这样孩子肯定会背上很重的思想负担，认为学习是唯一的出路，学习不好就等于失败，从而压力过大，影响情绪。当学生改变了对考试成绩的看法，多方面评价自己，提升自信心，考试焦虑自然会降低。每个人的学习能力和擅长的方面都是不同的，没有唯一的标准。正确评估自身的能力，以平常心看待成绩的起伏。

考试作为一种检测学生掌握知识水平的重要手段，只要平时自己尽力了，那么就会比较容易有信心面对考试。从某种程度上来说，考试实际上是一种心理水平的较量，保持清醒的头脑和稳定的情绪状态更能发挥到最佳水平。

2. 正确认识考前焦虑，学会接纳和表达自己的情绪。

有研究显示，在考前写下关于考试的焦虑，可以有效地缓解焦虑。比如，很多学生在考前，头脑中会出现很多念头：我害怕考不好，我担心自己记不住，等等，我们习惯压抑自己的焦虑和担心的情绪，还会给自己暗示，对自己说：不要担心，不要害怕，发现都没有用。因为这些方式都是对自己情绪的不接纳。我们需要的是承认和表达自己的情绪。所以把自己的这些念头写下来，就是允许表达出来，反而能够帮助我们获得掌控感，接纳是解决问题的第一步。

3. 配合放松训练。

呼吸放松是我们常用的有效的放松方式。比如，我们常常采用鼻子吸气，嘴巴呼气，让自己的身体放松，慢慢地深深地吸气，吸到足够多的时候，把吸进去的气缓缓地呼出。呼气的时候尽量告诉自己：我现在很放松，很舒服。通常 5 ~ 10 分钟的呼吸放松，就可以让我们平静下来。

4. 适量的运动也可以缓解焦虑。

我们知道运动可以让身体分泌多巴胺，游泳的时候，身体可以分泌血清素，这些可以让人放松心情，缓解焦虑和抑郁，对于现在高压下的学生的身心而言，规律的运动是非常重要的。可以选择任何一项自己喜欢的运动，打球、跑步、游泳都可以，哪怕是散步都可以。不要怕耽误学习，只有照顾好自己的身体和情绪，学习效率才能更高，俗话说：磨刀不误砍柴工。

除此之外，听听音乐也可以让自己放松，多和老师、同学、父母进行交流也是很重要的。对于比较内向的孩子，如果不愿意用语言表达，我们可以鼓励他画出来，在纸上自由书写或者写日记都是可以的。

对于要面对中、高考的孩子，尤其是临近最后几个月，他们该如何做好心态调节？

崔老师：对于面临中、高考的学生，他们已经做了很多的努力，在考前最后阶段从心态上来说就是保持稳定的情绪状态，防止自己掉进压力和情绪的恶性循环。当我们戴上一副充满焦虑情绪的眼镜去看待学习和考试时，这种负面情绪会极大地影响自己的学习状态，使我们学习效率下降，甚至无形中会增加我们的心理负担，对自己的能力产生怀疑，而这些反过来又会影响自我评估，从而陷入一个恶性循环，导致焦虑情绪不断加剧。

父母可以从以下几个方面引导孩子：

正确评估：我对自己的定位是什么？可以跟老师沟通自己当下的优势和薄弱环节，有针对性地进行调整。对自己的学习以及状态打分（0～10分），你分别给自己评多少分？理想的分数是多少？在考试前最后几个月，自己还可以做的调整是什么？量化的标准可以让自己更清晰自己的目标，确立自己的行动。

合理期待：所有的父母和学生都希望自己能在高考中取得好成绩，心理学研究表明：动机与效率的关系呈倒"U"形曲线，也就是过高或过低的动机都不会取得最佳水平。而越难的事，最佳水平越靠近低动机的方向，所以考前，降低我们的动机和期待反而更容易发挥出最佳水平。

适度焦虑：不当回事和太当回事都不是最佳的状态，适度的焦虑也是达到高效率的正常状态。适度焦虑，就是让自己有紧张感，但还可以有序应对的状态。

专注当下：考试要学会专注当下，你在吃饭，就好好地享受这顿美食；

你在睡觉,就把注意力集中在躺在床上的感觉;你在做题,就专注现在你正在做的题,把注意力始终放在此时此刻你正在做的事情上。

积极暗示:考前几天可以有意地做一些训练。比如,在听音乐或者冥想的时候,提前模拟一下中、高考考试的状况。早上起床,给自己一个微笑;然后做好什么样的准备,顺利走向考场;看到考卷,做个深呼吸,然后从容答题;遇到自己擅长的题目可以怎么答,遇到比较难的怎么调整。每天放松下来的时候都可以预演一遍,这样把积极的情绪和具体考试可能发生的事建立一个联结,这样当中、高考真正到来的时候,我们的身心自动就会以最佳的状态呈现出来。

> 崔老师养育锦囊:
> 1. 负面情绪不是问题,而是我们了解问题的入口。
> 2. 父母要学会照顾好自己的情绪。
> 3. 问题是父母和孩子一起学习成长的机会。

 07 青春期孩子情绪不稳定，父母该如何与其相处？

许多父母会发现，随着孩子逐渐步入青春期，他们的情绪变得越来越不稳定。在家里，孩子常会因为一些微不足道的小事发脾气，有时候父母的一句无心之言也会让孩子感到烦躁，不想听。父母会在家庭气氛好的时候尝试给孩子讲一些道理，当孩子心情平和时，好像也都能听懂并接受父母说的要控制自己的情绪，不应该那么冲动。但孩子一旦脾气上来了，就会再次失控，父母的情绪也会被点燃，这时对孩子的说教反而把孩子推得更远。孩子放学回到家变得越来越沉默寡言，常把自己关在房间里不出来。父母一方面担心孩子的情绪问题会影响学习，另一方面看着孩子不开心也会着急和心疼。在面对这种情况时，父母常常感到束手无策，他们发现传统的教育方法似乎不再奏效。父母在孩子情绪稳定时的教导，虽然在当时看似有效，但往往难以在孩子情绪失控时发挥作用。

青春期的孩子正处于生理和心理的快速变化期，他们的情绪波动往往比其他年龄段更为剧烈。孩子在青春期可能会变得更加敏感和自尊心强，他们可能会对父母的批评和建议产生抵触情绪。此外，青春期的孩子们也在寻求更多的独立性和自我认同感，他们可能会对父母的过度关心和干预感到反感。这种情况下，父母需要更加耐心和理解，尝试与孩子建立更平等的沟通方式。父母可以尝试倾听孩子的想法和感受，而不是一味地给予指导和批评。

父母找机会和家里青春期的孩子聊一聊：慢慢长大的你，对于父母如何在青春期这个阶段支持你，你的想法是什么？当你在学习和情绪相处时，需要我们怎么来配合你？我们也在慢慢学习管理情绪，你想给我们什么建议？

在快节奏的生活中，能够有效地控制和调节自己的情绪，已经成为衡量一个人综合素质的重要标准。情绪管理能力的高低直接影响到个人的决策能力、人际关系和工作效率。许多成年人在面对情绪问题时，往往也不知道如何成熟地应对和与情绪共处，这种情况对于正处于青春期的孩子来说更是如此。父母在陪青春期孩子的过程中，自己也在不断学习如何在生活中发挥家人的优势。家庭成员常常会有很多独特优势，比如爸爸的幽默、妈妈的包容，家人之间可以互相见证学习。对于容易诱发负面情绪的因素，比如说话急躁、挑剔或频繁抱怨等，家人之间也可以互相提醒、相互帮助。

父母一方面学习照顾自己的情绪，一方面为孩子提供适当的支持和引导，帮助他们建立积极的情绪应对机制。通过有效的沟通、理解和支持，和孩子一起应对青春期的各种挑战。

为什么青春期的孩子情绪更容易被激惹？

崔老师：很多父母会感到困惑，小时候那个听话乖巧的孩子，长大了却变得越来越难以沟通和管教。这种变化常常让家长们怀疑，是不是自己的教育方式出了问题。事实上，大脑发育规律决定了青春期的孩子根本不可能控制自己的情绪。

家长如果能够了解这个阶段孩子大脑功能的特征以及相应的认知发展规律，就不会对孩子的行为感到困惑和误解了。青春期的孩子正处在一个非常关键的生理和心理发展阶段，尤其是在大脑发育方面。在这个时期，他们的前额叶皮层和边缘系统（情绪脑）正在经历重要变化。任性叛逆、冲动外加自制力差，真的不是他们自己想要的。

从大脑的功能来看，前额叶皮层区域扮演着类似于司令部的角色。这个特定的区域负责人的高级认知功能，包括做出决定、计划，抑制冲动，同时也和社交活动、理解他人和自我认知有关。它很重要，但发育却最晚，一直到 25 岁左右才会成熟。而我们大脑的边缘系统，也叫情绪脑，是大脑最活跃的部分，相当于一个人的活动的发动机，它由海马和杏仁核构成，管理记忆、情绪和感受奖励，一般在 15 岁以前就发育成熟。

青春期是一个特殊的时期，这个阶段的杏仁核功能会变得比其他年龄阶段更为强大和活跃。与此同时，记忆力也会在这个时期达到人生的巅峰。因此，青少年这个群体的情绪往往会特别丰富，他们更容易受到焦虑、抑郁等情绪问题的困扰，从而引发身心疾病。有时候，青少年会感到委屈、莫名其妙，甚至不知道自己为什么会这样，他们常常无法控制自己的情绪。

这些现象的出现，主要是因为青春期的杏仁核功能高度活跃，而前额叶的自我控制能力和情绪调节能力却相对有限。简单来说，当发动机已经开始在路上横冲直撞时，掌管刹车的刹车片还不到位。这种不平衡导致青少年在面对复杂情绪时，可能会感到无助和困惑，难以有效地调节和控制自己的情绪反应。因此，理解青少年的情绪波动和行为表现，需要考虑到他们大脑发育的这一特殊阶段。

在这个阶段，孩子们的认知发展也在迅速变化。他们开始形成自己的价值观和世界观，试图独立于父母，探索自我身份。在探索过程中，他们可能会表现出叛逆和挑战权威的行为。家长需要理解，这并不是孩子故意要与父母作对，而是他们成长过程中的一部分。

因此，家长在面对青春期孩子的行为时，应该保持耐心和理解。通过与孩子进行开放而坦诚的沟通，了解他们的想法和感受，帮助他们建立正确的价值观和行为准则。同时，家长也可以通过学习相关的心理学和教育学知识，更好地引导孩子度过这个充满挑战的成长阶段。

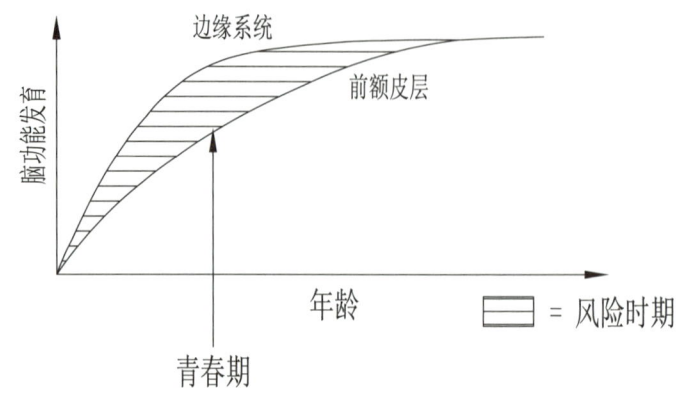

作为青春期孩子的家长，该怎么去陪伴孩子应对情绪失控呢？

崔老师：说到情绪失控的问题，我们成年人也常常会遇到这种情况，只是相对来说，成年人在面对不良情绪时，通常会有更强的耐受力和自控力。成年人在社会中经历了更多的磨炼和挑战，因此在处理情绪方面通常会更加成熟和稳重。然而，这并不意味着我们能够完全避免情绪失控的情况。有时候，压力、挫折或其他外界因素会让我们的情绪防线崩溃，导致我们无法有效地控制自己的情绪。尽管如此，成年人通常会通过各种方法应对和管理情绪，比如深呼吸、冥想、运动或其他放松技巧，以帮助自己在情绪波动时保持冷静和理智。

心理学领域提出了一种被称为情绪耐受窗的理论，根据这一理论的研究结果，人类的情绪可以根据其强度被划分为三个不同类别：高激动状态、低激动状态以及理想的激动状态。所谓理想激动程度的范围，实际上就是指情绪耐受窗。每个人对情绪的耐受程度有所不同，这就像是每个人的情绪耐受窗的大小都不尽相同。然而，有一个共同点：只有当情绪处于自己的耐受窗之内时，我们才能保持理性思考，并做出明智的选择。反之，如果情绪超出了耐受窗的范围，我们就会出现认知失调的情况。

在情绪耐受窗之外，人们的行为和反应往往会脱离理性大脑的控制，变得像是一种本能的、无意识的反应，类似于电路短路一般。在这种情况下，人们常常会发现自己虽然知道应该怎么做，但无法做到，事后又会懊悔不已。为了应对这种情况，我们有两个主要的方法可以采取：一个是调节情绪的强度，一个是扩展情绪耐受窗。这个时候避免讲道理，讲了孩子也听不进去，因为孩子大脑处于短路状态。

首先，家长通过共情孩子的感受调节他的情绪强度。就是当发现孩子有强烈的情绪时鼓励他表达，倾听他的情绪，体会这个情绪，并把自己的感受告诉孩子，看看孩子是不是同意。等孩子的情绪回到容纳之窗，再跟孩子分享你的观点和建议。在这个过程中尤其避免批评和否定，否则，孩子很容易产生挫败感，关闭心门不愿意再沟通。

在家庭中，孩子需要经常获得重要抚养人的理解和回应，心理学上把这种理解和回应叫作共情或者同理心。如果父母能够敏锐地感知到孩子的需要，及时恰当地回应，就会让孩子有一个感觉：我的感受是可以被理解的，父母懂我，我是重要的、有价值的、安全的。

其次，扩展情绪的容纳之窗是引导孩子接纳自己的情绪。我们越是抗拒坏情绪，它越会气势汹汹、无孔不入；相反，如果我们接纳这个情绪，愿意与它和平共处，会发现我们反而容易平静下来。比如，现在我是生气的，我允许自己生气，这时候发现生气也没什么。但如果我不能接纳生气，觉得生气是很讨厌的，越想摆脱，不好的情绪就会持续。

作为父母，需要自己先学会接受情绪的出现，而不是被情绪所左右。只有当我们自己能够坦然面对各种情绪时，才能更好地引导孩子接纳情绪。情绪的出现是正常的，它是人类情感的一部分，父母应该教会孩子理解这一点。慢慢地，随着时间和经验的积累，孩子的情绪容纳之窗就会逐渐变大，他们将能够更好地应对各种情绪波动。

在日常生活中，我们可以通过不断地体验和处理各种情绪，来培养孩子的情绪管理能力。无论是快乐、悲伤、愤怒还是恐惧，每一种情绪都有其存在的意义和价值。通过引导孩子识别和表达自己的情绪，可以帮助他们学会如何在不同的情境下做出适当的反应。这样，在面对挑战和压力时，孩子就能够更加从容不迫，有效地管理自己的情绪，从而更好地适应生活中的各种变化。

担心孩子容易通过网络交友不当或者迷上游戏，父母能做些什么？

崔老师：现在青少年的情绪表达跟我们小时候发生了很大的变化，比如我们那个时候可能会更倾向于找几个朋友疯跑玩耍，发泄一下情绪。而现在的孩子更倾向于通过网络的方式来表达，通过各种APP，比如微信，发个朋友圈，用一些非主流的图片或者表情，或者发一个字：烦！后面就会跟一堆的追问：怎么了啊？发生什么事了啊？是不是不开心啊？还有抱抱的一系列符号。这个时候青少年会感到被人关注，那种感觉会缓解情绪压力。

这种现象也跟我们大脑的发育有关，我们的大脑存在一个奖励路径：就是当我们的需求、欲望得到满足的时候，大脑会释放出快乐的物质产生快乐、愉悦的感觉，这也是个体成瘾行为产生的生理基础。青春期个体对奖励通路十分敏感，很容易被外界的刺激诱惑吸引，所以父母、老师支持性的引导在这个阶段显得格外重要。

青春期的孩子，内心比较多的是对未知的不安、迷茫和不确定，但同时也潜藏着巨大的能量和潜力。父母需要避免一味地压抑和遏制，而是应该作为孩子的助推力，邀请孩子多表达他的感受和想法；避免一味地说教和训斥，在现实生活中多创造机会和孩子平等地对话，也有机会互相分享，这样很大程度上能避免孩子过度依赖网络世界。

父母更要理解现在的孩子虽然物质是富足的，但心理上遇到的挑战比我们多了很多。我们小时候其实环境是非常单一的，周围的声音是非常一致的。好好学习，天天向上。没有别的干扰信息，所谓的游戏几乎全是体育运动类，就算不好好学习，也锻炼了身体。但是现在的孩子生活在快节奏的时代，太多东西要学，反而没有时间好好地思考和玩耍，他们内心有非常多的困惑和迷茫。多元化的世界带来了多元化的声音，他们会说我不学习，当游戏主播也能生存。他们关注很多父母不了解的网络文化和虚拟世界。父母和老师遇到了前所未有的挑战，因为孩子的信息来源太多了，我们的声音就显得不那么有权威和重要了。当我们遇到孩子情绪不稳定、依赖网络游戏的时候，更是考验父母和孩子关系的时候。

我这里分享一个六字口诀：稳，听，静，不教，通。

稳——父母的情绪要稳定，无论孩子出现什么样的情况，父母先要觉察自己的情绪是不是处于稳定的状态，是不是在自己的容纳之窗范围。

听——仔细倾听孩子想说的话，了解他重视的生活和关系，理解孩子的心情，同理孩子的感受和情绪背后的需要。

静——等孩子慢慢静下来，也让自己静下来。只有孩子的情绪恢复到容纳之窗范围内,他的认知功能才恢复正常,父母说的话他才能听得进去。

不教——不急着说教,说教会破坏关系。父母要相信那些道理,孩子已经听过很多遍了,孩子更需要透过父母看到大人是怎么管理情绪、应对挑战的。

通——和孩子建立关系通道,有机会多沟通。沟是形式,通是目的。我们希望跟孩子之间建立起一个沟通的桥梁,这样即便两个人的意见不一样,也愿意商量,共同寻找答案。

崔老师养育锦囊:

1. 让孩子感受到自己是被理解的,是重要的、有价值的和安全的。

2. 允许和接纳自己和孩子的情绪。

3. 养育六字口诀:稳,听,静,不教,通。

 **08 父母如何应对孩子对手机的依赖?**

在这个高度数字化的时代,智能手机已经成为现代家庭中不可或缺的一员。它在极大程度上使我们的日常生活更加便利,从购物、支付到信息获取和社交互动,几乎无所不能。但与此同时,手机也在潜移默化中深刻地影响和改变着我们的家庭生活方式。随着手机在我们生活中所占的比重日益增加,我们会发现原本温馨的家庭氛围可能因为过度使用手机而变得冷漠和疏离,家庭内部的亲密关系和情感联结不可避免地受到冲击和削弱。对于孩子使用手机,家长也是无比纠结,如履薄冰……禁止孩子使用吧,怕孩子跟不上时代变化;允许孩子使用,又怕其上瘾,导致覆水难收。

如今,让众多父母感到头疼和棘手的问题莫过于孩子对手机的过度沉迷。孩子一旦沉迷于手机,不仅会对其日常生活状态和学习专注力产生负面影响,还会因为家长管制而引发冲突,影响亲子关系。当一个孩子长时间沉溺于手机视频或游戏这种短暂的、表面的快乐时,他们对那些需要付出更多努力才能获得快乐的学习和阅读活动,就会变得越来越难以投入其中,更会使他们逐渐丧失深度理解和思考能力。很多家长发现家中那个原本朝气满满的少年,越来越不爱出门了,变得"两耳不闻窗外事,一心只顾刷手机"。面对这种状况,很多父母希望孩子能够戒断对手机的过度依赖,但即便使出浑身解数,尝试各种方法干预,却收效甚微。

很多厌学孩子的家长会认为是手机游戏害了孩子,让孩子沉迷其中,不愿意上学,但实际上,手机游戏只是起到了推波助澜的作用。当孩子们的心理需求无法在现实得到满足时,更容易沉迷手机。手机游戏是一个可以让孩子暂时忘掉现实世界烦恼的避难所。而那些学业发展顺利的孩子同样也使用手机，只是这些孩子有自己的兴趣和学习目标，他们使用手机的习惯更健康。

随着科技和网络的发展，手机和网络文化成为我们生活的一部分，也确实会给我们（不仅仅是孩子）带来很多影响，这是这个时代的一个特色之一。网络和游戏也成为许多孩子生活中绕不开的存在，作为父母，如何跟孩子站在一起面对这个挑战，跟孩子一起探索如何最大化手机和网络的使用价值，是值得我们思考的。同时也希望手机使用可以促进亲情、促进家庭关系，而非干扰阻碍亲情的流动及淡化家庭关系。

孩子们并不是顺理成章地接纳成年人给他们的观念，在这个飞速变化的外在环境冲击下，他们的内心也正经历着价值观的迷茫、混乱和冲突。当父母用简单粗暴的方式制止孩子刷手机却无效时，需要先停下来做一些思考和探索：

目前，你们的亲子关系质量怎样？

当下这个阶段，手机或网络对孩子的意义和价值是什么？

作为父母，平时使用手机的习惯是怎样的？

当父母担心手机影响孩子时，该如何管比较能帮到孩子？

如何创造机会，创造空间，让孩子有机会表达出他的真实声音？

父母和孩子该如何探索和手机、网络游戏的关系？

当父母开始深入思考这些问题，并在内心深处形成一些明确的答案时，就已经完成了非常重要的一步：将原本过度集中在手机游戏上的注意力，开始慢慢地、有意识地转移到与孩子的关系以及孩子本身的发展上。这样的转变是至关重要的，因为它意味着父母开始从更深层次、更本质的角度，去审视和帮助孩子重新建立与手机之间的健康、合理的关系，从而在根本上为孩子提供有效的帮助和支持。

哪些孩子更容易沉迷于手机和网络游戏？

崔老师：让生活变得有意思或者寻求乐趣，无疑是人的本能反应之一。对于成年人而言，当我们面临工作上的压力，或是遭遇现实生活中的困境，或是感到无聊时，我们往往会主动探寻那些能够为我们带来愉悦的途径和生活方式。而对于孩子们来说，当他们在学习过程中压力大，或感到生活单调乏味时，手机便顺理成章地成了他们逃避现实压力、寻找快乐源泉的便捷通道。特别是在孩子们观察到周围的大人或者其他同龄人都在使用手机的情况下，他们往往会不自觉地开始模仿这种行为，这种使用手机的习惯便在无形之中悄然形成。而对于正处于青春期的青少年们来说，手机更是扮演着维系友情、拓展社交圈层的重要角色，成为他们社交生活中不可或缺的一部分。

从家庭环境上来说，如果忙碌的生活让亲子相处时间减少，手机会容易成为临时保姆。中国青少年研究中心发布的"中小学生及家长网络游戏认知与态度研究"报告显示：孩子沉迷电子产品与亲子关系密切相关，亲子关系越差，越容易导致孩子沉迷网络。父母由于工作太忙，一方面忽略了陪伴，一方面也缺乏对孩子使用手机的合理引导。

从孩子的心理层面上来看，以下三个需求受损，孩子会更容易沉迷于手机和网络游戏。

1. 归属受损：家庭环境缺乏和谐与温暖，亲子之间关系紧张，缺乏有效的沟通与理解。在学校，和老师或同学之间的互动出现误解或阻碍，无法得到老师、同学的认可和肯定，尤其是当孩子内心的一些痛苦感受无法从身边的人身上获得共鸣或得到他人理解时就会感到孤独，认为自己无法融入现实环境。所以手机会成为解决孤独的一种方式。

2. 胜任受损：孩子在学习过程中遇到重重困难，难以掌握和理解知识要点，导致学业成绩不理想，长期处于低迷状态。当孩子在学习和生活中无法找到自己的价值感时，会引发自我效能感低下，对自己失去信心，面对挑战时容易产生畏难情绪，无法积极应对。手机的碎片化信息、游戏及短视频却可以轻易给到孩子安慰，手机就容易成为孩子获取价值感的依靠。

3. 自主受损：孩子缺乏自我规划和管理的基本能力，无法有效地对自己的时间和日常行为进行合理规划和有效管理。当他们无法独立、按时完成既定任务和目标时，往往会不自觉地选择将手机作为消磨时间的主要方式。特别是对于那些依赖性较强、同时又缺乏独立思考和有效解决问题的能力的孩子们来说，一旦在学习或生活中遇到困难和挫折，他们更容易选择逃避现实，转而沉浸在网络世界中，试图从中寻求心理上的安慰和短暂的逃避。

如何降低孩子对手机的依赖？

1. 共同制订规则。"规则并非旨在限制，而是辅助时间管理。"

很多家长会给孩子设置手机使用的规则，让孩子去执行。有一个妈妈说孩子明明答应得好好的，但一旦拿起手机，就不遵守约定了。每天都会因此发生手机争夺大战。制订手机使用规则，一定要邀请孩子参与决策的过程，增强孩子对规则的接受度。家长需要做适当的让步，不是禁止，而是协商引导，让孩子感受到尊重，也更乐意遵守。心理学上有一个"禁果效应"：你越是禁止，手机越会引发孩子更大的兴趣和关注，他们会千方百计地把手机拿到手，争分夺秒地玩，对手机的渴望也会更深。

2. 多样化娱乐选择。"生活不是争分夺秒，而是丰富生命体验。"

父母会发现孩子在无聊的时候最想玩手机。父母可以根据孩子的兴趣，尽量用实体活动填充空闲时间，基于孩子的兴趣，为他提供多样化的选择，比如绘画、手工、下棋或体育运动。一旦孩子有了兴趣爱好，他会慢慢发现，玩手机带来的快乐，往往是短暂的，但付出一定努力得到的快乐，却是持久的，会让大脑一直得到积极的反馈。

3. 设立"亲子日"或、"无手机日"。"家庭关系需要灌溉，陪伴是最好的滋养。"

每周可以固定一天或一个时间段，将其命名为"无手机日"。在这一天，全家人都积极参与，可以选择去公园散步、骑自行车、野餐或者进行其他形式的户外活动，以此来替代原本的屏幕时间。多带孩子走出家门，接触大自然，感受真实世界的美好与乐趣。通过这样的方式，不仅能够增进家庭成员之间的情感交流，还能有效减少孩子对手机和网络的依赖。研究表明，父母与孩子之间的关系越亲密，父母给予孩子的关爱越多，孩子就越不容易沉迷于虚拟的手机网络世界。

4. 父母的榜样作用。"身教胜于言教，父母是孩子最好的榜样。"

很多时候，当父母禁止孩子玩手机的时候，孩子会说："凭什么大人就能一直玩手机，小孩子就必须听话，这不公平！"手机不仅在挤压孩子的成长和学习时间，同样也在侵占我们大人原本用于工作、休息以及与家人互动的时间。因此，当我们要求孩子减少对手机的依赖时，父母首先应当以身作则，做到言行一致。比如，在全家用餐或沟通交流时，我们都应该避免看手机，而是全身心地与家人在一起，这种看似微不足道但实际上是极具影响力的潜移默化效应。

5. 培养合理使用手机的能力。"教育在于唤醒和启发，培养独立思考的能力。"

手机已经无可争议地成了我们日常生活和学习中不可或缺的重要工具。作为手机的使用者和掌控者，我们有必要学习和探索如何最大限度地发挥手机所蕴含的丰富功能。现在，很多老师会借助手机布置作业和任务，而学生们也频繁利用手机查阅资料、获取信息，以辅助自己的学习。青少年在使用手机方面的技能和熟练度往往超越了他们的父母，只是过去父母对于孩子拿手机有一些谈"机"色变，认为手机是影响孩子学习的罪魁祸首，导致没有机会关注并发展手机的正向功能。所以，平时可以多跟孩子讨论怎样使用手机和网络，能让它们成为我们的助力和实用的工具。

如何跟孩子协商使用手机的规则？

崔老师：有很多家长最苦恼的是无法跟孩子协商使用手机的规则。家长会说孩子说话不算话，制订好的规则总是反悔，通常是因为父母忽略了孩子内心真实的声音和当下的状态，按照自己认为的合理性来制订规则。孩子对于执行父母单方面的要求，很容易言行不一。所以，父母在跟孩子协商手机使用规则之前，可以先找一个比较放松的时机，邀请家人和孩子一起来聊一聊：

1. 家庭成员分别都介绍一下手机对自己的重要性。
2. 手机对自己最有帮助的地方是什么？
3. 关于手机的使用，孩子最希望家人给予自己怎样的了解和理解？
4. 对于孩子使用手机，父母可以怎样给予理解和支持？
5. 家庭成员如何平衡好家庭关系与协调好家庭生活？

当父母可以尊重孩子和手机的关系，愿意聆听孩子内心的声音，孩子就更容易理解并接纳父母的提议。

制订的规则还要尊重当下的现实情况，跟孩子一起协商能做到的方案。有的家庭很容易做到合理地约定，但有的家庭会受到很多挑战。

比如，有一位妈妈说她的女儿每天晚上玩手机到凌晨。尽管之前已经约定好了上交手机的具体时间，但女儿屡次违约，迟迟不肯将手机交出来。她会把自己反锁在房间里，任凭妈妈在外面敲门，也坚决不开门。孩子发现妈妈对她不交手机也无可奈何，便每天与妈妈"斗智斗勇"。但这种晚睡的习惯导致她在白天总是精神不振，无法集中精力听课，完成作业更是吃力。面对这种情况，妈妈感到束手无策，这种状况已经持续了两个多月。在我们进行咨询和辅导之后，妈妈找了一个合适的时机与孩子进行深入的沟通，沟通分为三步：

第一步：共情孩子，理解孩子为什么依赖手机以及当下的困境。"妈妈知道你最近学习压力大，想玩游戏放松一下。另外你还想用平板电脑画画，这也需要时间。你觉得妈妈不理解你，给你制订的时间不合理。"当妈妈共情出孩子心里积压的问题并真正站在孩子的立场上时，亲子关系也得到修复。孩子坦诚地表示，由于完成作业的时间较晚，母亲规定的十点上交手机的时间对她来说实在是难以做到。

第二步：肯定孩子，唤醒孩子内心良善的动机。"妈妈知道上了初中后，你的学习变难了，作业也变多了，你每天坚持把作业写完也很辛苦。玩游戏可以让你暂时放松，但会影响休息，第二天上课没精神，写作业时间越来越晚，你也会着急。"当孩子感受到没有被批评，而是被肯定时，内心的良善动机也会被唤醒。孩子对于白天学习没精神，写作业变得更难也着急，只是过去她逃避不想面对。

第三步：支持合作，陪孩子一起面对困境。"对于现在的学习，你希望妈妈能怎样支持你？你觉得手机使用多长时间既可以让自己放松，又不影响第二天学习？"妈妈把制订的主动权交给孩子，孩子在得到妈妈的理解后，也感受到妈妈是真的想协助自己，就愿意做出让步。孩子说自己尽量十一点交手机。妈妈说："我们先试试第一周先到十一点半，等你适应了，我们再提前半小时。"这样坚持两周后，妈妈说女儿可以每晚十一点主动上交手机。孩子和妈妈的关系也变得融洽，重要的是孩子白天的学习状态有很大好转，对学习也重新有了信心。

所以，和孩子制订规则的重要原则是：先有好关系，再有好合作。合理的规则没有标准答案，重要的是可以执行，一步一步慢慢来。特别强调一下，对于已经长时间沉迷手机的孩子来说，家长避免期待一步到位，充分理解孩子，恢复亲子之间的信任关系是一个过程。当家长尝试无效的时候，一定要及时寻求专业咨询师的帮助，以更有效地支持到家庭和孩子的发展。

孩子通过网络进行社交活动，家长可以怎么干预和引导？

随着互联网的普及和社交媒体平台的迅猛发展，越来越多的青少年开始频繁地在网络上进行各种社交活动，他们通过聊天、发帖、分享视频等多种方式与同龄人互动交流。然而，这种趋势也引发了许多家长的忧虑，他们普遍担心自己的孩子在这些虚拟社交环境中，可能会接触到一些不良话题（暴力、色情、网络欺凌等），对青少年的心理健康造成损害，还可能影响他们的价值观和行为取向。

父母警惕的同时也希望可以有效地监管，以保护孩子免受伤害。父母可以简单评估：网络社交是否是孩子社交的唯一渠道。通常问题不在于孩子通过网络交朋友，而在于他在实际生活中没有朋友。如果孩子在学校有稳定的朋友，或者定期参加某些团体活动，那就不必过于担心他在网上是否交友广泛或被不良信息诱导。但如果孩子的整个社交生活都沉陷于网络世界，这可能是他被同龄人排斥的现象，他们更容易受到网络信息的影响。

对于青少年的网络社交引导，家长可以尝试找一个氛围比较轻松的时刻，跟孩子进行一些对话：

你觉得网络社交对你来说有什么样的意义和价值？

你是如何通过网络上的互动来判断他可以成为你的朋友？

你喜欢通过网络社交分享和交流哪些方面的信息？

网络上交朋友和现实中交朋友有什么不同？

你觉得怎样的交友方式可以帮助你增加社交能力？

你觉得网络社交时间设置成多少不会影响到你正常的生活？

这些问题，不一定非要孩子有固定而明确的答案，而是透过这样的问话，让孩子有机会来思考这些问题，让网络社交促进青少年的社会发展。

崔老师养育锦囊：

1. 想要规则有效，就要和孩子协商，尊重孩子的意见。先有好关系，再有好合作。

2. 父母是最好的榜样，陪伴是最好的滋养。

09 孩子到了青春期,父母应该做什么?

青春期等于叛逆期的观点已经在社会大众中流传了多年,它深深地植根于我们的认知体系之中,并且被教育工作者和家长们普遍接受。然而,如果我们仔细审视孩子的成长过程,就会发现,孩子的整个成长阶段都充满了各种各样的挑战和考验,就像是一场风雨交加的旅程。尽管青春期确实是一个充满了复杂性和多变性的特殊时期,但它与孩子早期的各个发展阶段一样,都伴随着不同阶段所特有的需求和变化。

那些在早期发展阶段表现顺利的孩子,并不会在青春期突然变得叛逆和难以管教。青春期更像是一个放大镜,它会把孩子在过去成长过程中未曾显现出来的隐性问题,突然之间暴露在众人面前,让我们不得不直面这些问题。青春期是一个快速成长和剧烈变化的时期,这种变化不仅仅体现在生理层面,比如身体的快速发育,还体现在智力层面,比如思维能力的提升,更体现在情感和社会性层面,比如情绪的波动和社交关系的复杂化。作为父母,如果我们对青春期有更加深刻和全面的理解,就能够更好地应对孩子在青春期出现的各种问题和挑战,才能帮助孩子顺利度过这个关键阶段,实现健康成长。

随着社会的不断进步与发展,青春期的定义和特征也发生了变化。在过去,青春期作为一个重要的心理发展阶段,通常被界定在大约 13~18 岁。现在,由于多种因素的影响,青春期被提前至 10 岁左右。这一变化主要是由于青少年生理发育的时间普遍提前,使得他们在更早的年龄便开始进入青春期。青春期的结束时间也延伸至 20 多岁,主要是因为年轻人在经济上对父母的依赖时间变得更长。因此，父母面临的许多典型的青少年问题，如情绪波动、自我认同困惑、学业压力等，比我们原先预期的更早出现。并且，这些问题的处理和解决也不再是短期内的任务，需要父母投入更长的时间和更多的精力，来应对和帮助青少年所遇到的各种复杂状况。

孩子进入青春期，会希望父母像对待成年人一样对待自己。父母可以创造一个平等的氛围，跟孩子一起聊聊以下几个话题：父母在十几岁的年纪，做过哪些印象深刻的事？那个时候，最希望父母理解自己的是什么？孩子听了父母的故事，会怎么看年轻时候的父母？每个时代的青春期也是不一样的，在孩子眼里，这个时代青春期的重要特征是什么？青春期的孩子希望自己可以怎么度过这个阶段？希望父母可以如何支持自己？通过这样的聊天，父母和孩子之间可以有更多的互动和理解，亲子关系也会变得不一样。

父母如何正确理解孩子的青春期？

崔老师：父母跟孩子的关系并不会在孩子进入青春期后突然变差，但确实会有变化。这些变化可能体现在沟通方式、情感交流以及相互间的期望值等多个层面。尤为关键的是，作为父母，如何理解、接纳并积极应对这种变化，在一定程度上，父母的态度决定了能否帮助孩子更加平稳、顺利地度过青春期这一充满挑战与机遇的成长阶段。

当我们的孩子处于年幼阶段，作为父母，承担着至关重要的角色，负责对他们进行细致入微的指导和严格的管控。由于孩子在这个时期的心智和情感尚未完全成熟，他们在内心深处将父母视为无可置疑的权威，对父母的言教和身教充满了敬畏和依赖。然而，随着时间的推移，当孩子逐渐掌握了一些基本的生存技能，开始能够为自己的生活承担起部分责任时，他们与父母之间的关系也开始悄然发生转变。尽管在这个阶段，孩子依然需要父母在各方面给予支持和帮助，但他们渴望得到的帮助方式已经与以往大不相同。孩子更希望父母能够以一种更加平等、理解的态度与他们相处，更像是亲密无间的朋友，而非高高在上的权威。

有些父母在面对孩子日益成长的现实时，却难以接受这一变化，他们试图维持原有的亲子关系模式，会怀疑孩子的决策，担心孩子会变坏，这种过度的担忧和干涉往往会引发青少年的强烈反感，他们最常见的反应就是叛逆，通过反抗和抵触来宣示自己的独立和成长。

相反，当父母愿意以开放的心态接纳不断成长和变化的孩子，并且知道在每个成长阶段应该有怎样的合理期待时，他们能更加深入地理解青少年的行为表现，以及在这些阶段中孩子们究竟需要父母提供怎样的支持和帮助。父母会发现与孩子进行平等的成人式的对话很有趣，父母可以像学生一样请教孩子，会发现这样的方式不仅能了解孩子内心的想法，还能通过他们接触到当下最流行的音乐、最新的知识潮流以及年轻人的独特视角。有一位妈妈说每次出门购物都会特意带上女儿，因为女儿的审美眼光一流。父母也会逐渐发现，孩子在大部分时间里都能够照顾好自己。当你越信任孩子，给予他们更多的自主空间时，亲子关系不仅变得更加融洽，还能在相互尊重和理解的基础上，建立起更加深厚的情感纽带。

青春期的孩子为什么总是"窝里横"？

崔老师：很多父母反馈自己的孩子在外面表现得非常有礼貌、温文尔雅，给人一种家教良好的印象。一旦回到家中，面对自己的父母时，就判若两人。当孩子在家中对待父母的态度恶劣，比如顶撞、不耐烦或是冷漠时，父母往往会感到既困惑又心痛。我们该如何理解这一现象呢？

这是因为青春期早期逐渐形成的独立思想，几乎总是先在家庭环境中展现。以前，父母往往掌握着最终决策权，他们的意见和选择被视为不可动摇的权威。然而，随着青春期的到来，青少年开始对父母的价值观产生怀疑，不再盲目接受他们的观点，而是勇敢地提出自己的看法，甚至直接挑战父母的决定。他们渴望在那些跟他们有关的重要决策中，能够拥有与父母平等的发言权和参与度。在潜意识里他们知道家是一个安全的地方，在家里犯错不会付出太大的代价。

青少年经常通过争吵、批评、沉默和保密来表达他们想要独立，然而日益渴望的独立容易被误解为叛逆。当父母调整自己以适应青少年的新阶段时，可能会有一段动荡期。但通常情况下，父母和青春期孩子之间的冲突在孩子上初中时达到顶峰，然后就会减少。

这个阶段的青少年通常有以下方面的表现：

1. 青春期的孩子开始不想和父母总待在一起。他们不再像小时候那样，总是渴望与父母形影不离。在这个阶段，他们内心渴望独立，渴望拥有自己的空间和自主权。在他们看来，过分亲近父母或者继续依赖父母的行为，似乎显得有些幼稚，不符合他们心中对成熟和独立的期待。但这并不意味着他们不再需要父母的帮助和支持，事实上，在面对一些复杂的问题和挑战时，他们依然渴望得到父母的指导和援助。他们既渴望独立，又无法完全摆脱对父母的依赖，这种挣扎和矛盾，正是青春期孩子所特有的心理特征。

2. 青春期的孩子在情感和身体上开始有隐私。这一时期的青少年，正处于身心快速发展的阶段，他们开始意识到自己内心世界的独特性和复杂性。青少年寻求情感独立的方式之一就是保留自己的想法和感受。通过这种方式，青少年试图在家庭和社会中找到一个属于自己的独立空间，以便更好地理解和处理自己的情感变化。

3. 青春期的孩子会对父母吹毛求疵。将父母去理想化是青少年个体化（他开始拥有自己的权利）的一部分。孩子小时候把父母当作无所不能的英雄，青少年时期开始不断指出父母的错误，找到父母的弱点，去理想化的过程也是孩子蜕变为成年人的过程。

4. 青春期的孩子会更在意朋友或者将其他成人理想化。他们内心深处渴望找到可以效仿和学习的对象。在某种程度上，他们会逐渐意识到，仅仅依靠父母或老师的引导已经不足以满足他们日益增长的成长需求，而是需要更多不同领域、不同背景的人来充当自己的榜样。这些榜样不仅能够提供多元化的视角和经验，还能激发他们探索自我、追求理想的动力，从而更好地塑造自己的价值观和人生观。

孩子到了青春期，父母可以做些什么？

崔老师：许多父母随着孩子的出生，往往会不由自主地将自己的全部关注点和精力彻底转移到孩子身上，逐渐淡忘了除了履行父母的职责之外，他们自身还拥有许多感兴趣、能够带来个人成就感和快乐的事物。而青春期的孩子正处于自我意识和独立性迅速发展的关键阶段，他们内心深处更加渴望父母能够保持自我，成为他们心目中理想的、有独立人格的榜样。这样一来，父母便不会将全部的精力和焦点都集中在青春期的孩子身上，从而避免给孩子带来过大的压力和束缚，同时也为父母自身保留了一定的个人空间和发展机会，实现家庭关系的和谐。

给父母几点建议：第一点，在做父母的同时，不要忘记自己其他真正感兴趣的事物或者平衡好工作和其他关系。

第二点，至关重要的是与孩子之间保持深厚的情感联结，营造并维系一种温暖、亲密无间的亲子关系。一个身心健康的孩子，离不开健康、成熟的父母，并与父母建立起一种稳固而安全的关系纽带。这个纽带包含着温暖的关怀、坚定的支持，以及建立在相互尊重基础上的坦诚沟通。

第三点，父母要对孩子在青春期的变化持有积极正面的态度。青春期的孩子往往开始质疑权威，不再像小时候那样无条件地接受成人的观点和指令，这是他们思维逐渐成熟、独立思考能力增强的表现。同时，他们也会更加注重个人隐私的保护，不愿意将自己的心事轻易透露给他人，这反映了他们对自我空间的渴望和对个人边界的探索。此外，青春期的孩子还会表现出强烈的独立愿望，他们渴望摆脱对父母的依赖，自主地做出决策和选择，这是他们在成长过程中逐步建立自信、追求自主和独立性的重要体现。家长需要了解的是，孩子们在这一阶段所表现出的种种行为和态度，并不是有意针对父母或他人，而是他们在生理和心理发展过程中自然而然出现的正常现象，是他们探索新知识、构建自我认同的必经之路。

第四点，不要过多地干涉青春期孩子的私事。在孩子小的时候，他们总是兴奋地与父母分享学校里的趣事。父母也习惯了全方位了解孩子的生活。然而，随着孩子步入青春期，他们的内心世界开始变得复杂而多元，不再像小时候那样对父母毫无保留地敞开。面对这种变化，许多父母可能会感到些许不适。他们开始对孩子的隐私产生好奇，心中充满了各种担忧：他究竟在跟谁发短信？他浏览的网站和观看的视频内容是否健康？在这种焦虑的驱使下，一些父母可能会忍不住暗中观察和探查孩子的一举一动。然而，这样的行为一旦被孩子察觉，会引发他们的强烈反感。孩子会觉得自己不被信任，仿佛在父母眼中，他们总是需要被监督和管束的。这种不被信任的感觉，会让孩子更加封闭自己的内心，与父母之间的距离也会因此越来越远。

第五点，允许孩子在一定范围内的叛逆行为。青少年正处于探索自我和世界的关键阶段，他们需要通过不断地尝试和体验来学习如何做出明智的选择。父母在这个阶段的工作不是帮他们解决问题，也不是防止他们犯错，而是在他们犯错的时候，及时给予必要的保护和正确的引导，以确保这些错误不会对他们造成无法挽回的负面影响。

父母可以先考虑在哪些问题上放心地让孩子根据自己的判断来做出决定。这些问题可以涵盖日常生活的方方面面，比如他们选择穿什么样的衣服来表达自己的个性，或者他们决定在什么时间完成作业以培养自我管理能力等。通过这种方式，父母既能尊重孩子的成长需求，又能有效地帮助他们逐步建立起独立思考和解决问题的能力。

> 崔老师养育锦囊：
> 1. 不要把孩子渴望独立误解为叛逆。
> 2. 父母要对青春期孩子的变化持正面积极的态度。
> 3. 青春期阶段父母的工作不是帮孩子解决问题，也不是防止他们犯错，而是在他们犯错的时候可以给予必要的保护和引导。

 10 家长如何帮助孩子应对校园欺凌？

对于正处于成长关键阶段的青少年而言，构建和维护良好的人际关系是他们日常生活中极为关注和重视的一个方面。在这个年龄段，他们逐渐脱离家庭的小圈子，开始更多地与同龄人、老师以及社会上的其他成员进行互动和交流。青少年往往会投入大量的时间和精力去经营和维护自己的人际关系网络，以确保在成长的道路上能够得到更多的理解、支持和鼓励。

校园欺凌行为无疑是最容易触动父母敏感神经、引发父母强烈愤怒的现象之一。当父母察觉到孩子所处的环境存在欺凌行为时，会告诉孩子面对欺凌时不要感到恐惧和退缩，而是要勇敢地站出来，采取适当的措施进行还击。然而，现实情况往往比想象的更为复杂，并非每一个孩子都能完全按照父母所教导的方式去应对和处理欺凌问题。由于个体性格、心理承受能力以及具体情境的差异，很多孩子并不能按照父母教的方式去应对，他们会选择压抑自己的害怕和无力，甚至可能因此陷入更深的困境。大约有 1/3 的青少年，特别是初中生处于害怕被嘲笑、威胁或遭遇肢体暴力的恐惧中。

如果青少年在同伴中并不是特别受欢迎，这本身并不是一个多么严重的问题，毕竟每个人的性格和兴趣都有所不同。但如果在人际关系中，青少年遭遇了排斥和嘲笑，这就不是一件可以轻易忽视的事情。相关研究表明，那些在社交中被排斥的青少年，往往更容易产生自卑心理，他们在学校的学习表现也往往不尽如人意，甚至可能出现厌学情绪，或者为了寻求认同而参与一些不良的活动。因此，如果父母发现青少年出现了以下一些迹象，就应该及时给予关注和引导，帮助他们走出困境，重新建立健康的社交关系。

1. 在几乎所有或绝大部分的空闲时间里，总是选择独自一人度过，鲜少与他人共度时光。

2. 几乎从不提及或很少谈论自己的同伴，也极少参与任何形式的社交活动，对社交场合缺乏兴趣或感到不自在。

3. 在与同龄人相处时，常常表现出好斗、孩子气的态度，或者展现出其他一些不适宜、不成熟的行为，在同伴中的形象不讨喜。

4. 经常抱怨自己没有朋友，表达出对友情的渴望和对孤独的无奈。

5. 回顾童年，发现大部分时间都是孤身一人，几乎没有建立起稳定的友谊关系。

父母如何跟孩子沟通，支持孩子正确应对校园欺凌？

崔老师：首先，父母要让孩子知道：无论在任何情况下，父母永远都是他最坚实的后盾和支持者。当父母和孩子探讨有关校园欺凌这一现象时，务必要向孩子明确传递一个至关重要的信息：面对欺凌，最行之有效的应对策略是选择忽视对方。忽视，不是害怕和逃避，而是一种没有被吓到的自信和稳定状态。

青少年阶段的孩子已经能够理解到那些恃强凌弱者的心理动机，往往源于对自身优越感的追求。欺凌者通常会选择那些看起来较为弱小的同学作为目标，因为在欺负这些同学的过程中，他们的虚荣心得到了极大的满足，仿佛通过这种方式能够让自己显得更加强大和有力量。而每个孩子的性格不同，对这件事的反应和应对方式也不一样。针对这个现象，父母也可以找一个相对轻松的机会跟孩子来聊一聊：

你身边有没有校园欺凌的现象？

如果你看到身边有人被欺负，你希望自己可以做什么？

如果有人欺负你，你会怎么应对？

你认为什么样的方式可以保护自己？

你身边有哪些资源可以支持你不被欺负？

你觉得哪些人不容易被欺凌？可以怎样成为这样的人？

你希望爸爸妈妈可以怎样支持你？

透过讨论，孩子可以有自己的探索和思考：欺凌者最希望看到的是被欺凌者的沮丧和软弱，而自信和坚强的表现往往会让欺凌者感到无机可乘。父母可以在家里陪孩子做一些演练，比如，看着欺凌者的眼睛，然后径直走开，对他不予理睬。这样的应对方式既可以保护孩子的自尊心，也能有效避免进一步的冲突和伤害。另外，不要单独和欺凌者在一起，身边有个朋友是很有益的。

如果孩子在身体上已经遭受了明显的伤害，或者欺凌者的恐吓行为极其严重，以至于孩子心生恐惧，不敢再去学校上课。在这种情况下，父母必须给予孩子更加坚定和有力的支持。父母应当迅速采取行动，及时与学校取得联系，并且主动与欺凌者的父母进行沟通。

通常情况下，青少年的欺凌行为往往是由于其父母在家庭教育上的疏忽和管教不力。此外，也有相关研究表明，那些在校园中施加暴力的孩子，其本身也可能是在家庭暴力环境中成长的受害者。如果确实存在这样的情况，父母则需要请求学校出面，与对方家庭进行妥善的沟通和解决，以确保孩子身心健康以及正常的学习生活不受影响。

在咨询中我还会遇到一些孩子不敢告诉父母或老师他们在学校受到欺凌的情况。原因一般会有两点：一是孩子不信任父母，过去曾经有比较多被父母责怪和误解的经验；另一个原因是害怕被报复，以至于他们会选择逃学或装病来逃避现实困境。作为父母，此时需要格外留心观察孩子的行为变化。如果发现孩子以前对上学充满热情，现在无明显原因地突然变得抗拒上学，这很可能是一个警示信号，表明孩子在学校可能遭遇了欺凌。父母应当主动与孩子沟通，温和地询问是否在学校遇到了什么困扰，是否有人为难他，以便及时了解情况并给予必要的帮助和支持。

女孩子之间出现关系攻击，如何有效应对？

最近，小优表现出明显的厌学情绪，当妈妈问她的时候，她就只是哭。妈妈越着急，小优就越不说话。经过进一步的了解和咨询，得知小优在学校遭遇了人际关系的困境，原本与她关系亲密的同学突然疏远了她，她感觉周围的同学在说她的坏话，看她的眼神都很奇怪，小优感到被嘲笑和孤立，这种心理压力最终导致她对上学产生了强烈的抵触情绪。

父母需要了解并非所有的欺凌行为都表现为身体上的直接伤害，事实上，一些青少年会像小优一样遭遇一种更为隐蔽且心理伤害性极强的关系攻击。这种攻击方式不通过肢体冲突，而是借助流言蜚语、恶意羞辱以及背后中伤等手段，对青少年的心理和社交关系造成严重破坏。值得注意的是，关系攻击现象在女生群体中尤为常见。

相较于男生，女孩子在表达攻击性时，更倾向于采用社交排斥、故意忽视或操纵人际关系等间接方式。这种隐性的攻击行为不仅难以被外界察觉，而且会对受害者的心理健康产生深远影响，往往会导致一些学生出现抑郁情绪、焦虑症状，甚至产生拒学行为，严重干扰他们正常的学习和生活。

关系攻击通常源于欺凌者对自己在同伴中的地位缺乏安全感，而提升自己的地位的方法之一就是贬损别人。与面对肢体欺凌的情形类似，对付关系攻击的最佳策略在于避免落入欺凌者的圈套。欺凌者往往通过对他人的伤害来巩固和提升自己在社交圈中的地位。如果受害者能够有效地忽略欺凌者所采取的各种手段，选择远离他们，或者将注意力转移到其他更有意义的事情上，比如对于那些说风凉话的人，选择以一笑了之或轻轻耸肩的方式回应，展现出一种"你们爱怎么说就怎么说，我自有我的态度"的洒脱心态，这样一来，便能够在很大程度上削弱欺凌者的攻击性和影响力。以小优所遭遇的情况为例，如果排除了与同学之间发生的实质性矛盾，家长其实并不需要直接介入其中，但可以在家中陪伴孩子，通过模拟演练的方式，教导孩子如何巧妙地回应和转移关系攻击，从而让孩子在未来的类似情境中能够更加从容应对。

父母如何保护青少年，避免他们成为欺凌者或者被欺凌者？

崔老师：我们通常比较容易对欺凌者的行为产生强烈的憎恨，因为当这些青少年采取肢体暴力、恶毒语言以及网络手段去对其他同龄人进行无情欺压和伤害的时候，我们无法容忍这种行为所暴露出的人性中的恶所带来的身心创伤。

对于校园欺凌，我们不仅需要坚定不移地站在弱者一方，给予他们必要的支持和帮助，更重要的是从根本上杜绝这种现象的发生。父母和老师都可以借助一些电影素材或相关新闻事件跟孩子探讨：

你觉得哪些人更容易成为欺凌者？

你觉得哪些人更容易成为被欺凌者？

欺凌者的欺负行为是希望满足自己的哪些需要？

他们可以用哪些健康的方式来满足自己的这些需要？

当弱小的一方被欺凌的时候，他们可以向谁寻求帮助？

未成年人应该怎样学会保护自己？

这些讨论可以让孩子从多视角来看待欺凌事件，尤其是学会如何用健康的方式表达需要和自我保护。众多研究表明，那些表现出欺凌行为的青少年，往往长期处于一个不健康的成长环境之中，这种环境可能包含家庭暴力、缺乏关爱、教育缺失等。此外，还有一个不容忽视的现象，部分欺凌者本身也曾经历过被欺凌的痛苦，他们在心灵深处同样承受着巨大的创伤。从这个角度来看，这些欺凌者在某种程度上也可以被视为受害者，只不过他们在处理自身遭遇的伤害时，选择了错误的方式，将内心的痛苦和愤怒变本加厉地施加到他人身上，从而形成了一个恶性循环。因此，要真正解决校园欺凌问题，必须全面关注并改善青少年的成长环境，同时给予曾经的受害者以心理疏导和正面引导，帮助他们走出阴影，重新融入健康的社会关系之中。

孩子的养育并非一蹴而就，而是一个漫长且细致的过程。在孩子尚未步入成年阶段之前，父母始终扮演着至关重要的角色，可以通过家庭教育持续地发挥其深远的影响力。父母可以充分借鉴并运用本书上篇所提供的内容和实用建议，为孩子营造一个既安全又健康的家庭环境。

此外，父母还应当积极引导和帮助孩子，使其学会在复杂的人际交往中，以健康、积极的方式去赢得他人的认可与尊重。这一能力的培养至关重要，因为它不仅是孩子建立自信、融入社会的重要途径,更是其有效应对和摆脱欺凌行为,以及避免成为欺凌对象的关键所在。

> 崔老师养育锦囊:
> 1. 引导孩子多思考。
> 2. 面对欺凌,最行之有效的应对策略是选择忽视对方。自信、坚强的孩子更容易远离欺凌和被欺凌。
>
> 要真正解决校园欺凌问题,需要全社会关注并改善青少年的成长环境,引导孩子以积极、健康的方式赢得他人的认可和尊重。

 **11 孩子跟异性交往，父母如何应对？**

青少年对异性的兴趣是随着年龄的增长逐步发展和变化的。在青春期的早期阶段（10～13岁），青少年的社交活动主要是围绕着同性群体展开。这个时期的孩子感到快乐和满足的事情，就是能够和一小群亲密无间的同性朋友在一起分享彼此的喜怒哀乐。他们在这个阶段建立起深厚的友谊，享受着同性之间的纯真友谊带来的快乐。

随着他们进入青春期的中期阶段（14～18岁），男孩和女孩的小团体开始有了更多的交集。他们开始聚在一起，参加各种联合活动，如学校的集体活动、社团的聚会或是共同的兴趣小组等。在这个阶段，男女之间的互动主要是以群体对群体的形式进行的，而不是像成年人那样一对一的约会形式。这种群体互动有助于他们逐渐适应和了解异性，为后续的深入交往打下基础。

通常情况下，女孩大约在14岁，而男孩则稍晚一些，大约在15岁，开始对异性产生更浓厚的兴趣，并开始尝试进行一对一的约会。有一位母亲说上初二的女儿好像早恋了，她发现女儿与班上的一个男生走得特别近，上下学都约在一起，互动频繁，这让她感到不安。于是，她小心翼翼地询问女儿是不是恋爱了，女儿却轻描淡写地说他们只是普通同学。妈妈很难放心，但也清楚这是敏感话题，不知道该如何与女儿沟通，既担心处理不当会伤害到孩子的感情，又害怕放任不管会对孩子的成长造成不良影响。

"早恋"这个词，实际上是一个尚存在争议的词汇。因为处于青春期阶段的孩子，对异性产生兴趣、萌生好感，是再自然不过的心理现象。特别是在中学这个关键的成长阶段，大多数同学与异性之间的互动和交往，都属于正常且健康的社交范畴。

孩子们应该在青春期来临之前就了解青春期。如果家里有进入青春期的孩子，全家人可以一起坐下来谈论一下这个话题，爸爸妈妈也可以分享自己的恋爱经验，和孩子一起探索如何健康地谈恋爱：

爸爸妈妈都是在什么时候开始谈恋爱的？

在爸爸妈妈谈恋爱的经验里，有哪些现在回忆起来是美好的？有哪些是觉得当时没有考虑周全，对自己是有不好的影响的？

爸爸妈妈对于什么时候开始谈恋爱的观点是什么？

青少年谈恋爱，有哪些方面需要注意和保护？

孩子谈恋爱，爸爸妈妈最容易担心的是什么？

孩子谈恋爱，希望爸爸妈妈支持和理解的是什么？

怎样谈恋爱，是可以让爸爸妈妈比较放心的？

这样的讨论，可以让孩子感受到父母对恋爱议题的态度，也会让孩子更愿意跟父母沟通自己的想法和感受，父母才有机会对孩子进行引导，参与到孩子青春期的成长中。

> **家长担心孩子跟异性交往会影响学习，这样的担心是有必要的吗？父母该如何跟孩子沟通和异性交往的话题？**

崔老师：父母的担心和忧虑实际上是可以理解的，毕竟作为孩子的监护人，父母总是希望孩子能够健康成长，避免走弯路。然而，青春期的孩子正处于身心快速变化的阶段，对异性的好奇和吸引是自然且正常的心理现象。父母并不能完全左右或控制孩子心理的发展进程，尤其是对异性的兴趣和情感倾向。

家长在面对孩子在青春期与异性交往这一问题时，往往会因为自身的经验、观念或担忧而产生一些误解。

1. 有的父母认为孩子在这个阶段的任务就是学习，与异性交往会影响学习。

孩子在中学阶段确实是学习的重要阶段，但同时也是身心全面发展的阶段，包括身体发育、个性形成、智力的发展、道德培养，等等。其中学会人际交往是中学生特别重要的课题，这其中包括与异性交往。

我遇到很多临床的案例，恰恰都是因为不知道该如何进行人际交往，如何跟异性相处，反而容易出现一些偏激的行为。跟异性交往影响学习，更多是因为担心周围的同学议论，担心父母批评，担心违反学校纪律，等等，是因为内心的精神压力引起了精力分散，从而影响了学习。

父母可以跟孩子从以下几个方面沟通：

孩子怎么看跟异性交往会影响学习这件事？

和异性怎样的交往是可以让你觉得自在的？

和异性怎样的交往会让你觉得有阻碍，会影响学习？

和异性交往要把握什么原则可以不影响学习？

孩子希望父母可以如何支持自己跟异性交往？

2. 有的父母认为孩子还不成熟，与异性交往是长大后的事。

异性交往可以帮助青少年发现他们是谁，特别是在性别认同上。异性交往还可以帮助青少年学习社交技能，了解如何与他人建立亲密关系。孩子在同龄异性伙伴交往中能取长补短，由于男女同学各自特点不同，男生往往刚强、勇敢、更独立，女生则更细腻、温柔、有韧性。男女同学之间的正常交往可以促使双方互补，对他们的性格和智力发展都有益处。从心理学角度看，青春期学会与异性交往，才能更好地在未来的恋爱、婚姻中建立健康的亲密关系。

父母可以跟孩子从以下几个方面沟通：

你觉得自己有怎样的性格特质？

如果你要谈恋爱，你容易被什么样的特质吸引？

你最希望对方看到你是一个怎样的人？

体验恋爱的过程，可以如何促进你的成长？

3.大多数父母习惯保护孩子不受伤害。

青少年在和异性交往的过程中，也是自我探索、选择和思考的过程。当父母习惯告诉孩子什么可以做、什么不可以做时，大多是基于保护的初衷，但是忽略了青少年的自我成长的机会。没有选择，就很难有机会去思考，而没有思考，也很难成长。

父母可以跟孩子从以下几个方面沟通：

如果你要谈恋爱，你对谈恋爱的期待是什么？

你认为关系中最重要的是什么？

如果有人表达喜欢你，你会怎么回应？

如果你喜欢一个人，你会怎么向他表达？

通过这些话题的讨论，父母跟孩子可以保持比较良好的沟通渠道，孩子也有自己的探索和思考。

发现孩子跟异性正在交往，家长该怎么正确处理呢？

崔老师：当父母还没有机会与孩子深入探讨青春期相关的敏感话题时，却意外察觉到自己的孩子已经开始与异性交往，这种情况会让父母感到突如其来的慌乱和不知所措。

面对这样的局面，父母双方可以先相互寻求支持和理解，通过彼此的安慰和倾诉来调节内心的焦虑和紧张。待到情绪稳定后，感觉能够以冷静和理性的态度面对这个话题时，再选择一个合适的时机，跟孩子进行交流，可以先参考前面的问话从父母分享自己的恋爱经验开始。父母的开诚布公和真诚分享，能够有效缓解孩子的紧张情绪，使他们更愿意敞开心扉，积极参与到对话中来。

父母可以用比较轻松的语气跟孩子沟通：

对方最吸引你的是什么？

在你们的交往中，你对自己、对对方、对你们的关系有哪些新的发现和理解？

恋爱会让你看到自己有哪些宝贵的优点？

恋爱会让你看到自己有哪些可以突破的限制？

当两个人意见不一致的时候，你会如何面对彼此的不同？

上学阶段如何谈恋爱可以不影响到学习？

你希望父母如何支持和理解你谈恋爱这件事？

如果失恋了，你会希望父母如何支持你？

通常孩子很希望有个人可以分享他的恋爱感受和经历，因为他们也有迷茫和苦恼，只是很多时候他们不确定父母的态度，担心被批评才不敢告诉父母。父母的坦诚沟通，也会让孩子能及时得到支持和引导。

如果父母发现孩子并不愿意坦诚和父母沟通，也要好好考虑孩子和异性交往是否和现实需求的缺失有关。部分青春期的孩子对异性的向往，并不是对爱的渴望，而主要是求得心理和情绪上的接近。有研究表明，如果孩子得不到父母的理解和温暖，会更渴望从异性交往中寻求补偿和安慰，寻找倾诉的对象。而异性之间有感情互补的特点，所以更容易把感情转移到对方那里。这点更需要家长重视，尤其是父母对待孩子的方式。我曾经遇到一个女高中生的案例，爸爸教育的方式简单粗暴，经常有语言暴力。当她被一个男同学用温和有力的方式对待的时候，很快陷入情网。

还有的孩子会受影视媒体的影响，受身边同学的影响，会有从众心理，为了满足虚荣心而盲目炫耀式地交往。还有的学生因为学习能力比不上别人，也会找异性朋友展现自己的能力，同时也让自己的精神有所寄托和安慰。

青春期的孩子渴望自由和被肯定，特别是交友方面，他们觉得自己长大了，需要更多的空间。作为家长需要保持和孩子沟通的通道，针对不同的原因，恰当地引导。

有的父母发现孩子跟异性写情书或单独约会的现象后，往往会采取强迫措施，严厉对待，这样做往往适得其反。通常，越是受到干涉的感情，成功率越高。在这个过程中，家长最需要的是耐心地倾听和引导，而不是把自己的观点强加给孩子。最直接的做法是家长支持孩子去约会（通常你无法禁止），父母可以通过服装、发型的参谋来表示支持，当这个话题不再是你家庭的禁忌时，父母才有机会跟孩子沟通约会原则。

1. 知道并了解孩子和谁在约会。
2. 了解孩子在哪里约会以及他们计划做什么。
3. 为孩子约会的地点、时间和频率制订指导原则。
4. 约会不等于性，不要过早下结论。

但是，当青少年出现以下几种情况时，家长确实应该介入。

1. 确信青少年受到了不恰当的对待。
2. 青少年遭受口头侮辱、身体虐待或性威胁。
3. 女孩子跟比她大很多的人约会。

4.青少年开始认真地谈论结婚。

一般来讲,父母要指导孩子遵守一些大原则,比如:以集体活动为主;举止大方,讲话文明;不允许他人亲密接触自己的身体;遇到骚扰性言行要明确自己的态度;遇到困难要及时跟父母和老师沟通。除此之外,父母和谐的关系给孩子积极健康的影响。父母在做父母的角色同时,也要多花一些时间来经营夫妻之间的关系,夫妻之间感情的融洽程度往往可以影响孩子感情的发展和未来的恋爱观。

崔老师养育锦囊:

1.孩子应该在青春期来临之前就了解青春期。

2.对待青春期的孩子与异性交往,既不草木皆兵,也不放任自流。

3.青少年和异性交往的过程,也是自我探索、选择和思考的过程。有选择才有思考,有思考才有成长。

 12 父母婚姻出现变故，如何跟孩子沟通？

父母总是怀揣美好的愿望，希望能为孩子营造一个最为优越的成长环境，让他们在无忧无虑的氛围中健康长大。然而，并非所有的家庭都能拥有相同的条件和资源。有些家庭在育儿道路上所面临的挑战会更为严峻和复杂，他们需要克服更多的困难和挑战，才能为孩子提供一个相对稳定的成长环境。

在我从事家庭咨询的过程中，遇到不少父母谈及自己的婚姻状况，很多父母在考虑婚姻是否持续的时候会把孩子的感受和未来可能会出现的状况作为首要考虑因素。

小贾在五年级时无意间发现父母离婚，他知道父母之所以还暂时居住在同一屋檐下，就是不想让他受到影响。刚知道这件事的时候，小贾的心情是复杂的，他很抗拒父母的这种"欺骗"和"保护"，也不能接受父母离婚的事实，所以选择了不面对。现在的他已经上初一，也已经进入青春期，慢慢理解了父母的关系。小贾主动对妈妈说："你们真的没有必要再为了我而假装还生活在一起，我已经能够接受你们离婚的事实了。"听到儿子这样说，妈妈很愧疚和自责，她深知自己在婚姻中的选择可能给孩子带来了不小的伤害。但同时，她又感到很无助，不知道该如何向小贾解释清楚自己与丈夫之间的种种纠葛和无奈。每当观察到小贾的情绪出现波动时，妈妈总会不自觉地联想是否是自己失败的婚姻在影响孩子。

随着现代人离婚率的增加，离婚家庭成为现代家庭的一种常见形式。从资源取向的视角来看，离婚是家庭在面对内外部环境变化时，所采取的一种适应性选择。它不仅仅是夫妻关系的终结，更是家庭在面临各种困境时，经过深思熟虑后所采取的一种解决问题的策略和方式。这种选择背后，蕴含着家庭成员对现有资源以及对未来生活质量的考量。

但是，婚姻的不稳定和离婚会对成人及儿童带来一系列的应激变化和破坏。离婚会给家庭带来很大的冲击，尤其对孩子来说，他们的心理应对能力较弱，更容易出现应激反应并形成压力。我们大致把离婚家庭孩子的心理状态概况为五个阶段：

1. 爆发阶段：刚知道父母离婚的消息，他们会感到痛苦或愤怒。年龄大一些的孩子会表现为情绪低落或大发脾气，年龄较小的孩子可能通过行为方式呈现。

2. 否认阶段：孩子在情绪爆发后会进入相对平静的阶段。表面会呈现跟自己无关、无所谓的态度，否认无助和受伤。

3. 回避阶段：当孩子发现父母离婚已成事实，自己也无力改变，就会暂时回避这个问题带来的负面影响，也不愿意跟父母有过多的沟通。

4. 解决阶段：孩子开始愿意表达自己的想法，包括跟父母的某一方分离。上述案例中的小贾就是在经历了前三个阶段带来的心理影响后，主动对妈妈表达自己愿意正视这个问题。

5. 新生阶段：孩子开始适应新的家庭结构，也能接受定期和不在一起生活的父母见面。

当然，这五个阶段并非固定不变、有着绝对顺序和统一标准。因为每个孩子的心理状态都是独特且复杂的，会受到诸多因素的影响。案例中的小贾，他意外得知父母离婚的消息，独自经历了一系列心理变化。还有一部分孩子可能会因为父母的隐瞒，而较长时间陷入对父母的愤怒情绪中，会用回避、疏远的方式来处理与父母的关系，这种心理状态的变化同样是不容忽视的。

父母如果考虑要离婚，怎么做可以减少对孩子的伤害？

崔老师：父母离婚对孩子来说一定是痛苦的，这是不可否认的。但是经研究发现，对儿童和青少年来说，生活在一个父母不和、冲突不断的家庭中比父母离婚更有害。当父母频繁吵架或冷漠无情时，没有人会从中受益。父母处理离婚所采取的态度和方式，以及在离婚后如何相处至关重要。

刚经历离婚的父母，往往会因为自身的情绪波动和心理创伤而陷入各自的困境之中，他们可能会忙于处理自己的情感问题、法律事务或经济问题，以至于在很大程度上忽视了孩子的存在和需求。在这种情况下，他们对孩子的情感变化和实际需求变得不再敏感，甚至可能完全忽视孩子的感受，这对于正处于成长关键期的孩子来说，无疑是一种巨大的伤害。如果说离婚会带给孩子创伤的话，那是因为父母对孩子照顾不周，而非离婚本身。所以，父母在决定离婚前，要确保可以做到以下几点，这些做法有助于使离婚的不良影响持续较短的时间。

1. 坦诚地与孩子讨论离婚问题。
2. 不要让孩子参与夫妻之间的婚姻冲突和权利之争。
3. 确保孩子理解父母是因为父母的问题而离婚，而不是因为孩子。
4. 让孩子对父母离婚后的生活感到安心。

当父母决定要离婚，应该如何告诉孩子这个决定？

崔老师：离婚是一个动态的过程，当夫妻之间出现不可调和的矛盾时，大多数夫妻会经历不止一次想要离婚的冲动，然后试图解决婚姻问题。父母不要经常把离婚挂在嘴边，因为让孩子卷入摇摆不定的婚姻旋涡是残酷的，也没有必要。最佳时机是夫妻双方已经明确决定离婚，并且夫妻二人就孩子的监护权问题、未来的生活安排以及其他相关事宜已经达成一致的意见之后再告诉孩子。

现在的孩子都很聪明，他们会感受到父母的关系紧张，怀疑父母会离婚。但对孩子来说，他们也需要时间来调整自己。有一些孩子会主动问父母："你们会离婚吗？"这时候父母不要粉饰太平，否定关系的问题。我在咨询室里听到很多孩子会对父母表现出来虚假感到抗拒和厌恶。

在父母还没有做离婚的决定时，可以这样告诉孩子："我们的婚姻遇到了困难，但我们正在努力解决问题。"青少年需要知道争吵是很正常的，也知道你们正在经历和面对困难。通常，父母否认婚姻冲突会削弱孩子对父母的信任。即使是小孩子也能分辨虚假的谎言，不能因为离婚而破坏了孩子对父母的信任，孩子在这个阶段更需要信任。

如果父母已经决定离婚，孩子有权知道真相。不需要告诉孩子具体的细节，但父母需尽可能客观冷静地告诉孩子："爸爸和妈妈之间有一些矛盾无法调和，所以没办法继续在一起生活。但是，这些矛盾不是因为你产生的，所以我们对你的爱不会变。"也可以这样说："爸爸妈妈曾经很爱对方，但现在发现有一些错误的判断，所以不能生活在一起了。"要尽量避免对一方指责和愤怒的控诉。比如："你爸爸是个没有良心的人，他爱上别人了，我忍不了他。"父母要传递给孩子的信息是：你是父母之间爱的结晶。这对青少年的自我价值感影响很大。

最后，父母要尽量多告诉孩子未来生活的安排，让孩子感受到即便父母不在一起了,父母依然会爱他。父母可以向孩子保证他的生活及情感需求，父母都会满足。父母可以说："我们要分开了，是因为要选择一种比现在更好的生活方式。但即使不能生活在一起，我们也依然爱你，永远都是你的爸爸妈妈。"

孩子在听到父母的表达时，并不一定能够立即理解和接受。然而，重要的是孩子需要感受到来自父母的坦诚。只有这样，当他们心中产生疑问或困惑时，才会毫无顾忌地提出他们想要了解的问题。这种坦诚与开放的沟通环境，有助于孩子与父母之间建立稳固和信任的关系，以支持孩子应对当前的压力。

夫妻之间如何健康地处理分离？

崔老师：很多夫妻在离婚的过程中，会不由自主地深陷于悲伤和失落的情绪之中。这种情绪的困扰，不仅笼罩着整个离婚过程，还可能延续到离婚后的很长一段时间。特别是对于那些被动接受分手的一方来说，他们所承受的心理冲击和情感创伤往往会更为剧烈。这种被动的分手，不仅意味着失去了伴侣和家庭，还可能伴随着自尊心的受损和对未来的迷茫，因此对他们的影响也更严重和持久。

健康地处理离婚的关键是和过去告别。离婚看似是一段关系的结束，但其中也有很多值得我们了解和学习的地方。婚姻关系的历程不是理所当然的顺遂，离婚后做到好聚好散并不容易。夫妻双方如果可以在离婚前和自己经营多年的关系做一个告别，对自己和对孩子都会有积极的影响。

健康地说分手是成年人心理成熟的标志之一，心理成熟的父母才会养育心理健康的孩子。父母在面对离婚过程中的压力和冲突，能心平气和地好好说话，对孩子来说也是一种示范和学习。夫妻双方可以坐下来谈一谈：对于过去多年的家庭生活，彼此对对方最大的感谢是什么？

在多年的家庭生活里，共同经历了很多，你最想对自己说的话是什么？最想对对方说的话是什么？

在离婚这个过程中，你是如何照顾自己内心的？有哪些人或事是可以支持你的？

虽然离婚后不再是夫妻，但因为有共同的孩子，两个人对离婚后的关系，有哪些期待和建议？

如果遇到一些需要协商的问题，你觉得如何商量会对事情的进展有帮助？

对于离婚后的生活，你会如何祝福彼此？

在离婚前，夫妻双方能坐下来好好说话是宝贵的。只有夫妻双方能够真正接纳分离，孩子才会逐渐接纳。父母即便无法再做夫妻，但是永远都可以做好父母。

崔老师养育锦囊：

1. 在关系的变化中，学习理解自己，也理解关系。

2. 父母面对压力和冲突的方式，对孩子来说是一种示范和学习。

3. 当父母能坦然接受分离，开始新生活，孩子也会拥有面对变化的勇气。

附：青少年心理问题的10个求助信号

许多父母由于平日里工作繁忙，很多时候没办法关注到孩子的成长细节和心理健康状况。当孩子的某些问题已经积累到了较为严重的地步时，父母常常感到束手无策，难以迅速找到有效的解决方法。

因此，父母在日常生活中需多留意观察孩子的言行举止和情绪变化，及时发现潜在问题。

1. 青少年长时间处于沉默寡言的状态，对周围的人、事、物缺乏基本的兴趣和关注，不愿意主动与人交流。

2. 在同龄人的社交圈中，青少年始终处于边缘地带，既没有建立起稳固的友谊，也没有参与到同龄人的集体活动中去，显得孤立无援，难以体验到同龄人之间的互动与支持。

3. 青少年习惯性地避开与成年人的交流，有意与成年人保持距离，即使在必要的互动中，也显得极为被动和疏离。

4. 无论是在学校还是在家庭中，青少年都显得格外顺从，从不主动提出自己的想法或建议。

5. 青少年原本还算稳定的学习状态突然急转直下，开始出现无故缺课和成绩下滑。

6. 在学校经常和同学发生矛盾和冲突，老师的调解和劝说无效。

7. 对原本热衷的活动失去了兴趣，整日郁郁寡欢，时常默默流泪，情绪波动剧烈。

8. 对于自身形象过分苛求，以至于采取极端手段减肥，造成体重骤减，身体健康受到严重威胁。

9. 频繁地提及生活缺乏意义和价值，或者通过言语、行为的表达暗示出自杀的念头和倾向。

10. 青少年长期失眠或嗜睡，影响正常的生活和学习。

如果青少年出现了上述的任何情况，无论是情绪波动、行为异常或是心理状态的改变，这些都是孩子向外传递的求助信号，需要父母重视并寻求专业的心理辅导或咨询，以便为孩子提供及时有效的帮助和支持。

后记

社会发展日新月异,我们每个人都面临着前所未有的挑战。家庭作为社会的基本单位,正与这个快速变迁的世界共同成长。养育之路从来不是孤独的跋涉。父母们倾注的心血需要被看见,他们的困惑与焦虑同样值得关注。

当我们以家庭为单位直面挑战时,家庭成员将变成同盟,携手面对挑战或困境,每一次危机都可能成为转机:有时候,我们需要暂时退后一步,换位思考,从不同的角度看待问题;有时候,我们需要放慢脚步,静下心来仔细聆听家人的想法和感受;有时候,我们需要停下来,重新审视和寻找新的方向,以便更好地应对挑战。

当代青少年承受的压力,折射出整个社会转型期的阵痛,需要家庭、学校和社会形成合力,构建全方位的支持网络。本书的出版凝聚了家、校、社各界的智慧结晶。作为一名深耕心理咨询领域多年的从业者，我始终致力于三个维度的专业践行：通过咨询师培训与督导，将专业力量辐射至更多家庭；开展面向教师和家长的系统课程，让心理学真正走进日常生活；积累上万例婚姻家庭与青少年咨询案例，深入理解当代家庭面临的真实困境。

在出版社的建议下，我特别注重本书的可读性与实用性平衡——避免艰深的理论术语，又不流于肤浅的故事叙述。最终呈现的是一本独具特色的家庭教育读本：以后现代心理学理念为理论基础，在快速变迁的时代背景下，既拓展教育视野又提供实操方法。书中融合专业咨询案例与干预策略，旨在为父母们带来启发性的思考与切实可行的陪伴建议，让专业心理学真正服务于每一个普通家庭的成长需求。

本书得以出版，首先要向近二十年来信任我的每一位来访者致以最深的敬意，是你们勇敢分享的生命故事为这本书注入了灵魂。那些在咨询室里发生的成长蜕变，正在照亮更多家庭的育儿之路。

特别感谢海燕出版社张杨老师的推动，是她对家庭教育议题的热忱唤醒了我写作的动力。也要向幕后辛勤工作的校对、美编团队致敬，正是你们对每个细节的雕琢，让专业内容以最美好的姿态呈现。

衷心感谢"河南省家校社共育"平台十余年来的信任，让我得以走进教育系统，与教育一线的校长、教师们深度对话。你们在校园里播种的心理学实践，也给到更多家庭和青少年带来希望的亮光。

最后，我要特别感谢恩师吴熙琄博士及ACCD创意对话平台的伙伴们，是你们持续的支持与专业肯定让我不断突破。衷心感谢清华大学李焰教授在百忙之中为本书作序；感谢上海海事大学心理健康教育与咨询中心董海涛主任的倾情推荐；很荣幸和诸位师长同行一起为更多的父母赋能！

愿所有的父母在养育路上不忘自我关怀，在彼此支持中找到力量；

愿所有的家庭都能成为孩子最坚实的成长后盾；

我们坚信每个孩子都拥有迎接未来的无限潜能！

崔素真

2025 年 6 月 20 日